KB075474

정선
목민심서

정선

목민심서

정약용 지음
다산연구회 편역

창비

개정판을 내면서

이 책은 2005년에 발간했던 『정선 목민심서』의 개정판이다.

다산연구회는 16인의 회원 공동작업으로 10여 년의 시일을 소요하여 『목민심서』를 역주한 책을 전6권으로 1985년에 완간하였다. 2005년에는 이를 한 권으로 간추려서 교양서로 개편하였는데, 『정선 목민심서』다. 작년에는 『역주 목민심서』를 전면적으로 수정·보완하여 개정판을 내놓았다. 강산도 변한다는 세월이 세 번도 더 지나 크게 변모된 독서환경에 적응하기 위한 조처였다. 『정선 목민심서』 또한 여기에 맞출 필요가 발생한바 15년 동안 꾸준히 성원을 보내주신 독자들께 보답하는 것이 당연한 도리라고 생각되기도 하였다.

이 개정판은 원래의 『정선 목민심서』의 규모를 그대로 유지하였다. 다만 전면개정판 『역주 목민심서』를 준거로 하면서 독자들의 가독성을 보다 높이기 위해 이모저모 손질을 가했으며, 내용상에서도 의미와 재미를 고려해서 부분적으로 빼고 넣기를 하였다. 그리고 끝에 『목민심서』의 해설도 보충하였다. 개정판은 초판에 비해 부피가 훨씬 늘었고 내용도 더 풍성해졌으니 일신된 면목으로 거듭난 셈이다.

『정선 목민심서』의 원 서문과 『역주 목민심서』의 전면개정
판 서문이 바로 뒤에 실려 있으므로, 여기에 다산 선생과 『목
민심서』에 대한 소개말과 『역주 목민심서』가 나오게 된 경위
에 관해서 다시 언급할 것이 없다. 다만 한 가지 이 책을 접하
는 독자들께 몇 말씀 드리고자 한다. 다산 선생은 민족의 위대
한 스승이자 인류적 예지를 대변하는 현인의 한 분이다. 이분
의 대표작이 바로 이 『목민심서』다. 선생이 『목민심서』를 저술
한 정신, 그 고뇌를 자신의 마음속에 떠올리면서 이 책을 읽어
야 할 것이다. 선생이 처했던 시대가 당장 개혁을 단행하지 않
으면 안 되는 상황임에도 개혁을 저지하는 수구세력의 음모와
박해를 그 자신이 당했거니와, 그런 상황에서 신음하는 동포들
을 구원하기 위한 충정 및 구체적 방법이 『목민심서』에 오롯이
담겨 있다. 고전의 일종으로 그치지 않고 오늘의 현실을 성찰
하는 의미가 담긴 것이다.

앞서 『목민심서』의 전면적 개정작업을 임형택이 맡아 수행
한 터여서 본 『정선 목민심서』를 개정하는 일 또한 자연스럽게
임형택에게 부과되었다. 끝에 붙인 해설은 김보름 박사가 작성
하였으며, 출판에 따른 제반 작업은 창비의 박주용, 이하늘 편
집자가 담당하였다. 사의의 뜻을 표해 마지않는다.

2019년 10월
다산연구회

『정선 목민심서』를 내며

　이 책은 다산연구회의 『역주 목민심서』를 대중적 교양서로 개편한 것이다. 본래 전부 여섯 권인데 내용을 추리고 뽑아 대폭 줄여서 한 권으로 만들었다. 하지만 1부 6조, 도합 12부 72조로 구성된 체제의 원형은 그대로 유지토록 했다.

　『목민심서』라면 다산(茶山) 정약용(丁若鏞) 선생의 방대한 저술목록에서 가장 널리 알려져 있을 뿐 아니라, 그의 대표작으로 손꼽는 데 동의할 사람이 많을 것이다. 다산 스스로 언표하였듯이 그의 학문체계는 유교경전의 신해석에 기초한 주체의 확립, 『경세유표』 『목민심서』 『흠흠신서』로 설계한 천하경륜이라는 안팎의 관계로 구축되어 있다. 다산학의 체계상에서 사회적 실천으로 위상이 잡힌 『목민심서』는 요즘 개념으로는 지방행정의 지침서에 해당하는 셈이다. 이렇듯 다분히 실무적이고 기능적인 것으로 여겨지는 『목민심서』가 그 이상의 의미를 내포하고 있어, 마음먹고 읽는 독자들에게 깊은 감명을 주는 까닭은 대체 어디에 있을까?

　요컨대 『목민심서』가 자기 시대의 현실에 대한 저자 자신의 뼈저린 고뇌에서 우러나온 것이기 때문이다. 안타까워하고 괴로워하는 데서 그치지 않고 문제의 해법을 진정으로 강구한 것이다. 민(民)을 중심에 둔 사고의 방향에서 정치제도의 개혁과 지방행정의 개선을 도모한다. 거기에는 다산의 고도로 독창적인 인간학이 개재되어 있다. 다른 무엇보다 '목민'이란 개념이 곧 『목민심서』의 '키워드'이다. 유교적 정치철학인 인정·애민의 정치가 이미 허구화된 상황에서 목민정신의 회복을 갈망한 그 해법은 각주구검(刻舟求劍)처럼 시대역행으로 비치기 쉽다. 그런데 이 고대적 이상은 현재적 실천과 하나로 어울려 있다. 부패할 대로 부패하고 이완될 대로 이완된 말기적 징후 속에서 신음하는 민생의 구원이 일차적 과제였지만, 인간애와 함께 인간성의 신뢰가 바탕에 깔려 그 의미는 능히 진실하고도 심원할 수 있었다.

그뿐 아니라 『목민심서』는 대단히 풍부한 사실과 논리로 엮어졌고 또 갖가지 미덕을 간직한 책이다. 실사구시의 방법론으로 모범을 보인 저술이 아닌가 싶기도 하다. 당시의 실상과 관행에 속속들이 파고들어 병폐의 원인을 찾고 치유책을 고안하는 데 있어 구체적이고 분석적이며, 무섭도록 현실적이다. 『역주 목민심서』의 「개역판서」에서 "우리 전근대 사회의 참모습들을 가장 역사적으로, 사실적으로 제시해놓은 책이 아마도 『목민심서』가 아닌가 한다"고 언급한 것은 대개 이런 면을 지적한 것이다.

그런데 이러한 『목민심서』 자체의 특장과 미덕이 거기에 접근하기 어렵게 만든 일면도 있는 것 같다. 일반 독자가 읽어내기에는 실로 만만치 않다. 지금 대중적 교양서로 이 책을 펴내는 이유이다. 이에 문장을 요즘 독자들이 읽기 쉽도록 다듬었으며, 번거롭고 어렵게 느껴지는 자주(自註)와 역주를 빼거나 본문에 풀어 넣었다. 독자들의 가독성과 이해도를 높이기 위해서인데, 어디까지나 원뜻을 해치지 않는 범위 안에서 조절한 일이었다. 전체를 간추리는 과정에서도 오늘날에 의미가 있고 흥미롭게 여겨지는 부분을 뽑으면서 첫째로 저자의 고심과 탁견이 담긴 대목이라면 놓치지 않으려고 마음을 썼다. 그리고 중간중간에 풍속화들을 끼워넣었는데 물론 원전에 없지만 동시대의 연관 자료로서 독자들의 생생한 이해에 도움이 될 것이다.

다산은 「자서」에서 "'심서(心書)'라 한 것은 무슨 까닭인가? 목민할 마음은 있으나 몸소 실행할 수 없기 때문에 '심서'라 이름한 것이다"고 끝을 맺었다. 그 자신이 정치현실로부터 소외되어 있었던 까닭에 붙인 말이다. 이 맺음말은 실로 비장하다. 오늘의 현실에서 다른 의미로 또 '심서'가 된 셈인데 그 참뜻이 살아나기를 고대한다. 이 책은 축약본이다. 교양적 차원을 넘어서 관심을 가지고 공부하려는 분들은 응당 『역주 목민심서』, 더 나아가 그 원전으로 들어가야 할 것이다.

2005년 3월 20일
다산연구회

『역주 목민심서』 전면개정판을 내며

『역주 목민심서』의 전면개정판을 세상에 내놓는 올해는 『목민심서』 200주년이 되는 해이자, 그 저자 다산 정약용의 해배 200주년이 되는 해이기도 하다. 다산 선생은 강진 바닷가에서 귀양살이 18년 동안에 이루어진 방대한 분량의 초고를 싣고 고향마을 마재〔馬峴〕로 돌아온 이후로도 그 후속작업을 계속하였다. 『목민심서』의 경우 해배되던 그해 봄에 마무리를 지은바 보충·수정을 가하여 1821년에 완성한 것이었다. 그리고 1836년에 영면하여 마을 뒷동산에 그 몸을 뉘었다. 선생이 남긴 『여유당전서(與猶堂全書)』는 민족의 고전(古典)으로서, 인류 보전(寶典)의 하나로서 정신적 가치를 발휘하고 있다. 그런 중에서도 『목민심서』는 다산의 대표작으로 공인을 받고 있다. 이론적 기초를 수립한 경학(經學)과 정치·사회적 실천을 위한 경세학(經世學)으로 구성된 다산학의 체계에서 『목민심서』는 경세학에 속하는 일부분이다. 내용으로 보더라도 지방행정에 소요되는 실무·기능적인 책으로 분류될 성질이다. 그런 책이 어떻게 위대한 학자의 학문세계를 대표하는 저서로 손꼽힐 수 있을까? 이 물론 까닭이 없지 않다.

'목민(牧民)'의 본디 뜻은 소나 양을 돌보듯이 백성을 잘 보살펴서 안녕한 삶을 누릴 수 있도록 한다는 의미이다. 『성경』에서는 하느님을 일러 목자(牧子)라고 하였다. 사람을 보살피고 인도하는 일을 '목(牧)'에 비유한 그 사유방식이 상통하고 있다. 다만 저쪽은 종교화한 데 비해서 이쪽은 정치화한 것이다. 이 점이 크게 다르다. 목민의 개념을 정치화한 유교에서는 인정(仁政)과 애민(愛民)을 고도로 강조한다. 유교로 입국한 조선왕조로서는 인정과 애민을 정치의 기본으로 삼았던 것이 당연했다.

그 당시 이런저런 여건이 인정·애민의 정치를 제대로 실현하기 어려웠으나, 애오라지 시행하여 장기간 안정을 누릴 수도 있었고 괄목할 만한 성과를 이룩할 수도 있었다. 그러다가 다산이 생존한 시대로 내려오면 마침내 체제적 위기를 맞는다. 400년을 지속한 왕조국가는 적폐(積弊)가 적약(積弱)을 불렀고 적약이 적악(積惡)을 불렀다. 하여 발발한 것이 농민의 저항운동이다. 그 때문에 19세기를 '민란의 시대'라고 일컫기도 한다. 19세기는 밖으로 서세(西勢)가 한반도상에 쓰나미처럼 밀려든 시대였다. 안으로의 혼란과 위약(危弱)이 밖의 침략에 능히 잘 대응하기 어렵게 만들었다. 그 자신 목전에 펼쳐진 상황을 체감하면서 저술한 것이 『목민심서』이다.

『목민심서』는 이미 공염불로 공동화되어버린 인정·애민의 정치에 실체를 재충전하려고 의도한 내용이다. 오직 유교의 정치학에 바탕을 두되 바야흐로 약동하는 민중의 존재를 항시

의식하였다. 간고(艱苦)한 민의 삶을 향상시키는 일이 선결과
제였는데, 문제에 기능적으로 접근하지 않고 근본적이면서 항
구적인 대책을 강구하였다. 그의 뇌리에는 '민'과 '국가'의 관
계를 어떻게 정립할 것이냐 하는 문제가 핵심 의제로 떠올랐
다. 이 『목민심서』와 함께 국가의 개조를 의도한 『경세유표(經
世遺表)』를 아울러 읽어야 하는 까닭이다.

다산 자신 신유옥사(辛酉獄事)에 애매하게 걸려들어 18년의
귀양살이를 해야 했고 해배된 이후로도 벼슬길에 나아가지 못
했다. "목민할 마음은 있으되 몸소 실행할 수 없기 때문에 '심
서(心書)'라 이름한 것이다." 이래서 '심서'란 두 글자가 책 이
름에 붙게 되었다. 참으로 비장하고 안타깝다. 또한 「자서」에
서 "이 책은 실로 나의 덕을 쌓기 위한 것이지, 어찌 꼭 목민에
만 한정한 것이겠는가"라고 하였다. 『목민심서』는 중국과 우리
나라의 역사문헌류를 폭넓게 읽고 지방행정과 민생의 현장을
두루 살피는 공부를 축적·집약해서 이루어낸 최고의 결실이
다. 이 공부의 과정 자체를 그 스스로 '나의 덕'을 쌓는 일이라
고 말하였으니, 다산의 목민학은 종교적 의미까지 내포한 듯도
싶다.

『역주 목민심서』는 다산연구회 16인 학자들의 공동작업으
로 10여 년에 걸쳐 성취한 책이다. 이 작업을 수행한 취지와 경
과 및 다산연구회라는 모임에 관해서는 초판과 개역판의 서문,
초판의 전체 후기에 언급되어 있다. 그리고 제6권 끝에 부록으
로 '다산연구회 『역주 목민심서』 연표'라 하여 기억을 되살려
서 정리해 실어놓았다. 따라서 거듭되는 말은 필요치 않겠으나

부언하고 싶은 사실이 있다. 다산연구회는 번역을 위한 모임이 아니고 일반 학회와도 성격이 다르다는 점이다. 주로 실학에 관심을 가진 학인들이 함께 원전을 읽고 토론해보자고 시작한 것이『목민심서』의 독회, 나아가 이 책『역주 목민심서』의 간행에 이르렀다. 이 공동작업은 당시 유신독재가 신군부독재로 이어진 상황에서 진행되었다. 신군부가 등장하면서 회원 중 6인이 구금·해직을 당하는 사태를 맞는다. 위기를 느낀 나머지 독회를 중단하기까지 했으나, 그래도 끝내 그만두지 못하고 속개한 것이다. 그리하여 다산 선생 서거 150주년을 기해『역주 목민심서』전6권을 선생의 산소 앞에 놓고 고유제(告由祭)를 거행하였다. 이처럼 밀고나갈 수 있었던 데는 두 가지 요인이 있다. 하나는 모임이 당초 동인으로 출발하여 동지적 결속으로 강화된 때문이다. 어려움을 서로 돕고 서로 격려하여 이겨낼 수 있었다. 다른 하나는『목민심서』에 담긴 풍부한 내용과 서슬 퍼런 논리가 우리의 학적 관심을 붙잡고, 거기에 저류하는 선생의 정신이 우리의 자세를 일깨운 것이다.

이제『역주 목민심서』는 우리의 학술사에 남을 역사적인 것이 되었으며, 그것이 이루어진 과정 또한 1970~80년대 민주화운동의 일환이었다고 감히 자부해본다. 그런데 오늘의 독자에게 이 책은 다가서기 어려운 것이 되었다. 독서문화가 엄청나게 변모된 까닭이다. 그렇다고 역사적인 것으로 미뤄놓고 말 것인가. 우리는『역주 목민심서』를 대중적 교양서로 간추린『정선 목민심서』(2005)를 간행하기도 했는데 독자들의 호응이 끊이지 않는다. 본 책의 개정판을 오늘의 변모된 독서환경에 맞추어 제공하는 일은 시대적 요구가 아닐 수 없다.

문제는 어떻게 이 일을 성사시키느냐였다. 회원 여러 분이 유명(幽明)을 달리한 마당에서 전의 독회를 복원하는 것은 생각할 수조차 없는 노릇이 되었다. 나는 역주 작업에 처음부터 참여한 터여서 나름으로 사명감을 가지고 이 일을 감당해보겠다고 나섰다. 막상 착수하고 보니 부분적인 손질로 될 일이 아니었고 전면적인 수정·보완을 하지 않으면 안 되었다. 2년 가까이를 이 작업에 몰두하여 이제 드디어 끝이 보인다. 이 대목에서 방금 들은 다산 선생의 말씀을 빌려 한마디 덧붙인다. "이 일은 실로 나의 덕을 쌓기 위한 것이지 어찌 역주를 수정·보충하는 일에만 그치겠는가." 비록 힘겨운 작업으로 중압감을 받아야 했어도 그전보다 공부가 더 되었고 자연히 나의 덕이 좀더 쌓이지 않았을까 생각해본다.

물론 이 일은 다산연구회 회원들과 합의하여 진행했고, 회무를 맡은 송재소 선생과는 시종 의논하였으며, 특히 김태영 선생께는 의문점에 누차 문의를 하였다. 간행 과정에는 김보름, 양승목, 정용건 세 동학이 참여해 힘을 쏟았다. 출판사 창비에서는 윤동희, 홍지연 두 분이 함께 수고를 하였다. 이 여러 분께 심심한 감사를 드려 마지않는다.

2018년 10월
임형택

차례

일러두기

1. 이 책은 다산연구회가 역주(譯註)한 『역주 목민심서』 개정판(2018)를 대본으로 하여 원저의 중요한 내용을 선별한 것이다.

2. 독자들의 가독성과 이해도를 높이기 위해 원저의 자주(自註)와 대본의 역주는 대부분 빼거나 본문에 풀어썼다. 찾기 어려운 일부 인명, 지명, 제도, 고사, 용어에 역주를 붙였으나, 더 많은 사항에 대한 설명이 필요한 독자는 『역주 목민심서』를 참조할 것을 권한다.

3. 연도가 나오는 경우 괄호 안에 서기 연도를 병기하였다. 예) 기사년(1809)

자서(自序)

옛날에 순임금은 요임금을 계승하면서 12목(牧)을 불러 백성을 기르도록 하였으며, 문왕은 정치제도를 세울 때 사목(司牧)을 두어 목부(牧夫)라 하였으며, 맹자는 평륙에 갔을 때 가축 먹이는 일〔芻牧〕을 백성을 기르는 데 비유하였다. 이로 미루어보면 백성을 부양하는 것을 가리켜 목(牧)이라 한 것은 성현이 남긴 뜻이다.

성현의 가르침에는 원래 두 가지 길이 있다. 사도(司徒)는 만백성을 가르쳐 각기 수신케 하고, 태학(太學)에서는 왕족 및 높은 벼슬아치의 자제들을 가르쳐서 각자 수신하고 백성을 다스리게 했으니, 백성을 다스리는 것이 목민의 일이다. 그러므로 군자의 학문은 수신이 반이며, 나머지 반은 목민이다.

성인의 시대는 오래되어 그 말씀이 희미해졌고 도(道)는 점점 어두워졌다. 그래서 오늘날 백성을 다스리는 자들은 백성들로부터 거두어들이는 데만 급급하고 양육할 줄을 모른다. 그런 탓에 백성들은 여위고 시달리고, 시들고 병들어 쓰러져 진구렁을 메우는데, 그들을 기른다는 자들은 화려한 옷과 맛있는 음식으로 자기만을 살찌우고 있다. 이 어찌 슬프지 아니한가?

나의 선친께서 조정의 후한 대우를 받아 두 현(縣)의 현감, 한 군(郡)의 군수, 한 부(府)의 도호부사, 한 주(州)의 목사를 지냈는데 모두 잘 다스린 공적이 있었다. 나는 비록 못나고 어리석은 사람이지만 따라 배워서 다소간 들은 바가 있고, 보아서 다소간 깨달은 바도 있으며, 물러나 이를 시험해봄으로써 다소간 체득한 바가 있다. 하지만 귀양살이하는 몸이 되어 쓰일 데가 없게 되었다. 멀리 변방에서 귀양살이한 18년 동안에 오경(五經)과 사서(四書)를 반복해서 연구하여 수기(修己)의 학을 익혔으나, 생각해보니 수기의 학은 학문의 절반에 불과하다.

이에 중국의 23사(史)와 우리나라의 역사서 및 기타 저술이나 문집 등의 서적에서 옛날의 사목이 백성을 기른 자취를 찾아 위아래로 대조하여 뽑아내 종류별로 모아 차례대로 편집하였다. 한편 남쪽 변두리 땅에서는 아전들이 전세(田稅)와 공부(貢賦)를 농간하여 여러가지 폐단이 어지럽게 생겨났는데, 나의 처지가 낮기 때문에 듣는 것이 매우 상세하여 이런 일들 또한 종류별로 기록하였으며, 나의 얕은 견해를 덧붙였다.

모두 12부인데 제1부는 부임(赴任), 제2부는 율기(律己), 제3부는 봉공(奉公), 제4부는 애민(愛民)이며, 제5부에서 제10부까지는 육전(六典, 이·호·예·병·형·공)에 관한 것이고 제11부는 진황(賑荒), 제12부는 해관(解官)이다. 12부가 각 6개조로 구성되었으니 모두 72조이다. 여러 조를 합하여 한 권을 만들기도 하고, 한 조를 나누어 몇 권을 만들기도 하였으니, 통틀어

48권으로 하나의 저서를 이루었다. 비록 현 시대를 따르고 지금 습속을 좇았기 때문에 위로 선왕의 헌장(憲章)에 그대로 부합될 수는 없겠으나, 백성을 기르는 데 조례를 갖춘 셈이다.

고려 말에 비로소 오사(五事), 즉 수령의 직무를 다섯 가지 방면으로 분류해 수령들을 고과(考課)하였고, 우리 조선에서도 그대로 하다가 후에 칠사(七事)로 늘렸다. 오사나 칠사 모두 대체의 방향만을 독려한 것일 따름이었다. 수령이란 직분은 관장하지 않는 바가 없으니, 여러 조목을 차례로 드러내더라도 오히려 직분을 다하지 못할까 두려운데, 하물며 자발적으로 생각해서 행하기를 기대할 수 있겠는가? 이 책은 첫머리와 맨 끝의 2부를 제외한 나머지 10부에 들어 있는 것만 해도 60조가 된다. 참으로 어진 수령이 있어서 자기 직분을 다할 것을 생각한다면 아마도 방향을 잃지 않을 것이다.

옛날에 부염(傅琰)은 『이현보(理縣譜)』를, 유이(劉彝)는 『법범(法範)』을 저작하였으며, 왕소(王素)는 『독단(獨斷)』을, 장영(張詠)은 『계민집(戒民集)』을, 진덕수(眞德秀)는 『정경(政經)』을, 호태초(胡太初)는 『서언(緒言)』을, 정한봉(鄭漢奉)은 「환택(宦澤)」을 저작하였다. 모두 이른바 목민에 관한 책이다. 오늘날 이런 책들은 거의 전해오지 않고 오직 어지러운 말과 기이한 구절만이 일세를 횡행하니, 나의 이 책인들 어찌 전해질 수 있으랴? 그러나 『주역』에 "앞사람의 말씀이나 지나간 행적들을 많이 익혀서 자신의 덕을 쌓는다"라고 하였다. 이 책은 실로 나의 덕을 쌓기 위한 것이지, 어찌 꼭 목민에만 한정한 것이겠는가.

'심서(心書)'라 한 것은 무슨 까닭인가? 목민할 마음은 있으되 몸소 실행할 수 없기 때문에 '심서'라 이름한 것이다.

순조 21년(1821) 늦봄에 열수(洌水) 정약용은 쓴다.

제 1 부 /

부임
赴任
6 조

관찰사 부임 행렬
전(傳) 김홍도 「관찰사부임(觀察使赴任)」, 견본채색, 53.9×35.2cm, 국립중앙박물관 소장.

1. 임명을 받음除拜

다른 벼슬은 구해도 좋으나 목민의 벼슬은 구해서는 안 된다.

수령의 직분은 덕이 있더라도 위엄이 없으면 제대로 할 수 없고, 뜻이 있더라도 밝지 못하면 제대로 할 수 없다. 제대로 할 수 없는 경우에는 백성이 해독을 입어 괴로움을 당하고 길바닥에 쓰러질 것이다. 사람들이 비난하고 귀신이 책망하여 그 재앙이 후손들에게 미칠 텐데 이럼에도 수령 자리를 생각 없이 구해서야 되겠는가.

요즈음 무인(武人)들이 제 발로 인사담당관을 찾아가 수령 자리를 구걸하는 것이 관례가 되고 풍속을 이루어, 이제는 조금도 부끄러운 줄 모른다. 수령 자리를 구걸하는 자는 자신이 재주와 지혜가 있는지 없는지 스스로 헤아려보지도 않고, 그것을 들어주는 자 역시 알아보거나 묻지도 않으니, 정말 잘못된 일이다. 문신으로 홍문관(弘文館)이나 승정원(承政院)에서 벼슬하는 자가 고을살이를 구하는 법이 있다. 아래에서는 부모를 공양하려는 효성에서 고을살이를 구걸하며, 위에서는 효도라 하여 허락하였는데, 이 관행이 풍속을 이루어 당연하게 여겨지고 있다. 우(虞)·하(夏)·은(殷)·주(周)의 시대에는 이런 일이 결코 없었다. 집이 가난하고 부모가 늙어 끼니를 잇기 어려운 사정은 실로 딱하다. 그러나 천지의 공리(公理)에 벼슬자리를 위하여 사람을 택하는 법은 있으나, 사람을 위하여 벼슬자리를 고르는 법은 없다. 한 집안의 봉양을 위하여 만백성을 다스리는 수령의 자리를 구하는 것이 옳은 일이겠는가? 신하 된 자가 만백성으로부터 거두어들여서 자기 부모를 봉양하자고 구걸하는 것도 합당치 않고, 임금으로서 만백성에게 거두어들여 신하에게 자기 부모를 봉양하라고 허락하는 것도 이치에 맞지 않는다. 만약에 재주가 있고 큰 뜻을 품은 사람이 국량을 헤아려보아 백성을 다스릴 만하다고 생각되면 스스로 천거하는 글을 올려 한 고을 다스리기를 청하는 것은 좋으나, 오직 부모가 늙었고 집이 가난하여 끼니조차 잇기 어렵다는 것을 구실로 삼아 고을살이를 구걸하는 것은 이치에 맞지 않는다. 옛날에는 경연(經筵)에 참석하는 신하 가운데 백성의 신망을 받고 있던 자가 어쩌다가 한 고을을 구걸하는 일이 있었는데, 조정은 이 사람을 보내면서 잘할까 못할까 걱정하지 않았고, 고을의 백성들은 이 사람이 부임하는 것을 모두 좋아하고 기뻐하였다. 뒷날의 사람들은 재주도 없고 덕망도 없으면서 이 일을 선례로 삼아, 집이 가난하지 않고 부모 받들기에 어렵지 않은 자들이 염치없이 고을살이를 구걸하니, 예(禮)가 아니다. 결코 이런 일을 본떠서는 안 된다.

퇴계(退溪) 이황(李滉)은 이강이(李剛而)에게 보낸 답장에서 이렇게 말하였다. "좋은 음식이 없으면 자식 된 도리로서 깊이 걱정하겠지만, 요즘 사람들은 부모 공양을 핑계 삼아 의롭지 못한 녹(祿)을 받고 있으니, 이는 공동묘지의 제사 음식을 빌어다 봉양(奉養)하는 것과 다를 바가 없다."

재주가 부족하고 재산이 넉넉함에도 어버이 봉양을 구실 삼아 고을살이를 구걸하는 것은 불의(不義)가 아니랴! 만일 백성을 다스릴 재주가 있다면 스스로를 추천하더라도 좋을 것이다.

새 수령 맞이에 필요한 마필 사용료를 이미 공적으로 받았음에도 또 백성에게 부과하는 것은 왕의 은혜를 감추고 백성의 재물을 노략질하는 처사이니, 그래서는 안 된다.

만일 신구 수령의 교체가 서울에서 이루어져 부임하는 고을에서 미처 알지 못하고 있으면 "새 수령을 맞이하는 데 필요한 말의 사용료는 이미 나라에서 지급했으니 어찌 또 민간으로부터 거두어들이겠는가. 부디 거두어들이지 말도록 하라"라고 명령을 내려야 한다. ○무릇 수령이 처음 오면 모든 백성이 그 풍채를 우러러볼 것이다. 이러한 때에 이러한 명령을 내리면 백성의 환호성이 우레 같고 칭송하는 노래가 먼저 일어날 것이다. 위엄은 청렴함에서 나오는 것이니 간악하고 교활한 무리들은 겁내어 엎드릴 것이고, 명령을 내리고 시행함에 백성들이 모두 순종할 것이다. 아, 버리는 것은 돈 300냥이나, 돈 300냥으로 이러한 환호성을 얻게 되면 또한 좋지 않으랴! 상하(上下)의 수백 년 동안 종횡 4000리(里)에서 부임하기 전에 이러한 명령을 내린 사람이 한 명도 없었던 것은 모든 사람이 청렴하지 못했기 때문만은 아닐 것이다. 일을 겪어보지 않은 사람은 그러한 사례를 애초에 알지 못했고, 부임해본 사람은 으레 그렇게 하는 것으로 알아 이렇게 할 수 없었던 것이다. 나부터 앞장서서 이 의로운 명령을 내린다면 그 또한 통쾌한 일이 아니랴!

2. 부임하는 행장 꾸리기 治裝

행장을 꾸릴 때, 의복과 안장을 얹은 말은 본래 있는 그대로 써야 할 것이며 새로 마련해서는 안 된다.

백성을 사랑하는 근본은 아껴 쓰는 데 있고, 아껴 쓰는 근본은 검소함에 있다. 검소해야 청렴할 수 있고, 청렴해야 자애로울 수 있으니, 검소함이야말로 목민하는 데 있어서 제일 먼저 힘써야 할 일이다. 어리석은 자는 배우지 못하고 무식해서 산뜻한 옷에 좋은 갓을 쓰고 좋은 안장에 날랜 말을 타는 것으로 위풍을 떨치려고 한다. 그런데 노회한 아전들이 신임 수령을 볼 때, 먼저 그의 의복과 안장을 얹은 말의 차림새를 물어보고 만약 사치스럽고 화려하면 비웃으며 "알 만하다"하고, 만약 검소하고 허술하면 놀라며 "두렵다"라고 하는 줄은 모른다. 길거리의 아이들이 부러워하는 것을 식자들은 비루하게 여기니, 도대체 무슨 이로움이 있겠는가? 어리석은 자는 남들이 나를 부러워한다고 착각하지만, 부러워하기는커녕 도리어 미워한다. 자기의 재산을 축내면서 자기의 명예마저 손상시키고, 남의 미움까지 사게 되니, 어리석은 짓이 아닌가? 무릇 사치를 부리는 일은 어리석은 사람이나 하는 짓이다.

참판 유의(柳誼)가 홍주(洪州)를 다스릴 때 찢어진 갓과 성근 도포에 찌든 띠를 두르고 느린 말을 탔으며, 이부자리는 남루하고 요도 베개도 없었다. 이리하여 위엄을 세우니 가벼운 형벌조차 쓰지 않아도 간사하고 교활한 무리들이 모두 숨을 죽였다. 이것은 내가 직접 본 일이다.

『한암쇄화(寒巖瑣話)』에서 이렇게 말했다. "참판 윤광안(尹光顔)이 나와 함께 외각(外閣)에서 책을 교정할 때, 그의 도포는 상복처럼 성글었다. 그가 경상감사가 되자 위엄을 온 도내에 떨쳤다. 참판 유강(柳焵)이 충청감사로 있을 때 밀랍을 호박(琥珀)인 양 갓끈의 장식으로 삼으니, 모든 고을이 두려워하며 그 청렴하고 검소함에 복종하였다. 사서(司書) 김서구(金敍九)는 평생 검소함을 좋아하여 거친 베도포 위에 양가죽 갖옷을 걸치고 다녀 거리 아이들이 놀렸는데, 그가 해남(海南)현감이 되어서는 백성들에게 위엄 있게 대하고 은혜롭게 보살펴

학질(瘧疾) 환자가 그의 이름으로 치료법을 삼았다 한다. 옛날의 청렴한 관리들은 모두 다 이러했다. 청렴하면 손해를 보니 행하기 어렵다고 하겠지만, 검소하면 비용도 들지 않는데 어찌 쉽게 행하지 못하겠는가. 근래에 해남현감이 된 한 무인(武人)이 비단주머니의 매듭 장식을 길게 늘어뜨리니, 강진 아전들이 그것을 보고 '그 주머니를 보니 분명 음탕하고 탐욕스러울 것이다'라고 했는데, 과연 그러하였다. 이것이 사람을 보는 묘한 방법이니 많이 배운 자만 판단할 수 있는 것이 아니고 간사하고 교활한 아전들도 모두 알 수 있다. 어찌 두렵지 아니한가."

이부자리와 베개, 옷가지 이외에 책을 한 수레 싣고 간다면 맑은 선비의 행장이 될 것이다.

요즘 수령으로 부임하는 사람들은 책력(冊曆) 한 권만 가져가고 그 밖의 다른 책은 한 권도 행장 속에 넣지 않는다. 임지에 가면 으레 많은 재물을 얻어서 돌아오는 행장이 무겁기 마련이라, 한 권의 서적도 부담이 된다고 여기기 때문이다. 슬프다, 그 마음가짐의 비루함이 이와 같으니 어찌 목민인들 제대로 할 수 있으랴! 문사(文士)가 벼슬살이를 하면 자연히 인근의 선비들이 질문을 하기도 하고 논란도 벌일 것이며, 이보다 아래 등급으로는 과거공부를 시키기도 할 터인데 고사를 참고하고 글제를 찾는 데도 서적이 있어야 할 것이다. 이보다 조금 더 못한 일로는 또 혹 이웃 고을 수령들과 한자리에 모여 산수

간에 노닐면서 운자(韻字)를 내어 시도 짓게 될 터이니, 옛사람들의 시집도 필요할 것이다. 하물며 전정(田政)·부역(賦役)·진휼(賑恤)·형옥(刑獄)에 관해서도 옛 책을 살펴보지 않고 어떻게 논할 수 있겠는가. 남북의 변방은 기후와 풍토가 아주 다른 데다 질병에 걸리기 쉽고 의원은 구하기 어려우니, 의서 몇 종을 어찌 가져가지 않을 수 있겠는가. 변방의 요새와 장벽에서는 밤낮으로 변란에 대비해야 하니, 병서들 또한 항상 펼쳐봐야 할 것이다. 그러니 책을 한 수레 싣고 가는 일을 그만둘 수 없다. 돌아오는 날에 토산물을 싣지 않고 책 수레만 끌고 간다면 어찌 맑은 바람이 길에 가득하지 않겠는가?

3. 조정에 하직하기 辭朝

사헌부(司憲府)와 사간원(司諫院)의 자격심사인 서경(署經)이 끝나고 나면 임금에게 하직인사를 드린다.

『속대전(續大典)』에는 이렇게 규정되어 있다. "각 도의 도사(都事)나 수령으로 처음 임명된 자는 모두 서경을 받아야 하며, 일찍이 시종(侍從) 및 당상관(堂上官)을 역임한 자는 서경을 받지 않는다. 서경은 사헌부와 사간원이 관원 2명씩을 내어 거행한다. 임명된 후 50일이 지나도록 서경을 통과하지 못한 자는 임금에게 아뢰어 새로운 사람으로 다시 임명한다. ○감찰

(監察)로 임명되었을 때 이미 서경을 받았으면 수령으로는 처음 임명된 자라도 다시 서경을 받지 않는다."

서경이란 당사자의 허물을 살피는 건 물론이고, 친가와 외가, 그리고 처가의 4대조(祖)까지 살펴보고 가부를 결정하는 것이다. 임금의 특명이 있는 경우에만 한쪽 기관의 서경을 면제한다. 그러나 지금 이 규정은 형식에 지나지 않는다.

옛 법은 수령의 임명을 가장 중히 여겨, 임명하기 전에 천거의 절차를 두었고 임명한 후에는 서경의 절차를 두었으며, 거기에 더해 경서(經書)와 법률을 시험하여 재주와 학식을 관찰하였다. 그러나 이제 이 법은 유명무실해져서 용렬하고 무식한 자도 걸러지지 않고 수령으로 나아가게 되었다.

『경국대전』에는 이렇게 나와 있다. "해마다 음력 정월에 문관 3품 이상과 무관 2품 이상의 관원은 각자 수령이나 만호(萬戶)가 될 만한 자를 천거하되, 3명을 넘지 않게 한다." ○ "만약 천거된 자가 관직을 이용하여 불법으로 재물을 취득하거나 인륜을 어지럽히는 죄를 저지르면 천거한 자도 연좌된다"라고 하였다. 천거의 법이 형식적으로 남아 있기는 하지만, 관직을 이용하여 불법으로 재물을 취득한 죄를 저질러도 천거한 자에게 연좌시키지 않고 있으니 무슨 효과가 있겠는가.

전관(銓官)에게 두루 하직인사를 할 때에는 감사하다는 말을 해서는 안 된다.

인사를 담당하는 전관은 국가를 위해 사람을 뽑아 썼으니, 여기에 사사로운 은혜를 들먹여서는 안 된다. 수령은 자격에 따라 관직을 얻은 것이니, 이를 개인적인 은혜로 생각해서는 안 된다. 전관과 자리를 같이하는 경우 관직에 후보자로 추천해준 것에 관해 얘기해서는 안 되며, 전관이 혹시 그 말을 꺼내거든 "명공(明公)께서 변변치 못한 사람을 잘못 천거하셨습니다. 일을 그르쳐 훗날에 명공께 누를 끼칠까 몹시 두렵습니다"라고 대답할 일이다.

지금은 무신으로서 수령이 되어 나가는 자가 전관의 집을 돌아다니며 하직할 때에 반드시 필요한 것이 무엇인가를 묻고, 전관이 짐짓 하찮은 물건을 구하는 척하면 수령은 다시 후한 것을 바치겠다고 청한다. 그가 부임하게 되면 공공연히 뇌물을 실어 바치는 것을 당연한 일처럼 여긴다. 염치를 차리는 도리가 없어진 것이 이 지경에 이르렀다. 선배들에게는 이러한 습속이 없었다.

참의(參議) 김변광(金汴光)은 병조의 낭관(郎官)으로 있다가 물러나 고향 마을에서 궁하게 살며 벼슬을 구하지 않았다. 윤(尹)모가 이조참의로 있으면서 그를 용강현령(龍岡縣令)으로 보내주었다. 후에 윤씨가 딸의 혼인이 있자 사람을 보내 도움을 청하니, 그는 다음과 같이 답장을 보냈다. "가난할 때에 서로 돕는 것은 마땅한 도리이지만, 의심 받을 만한 때에는 군자로서 조심해야 할 것 같습니다. 제가 공(公)과는 이전부터 사귀던 사이가 아니었지만 나중에 천거, 발탁해준 힘을 입었으니 비록 명분 있는 선물이요 결코 재물을 취하는 바 아니겠으나,

모르는 이들은 필시 이런저런 말을 할 것입니다. 변변치 못한 제가 수십 년 스스로 지켜온 바를 하루아침에 잃게 된다면 어찌 청덕(淸德)에 누가 되지 않고 아름다운 명예에 손상이 되지 않겠습니까? 심부름 온 사람을 헛되이 돌려보내니 오히려 부끄럽고 송구하기 그지없습니다."

아전과 하인이 맞이하러 오면, 그들을 대함에 있어 아무쪼록 장중하고 화평하고 간소하고 과묵해야 할 것이다.

맞이하러 온 수리(首吏, 이방)의 행낭 속에는 으레 그 고을의 현황을 기록한 읍총기(邑總記)라는 작은 책자가 들어 있을 것이다. 거기에는 대개 녹봉으로 받는 쌀과 돈의 숫자며, 백성을 이리저리 다루어 사사롭게 취하는 방도가 갖가지로 나열되어 있다. 수리가 보러 온 날 그런 것을 꺼내 바치면 수령은 받아 보고는 흔연히 기쁜 빛을 띠고 조목조목 캐어물어 그 묘리와 방법을 알아내는데, 이는 천하의 큰 치욕이다. 수리가 이 문건을 바친 날 즉시 돌려주고 묵묵히 다른 말이 없어야 할 것이다. 그리고 자제나 친척, 손님들을 단속하여 절대로 만나는 일이 없도록 해야 한다. ○그다음 날 아침에 수리를 불러 그 고을의 큰 폐단 되는 일 한두 가지를 물어보아, 듣고 나서는 묵묵히 다른 말이 없어야 한다. 만약 그 폐단이 커서 즉시 고쳐야 할 일이면, 두루 하직인사를 다니는 날 전에 그 지방의 감사를 지낸 분이 있으면 함께 그 폐단을 바로잡을 방도를 의논해야 할 것이다. ○맞이하러 온 아전과 하인을 경솔하게 대하여 체모를 손상해서는 안 되며, 뽐내고 잘난 체해서도 안 된다. 장중하되 화평하면 될 것이니, 오직 묵묵히 말하지 않는 것이 최상의 묘법이다.

4. 부임 행차 啓行

부임하는 길에 있어서는 또한 오직 장엄하고 온화하며 과묵하기를 마치 말 못하는 사람처럼 해야 한다.

행차는 반드시 일찍 출발하고 저녁에 일찍 쉬도록 할 것이다. 동이 트기 전에 말에 오르고, 해가 미처 지지 않았을 때 말에서 내리는 것이 좋다. ○수리를 불러 "하인이 밥을 먹었으면 곧 진짓상을 올리고, 말에 오를 시각에 동이 트기 시작하면 적당하니 알아서 거행하라" 하고 주의를 주어야 한다. ○아랫사람들의 사정을 잘 헤아리지 못하는 사람은 미리 주의를 주지 않고 일찍 일어나 밥을 재촉하고 곧장 말에 오르니, 하인들이 밥상을 받아놓고 먹지도 못한 채 일어서는 경우가 허다하다. ○말을 달리지 말아야 한다. 말을 달리면 성질이 경박하고 조급하게 보인다. ○구불구불한 샛길에서는 돌아보지 말 것이다. 돌아보면 말을 탄 이속들이 비록 진창길이라도 말에서 내려야 하니, 배려해주어야 한다. 돌아보지 않을 뿐 아니라 형편에 따라서는 못 본 척하기도 하여 그들이 여유를 가질 수 있도록 하는 것이 좋다. ○내려가는 도중에는 비록 몸을 굽히지 않는 아전이 있더라도 책망하지 말고, 마치 말 못하는 사람인 것처럼 말을 말 것이다.

지나가는 길에 기피하고 꺼리는 것이 있어 아전이 바른길을 버리고 둘러가는 경우가 있다. 반드시 바른길로 가서 사특하고 괴이한 미신 따위를 타파할 것이다.

당나라 노준(盧遵)이 전의령(全義令)이 되었는데, 성을 보니 북문을 틀어막고 다른 곳을 뚫어서 다니고 있었다. 그가 문지기는 "100년도 넘은 일입니다"라고 말했는데, 어떤 사람은 "무당이 원님에게 이롭지 못하다 해서 틀어막았다"라고 대답했으며, 어떤 사람은 "길손이 너무 많아 대접할 양식이 탕진될 우려가 있어서 길손이 다니는 길을 우회시키기 위해 문을 막았다"라고도 말하였다. 노준은 "이는 인색한 짓이며 속임수가 아닌가? 현자가 하는 일은 사람들에게 이로움이 되도록 하는 것인데, 이를 어긴 것은 잘못이다. 내가 이 문을 복구하겠다" 하고 상급 관청에 아뢰어 허락을 받았다. 고을 사람들이 편하게 여겨서 기뻐 춤추었다. 주민들은 떠나지 않고 눌러 살았고, 나그네는 즐거이 그 지방을 드나들었다.

손순효(孫舜孝)가 영남(嶺南) 순찰사(巡察使)를 맡았을 때, 영해(寧海) 땅에 서읍령(西泣嶺)이 있었다. 속설에 "왕명을 띠고 온 사람이 이 고개를 처음 넘으면 반드시 흉한 일이 있을 것"이라 하여 다들 그 고개 넘기를 피했다. 손순효는 서슴없이 고개 위로 올라가서 고목나무 껍질을 벗기고 거기에 시를 지어 쓰길, "너는 화산(華山)에 절하여 만세를 부르고, 나는 왕명을 받들어 백성을 돌보노라. 어느 편이 더 중요한지 뉘라서 알리오? 밝은 해는 양쪽 다 환히 비춰주는구나"라고 하였다. 이에 고개의 이름을 고쳐 파괴현(破怪峴)이라 하였다.

부임하는 길에 들르게 되는 관부(官府)에서는 마땅히 선배 수령과 함께 다스리는 이치를 깊게 논의해야지, 농담으로 밤을 지새워서는 안 된다.

임지가 있는 도(道)에 들어서면 여러 고을의 수령은 모두 동료로서의 우의가 있는 법이다. 전부터 혐오하고 원망하는 집안 사이가 아니라면 마땅히 바로 방문하여 만나고, 그대로 지나쳐 교만하게 보여서는 안 된다. 더구나 고을살이한 지 오래된 그들에게 그곳의 풍속과 인정, 그리고 새로 생긴 폐단과 백성의 오래된 고통 등 물어보아야 할 사항이 반드시 있을 터인즉, 새로 부임하는 자가 스스로 눈과 귀를 넓히지 않아서야 되겠는가?

취임 전날 하룻밤은 반드시 이웃 고을에서 자야 한다.

『치현결(治縣訣)』에서 말하였다. "취임 전 하룻밤은 반드시 이웃 고을에서 자고 부임하는 고을의 경내에서 자서는 안 된다. 대개 새 수령의 행차에는 수행하고 맞이하는 사람의 숫자가 아주 많아 경내에서 자면 백성들이 피해를 입게 된다."

5. 취임 上官

취임하는 날을 따로 받을 필요는 없고, 다만 비가 오면 개기를 기다리는 것이 좋다.

도임할 때 택일(擇日)하지 않는 사람이 없건만, 봉고파직(封庫罷職)을 당하기도 하고, 고과 등급을 하(下)로 받아 파직되기도 하고, 사고를 만나 떠나는 이도 있다. 전임자들이 택일했어도 아무런 효과가 없었는데 무엇 때문에 그것을 따를 것인가? 늘 보면 임지 가까운 곳에 도착해서는 하루에 겨우 한 역참만 가기도 하고, 또는 종일 같은 자리에 지체하면서 길일을 기다리기도 한다. 읍에서 기다리는 아전들은 속으로 비웃고 그의 슬기롭지 못함을 알아차릴 것이며, 도임 행차를 따르는 아전과 하인들은 집 생각에 마음이 초조한데 앉아서 여비만 축내니, 모두들 그 수령이 재앙이나 당하라고 저주할 것이다. 길일이 저주를 당해내지 못할 터인데, 무슨 도움이 되겠는가? 다만 취임하는 날 비바람이 불고 날씨가 좋지 않으면 백성들이 불편하니, 잠깐 청명한 날씨를 기다리는 것이 좋을 것이다.

부임하여 관속들의 인사를 받는다.

좌수(座首)를 불러 이렇게 말한다. "급하지 않은 공무는 본관이 일을 시작할 때까지 기다리되 만일 시급한 일이 있으면 오늘이나 내일이라도 구애치 말고 아뢰도록 하라."

우두머리 아전과 군교(軍校)를 불러 다음과 같이 다짐한다. "관속들의 아침인사는 동틀 무렵에 시작해서 해가 뜰 때쯤 끝내도록 하라. 근무는 저녁 10시에 마칠 것이다. 폐문한 뒤에 보리밥 한 솥이 지어질 정도의 시각이다. 매일 새벽녘에 시중드는 종이 관속들의 아침 인사를 받을 시간이 되었다고 알리면 나는 곧 문을 열 것이다. 매일 저녁 10시에 시중드는 종이 근무를 마칠 시간이 되었다고 알리면 나는 물러가라는 명을 내릴 것이다. 오늘 이렇게 알리노니 모두 알아두도록 하라. 혹 시간을 어기는 일이 있으면 너희에게 벌을 내릴 것이다."

아전과 하인들이 인사하고 물러가면 말없이 혼자 단정히 앉아 백성을 다스릴 방도를 생각해야 한다. 너그럽고 엄숙하고 간결하고 치밀하게 규모를 미리 정하되, 오직 그때그때의 사정에 알맞게 하며 스스로 굳게 지켜나가야 한다.

『치현결』에서 이렇게 말했다. "군자가 백성을 대할 때는 마땅히 먼저 나의 성격에 치우친 곳을 찾아 바로잡아야 한다. 유약함은 강하게 고치고, 게으름은 부지런하도록 고치고, 지나치게 굳센 데는 관대하도록 고치고, 지나치게 완만한 데는 위엄 있고 용맹하도록 고쳐야 한다." 반드시 명나라 구준(丘濬)의 『대학연의보(大學衍義補)』, 송나라 조선료(趙善璙)의 『자경편(自警編)』, 명나라 설문청(薛文淸)의 『종정록(從政錄)』 등의 책에서 아름다운 말과 착한 행실로 마음에 감복되는 내용을 자주 읽고 음미하면서 항상 마음을 맑게 하고 거듭거듭 본받아 실행해야 한다. 또 『경국대전』 『수교집록(受敎輯錄)』 『결송유취(決訟類聚)』 『무원록(無寃錄)』 『종덕편(種德篇)』 『의옥집(疑獄集)』 등 법률서를 미리 연구해놓으면 일이 생겼을 때 많은 도움을 얻을 수 있다. 옛사람들이 의술을 가르칠 때 먼저 매일 새벽마다 『논어』와 『효경(孝經)』을 읽게 한 것도 다 이러한 뜻이다.

순암(順菴) 안정복(安鼎福)의 『임관정요(臨官政要)』에서는 이렇게 말했다. "천 리 사이에는 습속이 같지 않고, 백 리 사이에는 기풍이 다르다. 한 도 안에서도 산간과 해안지대의 풍토가 다르고, 한 고을 안에서도 읍내와 촌의 좋아하는 바가 다르다. 장사꾼이 모이는 곳의 민심은 간교하고, 농사꾼이 사는 곳의 민심은 소박하다. 백성을 다스리는 자는 마땅히 형세를 살펴서 대처해야 할 것이다. 당나라의 유중영(柳仲郢)이 경조윤(京兆尹)으로 있을 때 북사(北司)의 아전이 곡식을 납입하는

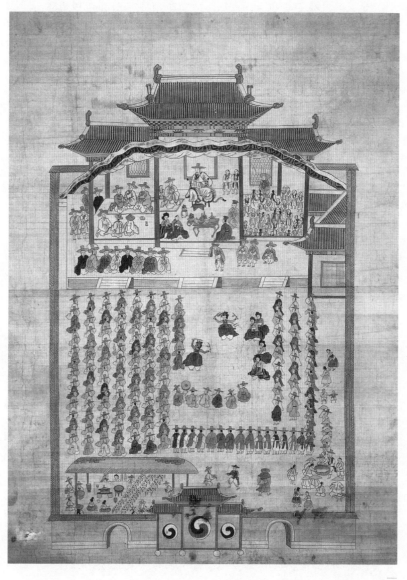

신임 수령을 위한 환영잔치
작자미상 「신관도임연회도(新官到任宴會圖)」, 19세기, 지본채색,
140.2×103.3cm, 고려대학교박물관 소장.

것을 어기자 곤장을 쳐 죽였더니, 그의 정사가 엄하고 명백하다고 소문이 났다. 후에 하남부윤(河南府尹)이 되어서는 관용과 은혜로써 정사를 행했는데, 어느 사람이 경조윤 시절과 같지 않다고 말하니, 유중영이 '수도의 백성을 다스림에 있어서는 위엄이 앞서야 하고, 지방 도읍을 다스릴 때에는 은혜와 사랑을 근본으로 삼아야 한다'라고 하였다. 당나라의 최언(崔郾)이 섬(陝) 지방은 너그럽게 다스리고, 악(鄂) 지방은 무섭게 다스렸는데, '섬 지방은 토지가 메마르고 백성이 가난하므로 동요가 생길까 염려하여 따듯이 어루만졌고, 악 지방은 토지가 비옥하고 백성들이 사나우므로 위엄 있게 다루지 않으면 안 된다'라고 말하였다. 송나라 장영(張詠)이 촉(蜀) 지방을 다스릴 때 처음에는 엄격하게 다루었는데, 두 번째 부임해서는 백성들이 자기를 믿는 줄을 알고 엄한 태도를 바꾸어 너그럽게 대하였다. 이는 모두 습속에 따라 변통할 줄을 안 것이다."

6. 업무를 시작함 莅事

이튿날 새벽에 출근하여 정사에 임한다.

상급 관청에 올리는 보고문서 가운데 전례에 따라야 할 것은 곧바로 서명날인(成帖)하고, 사리를 따져야 할 것은 모름지기 아전들의 초안을 바탕으로 다듬고 글을 만들어 그들에게 다시 쓰게끔 한다.

민간에 내리는 명령은 일자반구(一字半句)라도 함부로 서명 날인해서는 안 된다. 반드시 다음의 육전(六典) 36조(條)를 참고하여 일일이 검사하고, 그 안에 조금도 간계와 허위가 들어 있지 않음을 분명히 파악한 뒤에 서명날인해야 한다. 혹시 의심스러운 점은 아랫사람에게 묻는 것을 부끄러워하지 말고 수리와 담당 아전을 불러 자세한 사정을 물어 그 본말을 분명히 확인한 후에 서명날인해야 한다. 늘 보면 가장 어리석은 사람이 일을 잘 아는 체하고 아랫사람에게 묻기를 부끄러워하여 의심스러운 것을 두루뭉술하게 그냥 놔둔 채, 문서 끝에 서명만 부지런히 하다가 아전들의 술수에 빠지는 경우가 많다. ○ 혹 그 고을의 잘못된 전례가 이미 오래되었더라도 아주 불합리한 일인 경우, 보고할 기한이 급박하지 않으면 책상에 남겨두고 서명날인하지 않은 채 개정을 도모하며, 기한이 급박하거나 혹 일이 얽혀서 쉽게 변경할 수 없는 일은 일단 명령을 내려놓고 천천히 개정할 것을 도모한다.

이날 사족(士族)과 백성들에게 영을 내려 고질적인 폐단이 무엇인지 묻고 의견을 구할 것이다.

관내의 사족과 각층의 백성들에게 공문을 내려 다음과 같이 말한다. "현령(縣令)은 알리노라. 본관이 적절한 재목이 아님에도 불구하고 과분한 나라의 은혜를 입고 이 고을에 부임하여 아침저녁으로 근심과 두려움으로 어찌할 바를 모르고 있다. 묵은 폐단이나 새로운 병폐로 백성들의 고통이 되는 문제가 있으면 각 면에서 일을 잘 아는 사람 5~6명이 한곳에 모여 조목을 들어 의논하고 문서를 갖추어 제출하라. 고을 전체에 해당되는 폐단과 한 면, 한 마을의 특수한 고통은 각각 한 장의 종이에 쓰되, 면마다 하나의 문서로 갖추어 지금부터 7일 이내에 일제히 와서 바치도록 하라. 혹 아전이나 군교, 토호가 들으면 싫어할 일이라 후환이 두려워 드러내 말하지 않는다면, 수령이 부임한 처음에 폐단을 묻는 본의에 어긋나는 것이다. 각각 엷은 종이로 풀칠하여 봉하고 그 바깥에 표시를 한 후, 아무 날 정오에 다 같이 읍내에 들어와 역시 다 같이 관아의 뜰에 와서 본관의 면전에 직접 바치도록 하라. 만약 읍내에 들어와 오래 머물면서 이 문서를 고치거나 삭제하는 간사한 자가 있으면 마땅히 엄하게 징계할 것이니, 이 점을 명심하라. 의견을 수집하기는 쉬우나 고치기는 어려운 법이다. 고칠 만한 것은 고치고 고칠 수 없는 일은 그대로 둘 수밖에 없다. 오늘 들떠서 날뛰지 말며 다음에 실망하지도 말 것이다. 면이나 리의 폐단을 혹시 사심을 품고서 허황되게 과장하고 실상을 감추거나 뜬소문을 꾸미는 사람이 있으면, 결국에는 죄를 받게 될 것이니 조심하라."

백성의 소장(訴狀)이 들어오면 판결하는 제사(題辭)를 간결하게 할 것이다.

『치현결』에서 말했다. "백성들의 소장에서 아뢰는 바는 성급히 판결하지 말고, 마땅히 양편을 대질시켜야 하며, 한편의 말만 듣고 가볍게 판단해서는 안 된다. 싸우고 때린 일로 와서 고소하는 자는 더욱 그 말을 믿고 가벼이 체포해서는 안 된다."
○ 또 말하였다. "고소장을 처리하는 일은 본래 말단의 사무에 속하며, 신경 쓰는 것도 한도가 있어서 모두를 상세히 다룰 수 없다. 머리와 몸을 모두 고소장 처리에만 쏟는다면 업무를 어떻게 다 할 수 있겠는가? 모름지기 백성들의 고소장은 그 내용에 따라 몇 가지 종류로 나누고, 예제(例題)와 상투적인 용어를 만들어서 형리에게 주라. 형리는 큰 고을은 4명, 작은 고을은 2명을 뽑아 그들로 하여금 백성들의 고소장을 받아서 분류하여 책에 기록하고, 해당하는 예제와 용어를 쓰게 하고, 날짜의 왼편에 처리한 형리의 이름을 써넣도록 하라. 이것으로 훗날 고찰할 것에 대비하고 농간과 거짓을 방지한다면, 비록 하루에 만 가지 소송을 처리해도 어렵지 않을 것이다."
○『치현결』에 또 나와 있다. "백성들의 괴로움과 즐거움, 다스림의 잘하고 못함은 소장의 판결에 달려 있는 것이 아니다. 오직 그 큰 줄기를 바로하게 되면 소소한 판결의 잘잘못은 논할 것이 없다. 전정·군정(軍政)·창정(倉政)·요역(徭役)·호적(戶籍)·진휼(賑恤) 등 여섯 가지 일은 다스림의 큰 줄기이니 이 여섯 가지 일에 대해 지혜를 써서 법을 세우게 되면 아전들은 농간을 부릴 수 없고 백성들은 그 혜택을 입지 않음이 없을 것이다. 그러면 소장은 저절로 줄어들 것이다."

관청의 일은 기약이 있는 법인데, 그 기약이 믿기지 않으면 백성들이 관의 명령을 두렵게 여기지 않을 것이다. 기약은 미덥게 해야 한다.

무릇 많은 사람을 다스리는 방법은 반드시 먼저 약속을 분명히 하고 이를 거듭거듭 알리며, 또 기한을 여유 있게 주어 주선할 수 있게 해야 한다. 그런 뒤에 이를 어기는 사람이 있으면 약속대로 시행해도 원망하지 못할 것이다.

송나라 호태초(胡太初)는 이렇게 말했다. "모든 일에 신의가 없으면 성사되지 않는다. 하물며 고을의 일이 복잡하고 수령의 위엄이 그다지 대단하지도 못한데, 기한도 미덥지 않고 호령도 엄숙하지 못하다면, 어떻게 일을 해낼 수 있겠는가? 그러므로 기한을 확고히 세우는 것보다 중요한 일은 없다. 그러나 사정이 각각 다르므로 기한을 연기해주되, 세 번까지 연기하고도 이행하지 않으면 거기에 대한 처벌은 마땅히 엄해야 한다."

노련한 아전을 불러서 화공(畵工)을 구하여 본 현의 지도를 그려 관아의 벽에 걸어두도록 한다.

『치현결』에서는 이렇게 말하였다. "지도 가운데 강줄기와 산맥은 실제와 똑같이 그리고 동서남북의 방위를 각각 표시하며, 면과 마을 이름, 모든 도로의 길이, 모든 마을의 가구 수를 표시한다. 또한 큰길과 작은길, 다리, 나루터, 고개, 객점(客店), 절간이 있는 곳 등을 모두 표시한다. 그래야 인정 풍속을 살필 수 있고, 그곳 실정을 파악할 수 있으며, 또 아전과 백성들이 왕래하는 길을 알 수 있다."

생각건대 이 지도는 가장 긴요한 것이다. 본 현에 화공이 없으면 솜씨가 변변찮아도 괜찮으니 이웃 현에서 데려오도록 한다. 반드시 노련한 향임(鄕任)과 아전·군교들이 관장하여 지도를 만들게 할 것이다. 우리나라의 지도는 땅의 길고 짧음에 상관없이 모두 네모진 모양으로 그려져서 쓸모가 없다. 반드시 먼저 경위선(經緯線)을 그어놓고 1칸을 10리로 하여, 동쪽으로 100리 거리에 있으면 지도상에는 동쪽으로 10칸째 위치에, 서쪽으로 10리 거리에 있으면 지도상에는 서쪽으로 1칸째 위치에 그려지도록 하며, 고을의 관아가 꼭 지도의 중앙에 있게 할 필요는 없다. 100가구가 있는 마을은 모든 집을 다 그려 넣을 수 없으니 집이 조밀하게 있는 모양을 그려서 큰 마을임을 알게 하면 된다. 한두 집이 산골짜기에 있는 것도 빠뜨리지 말아서 사람이 살고 있음을 알게 해야 한다. 큰 기와집 또한 각각 표시하여 토호의 집임을 알게 하는 것이 좋다.

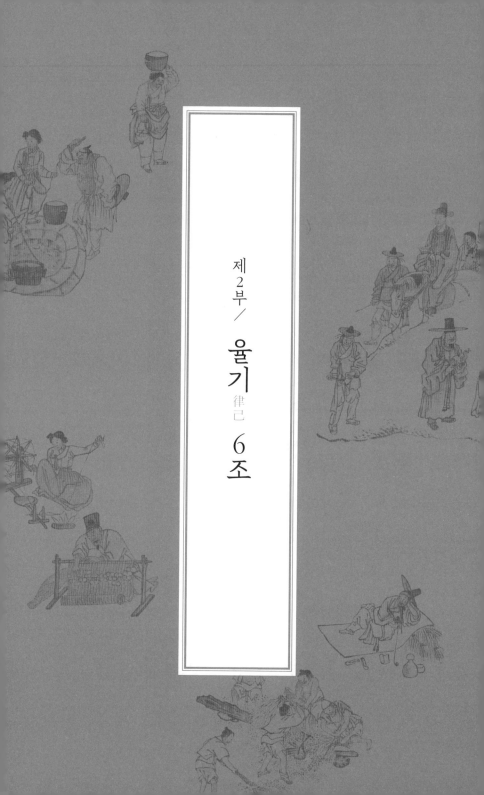

제2부 /

율기 律己 6조

후원에서 시를 읽고
바둑을 두며
소일하는 양반들

작자미상 「후원아집도(後園雅集圖)」,
19세기, 지본담채,
110×52.6cm,
국립중앙박물관 소장.

1. 바른 몸가짐 飭躬

일상생활을 절도 있게 하고 옷차림은 단정히 하며, 백성들을 대할 때에는 장중하게 하는 것이 옛날부터 내려오는 수령의 도리이다.

날이 밝기 전에 일어나서 촛불을 밝히고 세수를 한 다음 옷을 단정히 입고 띠를 두르고 조용히 꼿꼿하게 앉아 정신을 가다듬는다. 얼마쯤 있다가 생각을 풀어내어 오늘 해야 할 일의 순서를 정한다. 제일 먼저 무슨 공문을 처리하고, 다음에는 무슨 명령을 내릴 것인가를 마음속에 분명히 해야 한다. 그러고 나서는 제일 먼저 할 일을 놓고 처리할 방법을 생각하고, 다음 할 일에 대해 처리할 방법을 생각하되, 사욕(私欲)을 끊고 하나같이 천리(天理)를 따르도록 힘써야 한다.

동이 트면 촛불을 끄고 그대로 단정히 앉아 있다가, 시중드는 종이 시간이 되었다고 아뢰거든 창문을 열고 관속들의 인사를 받는다.

간혹 보면 소탈함을 좋아하고 속박을 싫어하는 수령은 망건만 쓰고 협수의(夾袖衣)를 걸치거나 망건도 안 쓰고 버선도 신지 않은 채 아전과 백성을 대하는데, 이는 크게 잘못이다. 『시경(詩經)』에서는 "위엄 있는 차림새는 덕(德)의 표현"이고, "공경하고 삼가는 차림새는 백성의 본보기이다"라고 하였으니, 이는 옛날의 도(道)이다. 위엄 있는 차림새를 잃으면 백성들이 본받을 바가 없는데, 무슨 일이 되겠는가? ○관아에서 퇴근은 가을과 겨울에는 조금 늦추고, 봄과 여름에는 조금 이르게 해야 할 것이다.

공사(公事)에 여가가 있거든 반드시 정신을 모으고 생각을 안정시켜 백성을 편안히 할 방도를 헤아려 지성(至誠)으로 잘해나갈 것을 강구해야 한다.

주자는 말했다. "오공제(吳公濟)라는 분은 '날마다 사물을 응접하는 가운데서도 모름지기 잠깐의 시간을 내어 고요히 혈기와 정신을 함양하고 보존해야 한다. 요컨대 일이 번잡할수록 마음을 더욱 차분하게 가져야 하며 시간이 부족해도 나는 여유있게 지내야 할 것'이라고 했다."

『치현결』에서는 "벼슬살이에서 가장 중요한 점은 '두려워할

외(畏)’한 글자이다. 의(義)를 두려워하고 법을 두려워하고 상
관을 두려워하고 백성을 두려워하여 마음에 언제나 두려움을
간직하면, 혹시라도 방자하게 되지 않을 것이니, 이로써 허물
을 적게 할 수 있다”라고 하였다.

『정요(政要)』에서는“벼슬살이에는 3자의 오묘한 비결이 있
으니, 첫째는 ‘청(淸, 맑음)’이고, 둘째는 ‘신(愼, 삼감)’이며, 셋
째는 ‘근(勤, 부지런함)’이다”라고 하였다.

송나라 여씨(呂氏)는 『동몽훈(童蒙訓)』에서 “임금을 나의 어
버이처럼 섬기고 아전을 내 집에서 부리는 사람처럼 대하며,
백성을 나의 처자처럼 사랑하며, 공무를 집안일처럼 돌보아야
만 능히 내 마음을 다한 것이다. 만약 조금이라도 미진한 일이
있다면, 이는 내 마음을 다하지 않기 때문이다”라고 하였다.
○일을 처리할 때 언제나 선례만을 좇지 말고, 반드시 백성을
편안히 하고 이롭게 하기 위해서 법도의 범위 내에서 변통을
도모해야 한다. 만약 그 법도가 나라의 기본 법전이 아니며 현
저히 불합리한 것은 고쳐서 바로잡아야 한다.

명나라 정선(鄭瑄)은 “하늘은 한 사람을 사사로이 부유하게
하려는 것이 아니라, 대개 수많은 가난한 사람들을 그에게 부
탁하려 함이요, 하늘은 한 사람을 사사로이 귀하게 하려는 것
이 아니라, 대개 수많은 천한 사람들을 부탁하려 함이다. 가난
하고 미천한 사람들은 제 힘으로 먹고살면서 제 일을 경영하
고, 제 피땀으로 얻은 것을 제가 쓰니, 하늘이 오히려 너그럽게
볼 것이요, 부귀한 사람들은 벼슬을 가지고 녹을 먹되 만민의
피땀을 한 사람이 받아 쓰니, 하늘이 그 허물을 경계함이 더욱

엄중할 것이다"라고 하였다.

한지(韓祉)가 감사로 있으면서 막료들이 아침 인사를 하러 들어올 때면 늘 밥상을 내려주고 술을 돌린 다음에 "내가 어제 한 일 가운데 무슨 허물이 있었는가?" 하고 물었다. 막료들이 "없습니다"라고 대답하면, 그는 정색하고 "세 사람이 길을 함께 가는 데도 반드시 내 스승이 있다고 하였거늘, 10여 명의 의견이 어찌 반드시 내 의견과 똑같을 것인가? 그대들은 어서 말하라. 말해서 옳다면 좋을 것이요, 그르다면 서로 토론을 하여 깨우치는 바가 없지 않을 것이다"라고 말했다. 날마다 이와 같이 물으니 막료들이 미리 의논해가지고 들어와 고하였고, 옳은 말이면 아무리 중대하여 고치기 어려운 일이라도 기꺼이 자기의 생각을 버리고 그들 말에 따랐다. 언제나 "천하의 일을 한 사람이 다 할 수는 없는 법이다"라고 하였다.

말은 많이 하지 말고, 조급히 성내는 일이 없도록 할 것이다.

백성의 윗사람 된 자가 움직이고 정지하며 말하고 침묵하는 것은 아랫사람이 모두 살펴어 의심쩍게 탐색하기 마련이니, 방에서 문으로, 문에서 고을로, 고을에서 사방으로 새어나가서 온 도(道)에 퍼지게 된다. 군자는 집안에서도 말을 삼가야 하거늘, 하물며 벼슬살이할 때야 말할 필요가 있겠는가? 비록 시중드는 아이가 어리고 시중드는 종이 어리석다 해도, 여러 해를 관청에 있으면 백 번 단련된 쇠와 같아서 다들 기민하고 영리하여 엿보아 살피는 것이 귀신과 같다. 관아의 문을 나서기만 하면 세세한 것까지 다 누설하고 소문을 낸다. 내가 10여 년을 읍내 바닥에서 귀양살이하며 실정을 알게 되었다.『주역』에서는 "군자가 집안에 있으면서 착한 말을 하면 천 리 밖에서도이에 응하는데, 하물며 가까이 있는 자야 말할 나위도 없다. 군자가 집안에 있으면서 착하지 않은 말을 하면 천 리 밖에서도어기는데 하물며 가까이 있는 자야 말할 나위도 없다"라고 하였다. 또『시경』에서는 "예측할 수 없는 일을 경계하고 너의 말을 삼가라"라고 하였다. 그러니 백성의 윗사람 된 자로서는 조심하지 않을 수 있겠는가.

정선은 "자신이 백성의 수령이 되면 몸이 곧 화살의 표적처럼 되는 고로 한마디 말과 한 가지 행동도 삼가지 않으면 안될 것이다"라고 하였다. ○또 "한마디 말로 천지의 화평을 상하게 하는 수가 있고, 한 가지 일로 평생의 복을 끊어버리는 수가 있으니, 모름지기 철저히 점검해야 한다"라고 하였다.

사방의 풍속이 각각 다르므로 나에게 친숙하지 않은 것이마음에 거슬리기는 하겠지만 그렇다고 해서 꾸짖고 화를 낸다면 역시 견문이 좁고 괴팍한 것이다. 수령이 어떤 악인을 만나서 "이곳 인심이 순박한데, 네가 어지럽히고 있으니 네 죄가 무겁다" 하고 꾸짖으면 사람들이 다 기뻐할 테지만, 수령이 "이곳 인심이 고약해서 이런 일이 일어났다" 하고 꾸짖으면 사람들이 다 노여워할 것이다. 스스로 실언하여 뭇사람의 노여움을 불러일으킨다면, 역시 어리석은 짓이 아닌가? 하물며 그 이른바 고약하다 함은 대체로 쌀이나 소금, 오이나 채소 같은 작고 하찮은 물건으로 인한 것이고, 정작 백성에게 포학스럽게 구는 자나 백성을 수탈하고 법을 범하는 자는 노여움의 대상이 되지 않으니, 어찌 뭇사람의 마음을 감복시킬 수 있겠는가?

아랫사람을 너그러이 대하면 순종치 않는 백성이 없을 것이다. 그렇기에 공자는 "윗사람이 되어 너그럽지 않고 예(禮)를 차리는 데 공경하지 않으면 볼 것이 무엇이 있겠느냐?", 또 "너그러우면 많은 사람을 얻는다"라고 하였다.

사람들은 흔히 "벼슬살이를 하자면 무서움을 내세우는 것이 제일이다"라고 하는데 이는 속된 말이다. 먼저 무서움을 마음속에 품고 있으면 자신에게도 좋지 않을 것이다. 죄가 있으면 죄를 주는 것이니, 내가 형벌을 쓰는 것은 그 죄에 합당한 것뿐인데 어찌 위세를 앞세울 것인가?『시경』에서 "그대의 위엄 있는 몸가짐〔威儀〕을 공경히 하여 '편안하고 착하게〔柔嘉〕' 하라"라고 이른 것처럼, 편안하고 착한 기상이 가장 좋다. 전에 내가 조정에 있을 때에 공경대신(公卿大臣)들을 보면 언제나 말씨와 안색이 편안하고 착한 듯하였다. 후세 사람들이 옛사람들만 못할지라도, 역시 편안하고 착한 자는 반드시 많은 사람을 얻고 높이 오르지만, 우악스럽고 거친 자는 대부분 중도에서 넘어진다. 그래서 나는 편안하고 착한 것이 좋은 기상인 줄 안다.

관부(官府)의 체통은 엄숙해야 하니, 수령의 자리 곁에 다른
사람이 있어서는 안 된다.

수령의 지위는 존엄한 것이므로, 아전들은 엎드리며 백성들
은 뜰아래에 있게 되는 법인데, 감히 다른 사람이 수령의 곁에
서 관여해서야 되겠는가? 비록 자제나 친척, 손님이라 할지라
도 모두 물리치고 홀로 앉는 것이 예(禮)에 맞다. 공청(公廳)에
서 물러나와 한가한 낮이나 고요한 밤으로 일이 없을 때면 불
러서 만나보는 것이 괜찮다.

군자가 무겁지 않으면 위엄이 없으니, 백성의 윗사람 된 자는
진중해야 한다.

중국 동진의 사안(謝安)은 조카의 승전 보고를 듣고도 바둑
두는 것을 그치지 않았고, 후한의 유관(劉寬)은 새로 지어 입
은 조복에 누군가 국물을 엎질렀지만 놀라거나 성내지 않았다.
평상시에 충분히 생각하고 헤아려둔 바가 있었기 때문에 일
을 당해서도 당황하지 않은 것이다. 관아 안에 호랑이나 도적
이 들거나, 수재나 화재가 나고 담장이 무너지거나, 지붕이 내
려앉고 혹시 지네나 뱀이 요 위로 떨어지거나, 혹시 시중드는
아이가 잘못하여 물을 엎지르고 술잔을 뒤엎는 일이 있더라도,
모름지기 조용히 앉아서 천천히 그 경위를 살펴야 한다. 또한
암행어사가 출도(出道)하거나, 좌천이나 파면 등 죄를 묻는 통

보서가 갑자기 닥치더라도 말씨나 안색이 달라져서 남의 비웃음과 업신여김을 받지 않도록 해야 한다.

당나라 배도(裵度)가 중서성(中書省)에 있을 때, 주위에서 갑자기 관인이 없어졌다고 하는데도 그는 태연히 술을 마셨다. 얼마 후 제자리에서 도장을 찾았다는 보고를 받고도 여전히 아무 반응을 보이지 않았다. 누군가 그 까닭을 묻자, 그는 "필시 아전이 관인을 훔쳐 문서에 찍은 것일 텐데, 급하게 찾으면 물이나 불 속에 던져버리겠지만 느긋하게 해주니 제자리에 도로 갖다 놓은 것이다"라고 말하였다. 사람들이 그의 도량에 탄복하였다.

주색을 멀리하고 풍악을 물리쳐서 단정하고 위엄 있기를 큰 제사 받들 듯 할 것이요, 마구 향락에 빠져 방탕하게 되어서는 안 될 것이다.

송나라 매지(梅摯)가 소주(韶州) 지주(知州)로 있을 때에 벼슬살이의 고질병에 관한 글을 지어 밝혔다. "벼슬살이에는 다섯 가지 병통이 있다. 급히 재촉하고 함부로 거두어들여서 아랫사람한테 긁어다가 위에 바치는 것은 조세의 병통이요, 엄한 법조문을 함부로 둘러대어 선악을 명백히 가리지 못하는 것은 형옥(刑獄)의 병통이요, 밤낮 술에 빠져 나랏일을 등한히 하는 것은 음식의 병통이요, 백성의 이익을 침해하여 사사로이 자기 주머니를 채우는 것은 재물의 병통이며, 여러 여자를 골라 노래와 여색을 즐기는 것 또한 하나의 병통이다. 이 가운데 하나만 있어도 백성이 원망하고 신이 노여워할 것이니, 건강한 자는 반드시 병들고 병든 자는 반드시 죽을 것이다. 벼슬살이 하는 자가 이를 알지 못하고 풍토병을 탓하니, 잘못된 일이 아닌가.”

『상산록(象山錄)』에서 말했다. “술을 좋아하는 것은 모두 객기이다. 세상 사람들은 이를 맑은 취미로 잘못 생각하는데, 술 마시는 버릇이 오래가면 게걸스러운 미치광이가 되어 끊으려 해도 되지 않으니 참으로 애석한 일이다. 마시면 주정 부리는 자가 있고, 마시면 말이 많은 자가 있으며, 마시면 잠자는 자도 있다. 주정만 부리지 않으면 스스로 폐단이 없는 줄로 여긴다. 그러나 잔소리와 군소리는 아전들이 괴롭게 여길 것이요, 쿨쿨 잠이 들어 오래 누워 있으면 백성이 원망할 것이다. 어찌 미친 듯 고함지르고 어지러이 떠들며 넘치는 형벌과 지나친 곤장질만이 정사에 해가 된다고 하겠는가? 수령 된 자는 술을 끊지 않으면 안 될 것이다.”

자제나 친척, 빈객들이 기생과 가까이하는 것은 더욱 엄히 막아야 할 일이니, 금계(禁戒)를 아주 엄하게 해놓으면 설사 어기는 자가 있더라도 정도가 지나치지 않을 것이다. 금계를 어긴 자는 여러 사람 앞에서 꾸짖지 말고 오직 조용히 밀실에서 금계를 어긴 행동을 책망하고 다음 날 말을 내어주고 행장을 꾸려서 돌려보낸다. 이렇게 하면 나의 정사를 어지럽히지 않고 나의 법을 무너뜨리지 않으니 최상의 방편이 될 것이다.

노래와 풍악은 백성의 원망을 재촉하는 풀무이다. 내 마음에 즐겁더라도 좌우의 마음이 모두 다 즐거울 수 없고, 좌우의 마음이 다 즐겁더라도 온 읍내 남녀의 마음이 반드시 다 즐거울 수 없으며, 온 읍내 남녀의 마음이 다 즐겁더라도 온 고을 만민의 마음이 반드시 다 즐거울 수는 없다. 그중에 한 사람이라도 춥고 배고파 고달프거나 벌을 받아 울부짖고 쓰러져서, 하늘을 보아도 캄캄하고 참담하여 세상 살아갈 즐거움이 없는 자가 있으니, 풍악 소리를 들으면 반드시 이맛살을 찌푸리고 눈을 부릅떠 길바닥에다 욕을 퍼붓고 하늘을 저주할 자가 있을 것이다. 배고픈 자가 들으면 배고픔을 더욱 한탄할 것이요, 간혀 있는 자가 들으면 간혀 있음을 더욱 슬퍼할 것이다. ○늘 보면 수령으로 부모를 모신 자가 가끔 부모의 생신날에 풍악을 베푸는데, 자신은 이를 효도라 생각하겠지만 백성들은 이를 저주하기 마련이다. 백성이 자기 부모를 저주하도록 한다면 이는 불효가 아닌가? 만약 부모의 생신날에 고을의 늙은이들을 위로하는 잔치를 겸해서 한다면 백성들이 저주하지 않을 것이다.

시나 읊조리고 바둑이나 두면서 정사를 아전들에게 맡겨두는 것은 큰 잘못이다.

남창(南牕) 김현성(金玄成)이 여러 고을을 맡아 다스렸는데, 손을 씻은 듯 깨끗하게 직책에 봉사하여 청렴한 소문이 세상에 드러났다. 그러나 실무에는 익숙하지 못했고 심히 소탈하고 너그러워 아랫사람들에게 매질을 하지 못했으며, 담담하게 동헌(東軒)에 앉아 종일토록 시나 읊조렸다. 말하기 좋아하는 자들이 "김남창은 백성을 자식처럼 사랑하지만 온 고을이 원망하며 탄식하고, 티끌만 한 것도 사사로이 범하지 않되 관청 창고는 바닥이 났다"라고 하여, 이 말이 일시에 웃음거리가 되었다.

당나라 영호도(令狐綯)가 이원(李遠)을 항주(杭州)자사로 천거하자, 임금이 "내가 들으니 이원의 시에 '온종일 오로지 바둑 두기로 소일하노라'라고 했다는데, 이런 자가 어찌 능히 백성을 다스릴 수 있겠느냐" 하고 말하였다. 영호도가 "시인이 흥에 겨워서 그런 것이지 실제로 그러지는 않을 것입니다"라고 아뢰자, 임금이 "우선 보내서 시험해보도록 하라"라고 하였다. ○ 바둑은 그나마 고상하고 운치 있는 취미이다. 근래 수령들은 정당(政堂)에서 저리(邸吏)나 읍내의 건달들, 하천한 무리들과 더불어 투전(鬪牋) 놀음으로 날을 다하고 밤을 새니 체모의 손상이 이렇듯 극심해졌다. 아아, 장차 어찌할 것인가?

2. 청렴한 마음 淸心

청렴이란 수령의 본래의 직무로서 모든 선의 원천이며 모든 덕의 근본이다. 청렴하지 않고서 능히 수령 노릇을 잘할 수 있는 자는 없다.

우리 조선조에서 청백리(淸白吏)로 뽑힌 인물은 통틀어 110명인데, 태조 이후에 45명, 중종 이후에 37명, 인조 이후에 28명이다. 경종 이후로는 마침내 이렇게 뽑는 일조차 끊어졌으며, 나라는 더욱 가난해지고 백성은 더욱 곤궁하게 되었다. 이 어찌 한심하지 않은가? 400여 년 동안에 관복을 입고 조정에서 벼슬한 사람이 몇 천에서 만에 이르는데, 그중에서 청백리로 뽑힌 사람은 겨우 이 정도 숫자이니 이 또한 사대부의 수치가 아닌가?

『상산록』에서는 이렇게 말했다. "청렴에는 세 등급이 있다. 최상은 봉급 외에는 아무것도 먹지 않고 먹고 남는 것 또한 가져가지 않으며, 벼슬을 그만두고 집으로 돌아갈 적에는 한 필 말로 조촐하게 가는 자이니, 이는 아주 옛날의 청렴한 관리이다. 그다음은 봉급 외에 명분에 바른 것은 먹고 바르지 않은 것은 먹지 않으며, 먹고 남은 것은 집으로 보내는 자이니, 이는 중고 시대의 청렴한 관리이다. 최하는 무릇 이미 관례가 된 것은 비록 명분이 바르지 않더라도 먹으며, 관례로 되어 있지 않은 것에 대해서는 죄를 먼저 짓지 않으며, 향임(鄕任)의 자리를 팔거나 재감(災減)을 훔치거나 곡식으로 농간을 부리지 않고, 송사와 옥사를 팔지 않으며, 조세를 과다하게 부과하여 나머지를 착복하는 짓은 않는 자다. 이는 오늘날 이른바 청렴한 관리이다. 모든 악을 두루 갖추고 있는 자로 오늘날에 도도한 대세를 이루고 있다. 최상은 참으로 좋은 것이지만, 능히 그렇게 할 수 없다면 그다음 등급만 해도 좋다. 최하에 속하는 경우 옛날 같으면 반드시 끓는 물에 삶아 죽이는 형벌에 처해졌을 것이다. 선을 좋아하고 악을 부끄럽게 여기는 사람은 결코 그렇게 하지 않을 것이다."

청렴은 천하의 큰 장사이다. 욕심이 큰 사람은 반드시 청렴하려 한다. 사람이 청렴하지 못한 것은 그의 지혜가 짧기 때문이다.

공자는 "인자(仁者)는 인(仁)을 편안히 여기고 지자(知者)는 인을 이롭게 여긴다"라고 했는데, 나는 "청렴한 자는 청렴함을 편안히 여기고, 지자는 청렴함을 이롭게 여긴다"라고 하겠다. 무엇 때문인가? 사람들은 재물을 크게 욕심내지만, 재물보다 더 큰 것을 욕심내는 경우에는 재물을 버리고 취하지 않기도 한다. 비록 재물을 얻는 데 뜻을 둔다 하더라도 당연히 청렴한 관리가 되어야 한다. 왜 그런가? 늘 보면 지체와 문벌이 화려하고 재주와 덕망이 가득한 사람이 돈에 빠져 관직을 박탈당하고 귀양 가서 10년이 지나도록 등용되지 못하는 경우가 허다하다. 비록 세력이 높고 때를 잘 만나 형벌을 면할 수 있을지는 몰라도 여론은 그 비루함에 침을 뱉으니 명망이 땅에 떨어질 것이다. 문신이 이렇게 되면 가장 영예로운 홍문관과 예문관의 벼슬을 얻지 못하게 되고, 무신이 이렇게 되면 장수가 되지 못한다. 지혜가 높고 사려가 깊은 사람은 욕심이 크므로 청렴한 관리가 되고, 지혜가 짧고 사려가 얕은 사람은 욕심이 작으므로 탐욕한 관리가 되는 것이니, 진실로 생각이 여기에 미친다면 청렴하지 않을 사람이 거의 없을 것이다.

송나라에서 한 농부가 밭갈이를 하다가 옥을 주워서 사성(司城)인 자한(子罕)에게 바쳤으나, 자한은 받지 않았다. 농부가 "이것은 우리 농부들이 보배로 여기는 것입니다. 바라옵건대 상공께서는 받아주시옵소서"라고 거듭 청하자, 자한은 "그대는 옥을 보배로 삼고, 나는 받지 않는 것을 보배로 삼으니, 만일 내가 그것을 받는다면 그대와 나 모두 보배를 잃는 셈이네"라고 말했다. ○춘추시대 공의휴(公儀休)가 노(魯)나라 재상이 되었는데, 어떤 사람이 물고기를 보냈으나 받지 않았다. 그 사람이 "재상께서 물고기를 좋아하신다고 들었사온데, 어찌하여 물고기를 받지 않으십니까"라고 묻자 공의휴는 "물고기를 좋아하기 때문에 받지 않는 것이오. 이제 재상이 되었으니 스스로 물고기를 마련할 수 있게 되었는데, 지금 물고기를 받았다가 면직을 당하면 누가 다시 나에게 물고기를 바치겠소? 그래서 내가 받지 않는 것이라오"라고 대답했다.

예로부터 지혜가 깊은 선비는 청렴을 교훈으로 삼고, 탐욕을 경계했다.

명나라의 풍유룡(馮猶龍)은 "천하의 한없는 못난 짓은 모두 돈을 버리지 못하는 데 따라 일어나고, 천하의 끝없이 좋은 일은 모두 돈을 버리는 데 따라 이루어진다"라고 하였다.

정선(鄭瑄)은 이렇게 말하였다. "얻기를 탐내는 자가 만족할 줄 모르는 것은 모두 사치를 좋아하는 일념 때문이다. 만일 마음이 편안하고 담담하여 족한 줄 알면, 세상의 재물을 구해서 어디에 쓰겠는가? 청풍명월(淸風明月)은 돈이 드는 것이 아니며, 대울타리 띠집은 돈 쓸 일이 없으며, 책을 읽고 도를 논하는 데 돈이 요구되지 않으며, 몸을 깨끗이 하고 백성을 사랑하는 데 돈이 필요하지 않으며, 사람을 구제하고 만물을 이롭게 하는 데는 돈이 남을 수 없다. 이렇게 자신을 성찰하면 세상맛에 초탈하게 될 것이니 탐욕스러운 마음이 또 어디서 나오겠는가?"

정선은 또 이렇게 말했다. "근래 사대부들이 밖으로는 공명(功名)을 낚고 안으로는 재산을 경영하며, 천 칸이나 되는 넓은 집채에 기름진 밭이 만 경(頃)이나 되고, 사내종은 개미떼 같고 비첩은 구름 같은데, 입을 열었다 하면 인성(人性)과 천리(天理)를 고상하게 논하고 마음이 맑고 깨끗함을 자부하니, 비록 석가모니처럼 장중한 말을 혀끝에 올린다 하더라도 나는 믿지 않을 것이다."

수령이 청렴하지 않으면 백성들은 그를 도적으로 지목하여 마을을 지날 때에 더럽다고 욕하는 소리가 높을 것이니, 이 역시 수치스러운 일이다.

고려 나득황(羅得璜)이 백성들의 살을 벗겨내듯 세금을 긁어모으면서 최항(崔沆)에게 아첨하여 제주(濟州)부사가 되었다. 앞서 송소(宋佋)가 제주의 수령을 지내다가 횡령죄로 면직되고 나득황이 부임하게 되었는데, 사람들이 "제주가 전에는 작은 도적을 겪었는데 이제 큰 도적을 만났구나"라고 말했다.

이기(李墍)의 『송와잡설(松窩雜說)』에 이런 이야기가 실려 있다. "국초(國初)에 함경도는 야인(野人)의 땅과 접해 있기 때문에 크고 작은 수령을 모두 무관에서 뽑아 보내는 것이 관례였다. 게다가 조정으로부터 멀리 떨어져 있어 거리낄 것이 없기에 형벌이 가혹하고 세금을 마구 뜯어냈고, 간혹 문관을 보냈지만 명망이 있는 수령은 극히 드물었기에 백성들은 관원들을 '낮도둑'이라고 불렀다. 어떤 함경도 사람이 처음으로 서울에 올라와서 성균관(成均館) 앞을 지나다가 동행에게 '이곳은 어느 고을 관청인가' 하고 물었다. 그 동행이 '이곳은 조정에서 낮도둑들을 모아 기르는 못자리라오'라고 대답했다. 비록 지나친 말이지만, 이 말을 들은 자는 응당 부끄럽게 여겨야 할 것이다."

『한암쇄화』에서 "백련사(白蓮寺)에는 우스갯소리를 잘하는 중이 있었는데, 그는 항상 '일산(日傘) 그늘 밑에 큰 도적이 있고, 목탁 소리 속에 참 중이 적다'라는 시 구절을 외웠다"라고 했다.

뇌물은 누구나 비밀스럽게 주고받겠지만, 한밤중에 주고받은 것도 아침이면 드러난다.

아전들은 심히 경박하게 들어와서 곧 "이 일은 비밀이라 사람들이 아무도 모릅니다. 퍼뜨리면 자기에게 해로울 뿐이오니 누가 감히 퍼뜨리겠습니까?"라고 한다. 수령은 그 말을 철석같이 믿고 뇌물을 흔연히 받지만, 아전은 문을 나서자마자 마구 떠벌려 자기의 경쟁자를 억누르고자 하니, 소문은 삽시간에 사방으로 퍼진다. 수령은 깊이 들어앉아 고립되어 있어서 전혀 듣지 못하니 참으로 안타까운 노릇이다.

후한의 양진이 형주(荊州)자사로 있을 때 왕밀(王密)이 창읍(昌邑)의 수령을 제수받고서 밤에 금 10근을 품고 와서 내어놓으면서 "어두운 밤이라 아무도 모릅니다"라고 말했다. 양진은 "하늘이 알고 신이 알고 내가 알고 그대가 아는데, 어찌 아무도 모른다 하오"라고 대답하자 왕밀이 부끄럽게 여기고 물러갔다.

선물로 보낸 물건이 아무리 작아도 은혜로운 정이 맺어지면 이미 사사로운 정이 벌써 행해진 것이다.

진(晉)나라 격현령(鬲縣令)으로 있던 원의(袁毅)라는 자가 조정 대신에게 뇌물을 바치고 영예를 사려고 하여, 산도(山濤)에게 명주실 100근을 바쳤다. 산도는 유별나게 보이고 싶지 않아 그 실을 받아서 들보 위에 얹어놓았다. 후일에 원의의 일이 탄로 나자, 산도는 들보 위에서 실을 가져다가 아전에게 주었다. 이미 몇 해가 지났기 때문에 실은 먼지가 끼어 누렇고 검게 변했지만 봉인(封印)한 것은 처음 그대로였다.

유달리 과격한 행동과 각박한 정사(政事)는 인정에 맞지 않는다. 군자는 배격하는 바이니 취할 것이 못 된다.

정선은 "사대부들이 덕을 손상하게 되는 것은 이름을 내려는 마음이 너무 급한 데서 나온 경우가 많다"라고 말했다.

북제(北齊) 때 고적간(庫狄干)의 아들인 고적사문(庫狄士文)은 성질이 꼿꼿하고 모질어서 국가의 봉급도 받지 않았다. 그는 아들이 관청 주방의 음식을 먹었다고 하여 칼을 씌워 여러 날 옥에 가두고, 곤장을 200대나 때린 후에 걸어서 서울로 돌아가게 했다. 그는 또 간사한 자와 아첨하는 자를 적발한다며 베 한 자, 곡식 한 말의 부정도 용서하지 않고 위에 아뢰어, 영남(嶺南)으로 귀양을 보낸 자가 천 명에 이르렀다. 귀양 간 사람들 중 많은 수가 풍토병으로 죽어, 그 친척들이 울부짖었다. 고적사문은 그들을 모두 붙잡아 채찍으로 때렸는데, 채찍이 앞에 가득 쌓였지만 울부짖음은 더해갈 뿐이었다. 임금이 이 일을 듣고 "고적사문의 포악함은 사나운 맹수보다 심하다" 하고 파면시켰다. ○정선은 "전에 어른들의 말씀을 들으니, 상관이 탐욕스러우면 백성은 그래도 살길이 있으나, 청렴하면서 각박하면 살길이 막힌다고 하였다. 옛날이나 지금이나 청렴한 관리의 자손이 많이 떨치지 못하는 것은 바로 그 각박함 때문이다"라고 하였다.

무릇 민간의 물건을 사들일 때 관가가 정한 가격 기준이 너무 저렴한 것은 마땅히 시가(時價)대로 사야 한다.

관에서 정한 가격은 대개 헐하고 박한 것을 따르게 마련이다. 혹 그중에 후한 가격을 따른 것이 있어도 관에서는 쓰지 않으니 아전들이 감당해낼 수 있겠는가? 물건값의 높고 낮음은 시기에 따라 변하는데 관의 가격 기준은 한번 정하여 백 년이 되도록 고치지 않으니, 시세에 맞지 않는 것은 말할 것도 없다. 값이 박하면 아전들이 괴롭고, 아전이 괴로우면 백성을 괴롭히니 결국 백성들에게 그 해(害)가 돌아간다. 아전이야 무슨 상관이 있겠는가? 대개 아전의 됨됨이는 즐거우면 나아가고 괴로우면 물러서는 법인데, 물러서지 않는 것을 보면 거기에 좋은 것이 있음을 알 수 있다. 백성이란 즐거워도 머물러 있고 괴로워도 떠나지 못한다. 몸이 토지에 박혀 마치 밧줄에 묶여 매를 맞는 것과 같으니 비록 그곳을 떠나지 않더라도 고통이 없다고 말할 수 없다.

수십 년 이래 아전에게 돈이나 곡식을 주어 부역을 면제받은 마을들, 이른바 계방(契房)이 날로 늘어 부역이 공평치 않아서 생기는 고통 때문에 백성이 제대로 살아가지 못한다. 수령이 이 폐단을 없애려고 하면, 아전들은 "제가 그만두겠습니다" 하고 말한다. 내가 그 이유를 살펴보니, 하나는 모든 고을에서 감사에게 아첨하여 섬기는 것이 갈수록 더욱 심해지는데 있으며, 다른 하나는 관의 가격 기준에 따라 억지로 정한 물건값이 공평하지 못한 데 있다. 아전들은 손해를 보면 반드시 물러난다고 하고 수령이 그들을 만류하려면 반드시 그들의 욕심을 충족시켜주어야 하는데, 위로는 차마 자기 이익을 떼어내놓을 수 없고 아래로는 세금을 더 부과할 수 없다. 그래서 한 촌락을 아전에게 떼어주어 계방을 삼게 하니, 천하에 사악하고 비루하고 인색한 것이 이보다 더한 것이 없다. 그러므로 새로 부임하는 수령은 계방을 타파하려고 하지만, 일단 그 내막을 알게 되면 또한 모두가 잠자코 포기하니, 그 근본이 자기로 말미암은 것을 알기 때문이다.

무릇 잘못된 관례는 결심하고 고치도록 하되, 혹 고치기 어려운 것이 있으면 나는 범하지 말 것이다.

민고(民庫)란 명목으로 관아의 비용에 쓰기 위해 백성들에게 거두어들이는 돈은 결코 관례로 용납해서는 안 된다. 이런 종류의 예는 일일이 들 수 없으니, 모름지기 수령 된 자가 의리를 헤아려서 그것이 천리(天理)에 어긋나고 왕법(王法)에 거스르면 절대로 자신이 범해서는 안 된다. 혹 여러모로 구애되어 혁파하기 어려운 경우 비록 고칠 수는 없더라도 나만은 범하지 말아야 한다.

수령의 생일에 여러 아전과 군교들이 성찬을 바치더라도 받아서는 안 된다.

아전과 군교들이 바치는 성찬은 모두 백성에게서 나온 것이다. 이를 빙자하여 가혹하게 거둬들이는 것에 미치지 않는 곳이 없다. 어민들의 고기를 빼앗으며, 촌락의 개를 잡기도 하고, 메밀과 기름을 절에서 뺏어오기도 하고, 주발과 접시는 그릇 만드는 집에서 가져오기도 하니, 이들은 원한으로 거둬들인 물건이다. 어찌 그런 것을 받겠는가? 유기(鍮器) 한 벌과 세마포 몇 끗이라도 받아서는 안 된다. ○수령의 부모 생신에 바치는 물건은 더욱 받아서는 안 된다.

무릇 자기가 베푼 것은 말하지 말고 덕을 베풀었다는 표정도 짓지 말고 누구에게 이야기도 말 것이다. 또한 전임자의 허물도 말하지 말 것이다.

늘 보면 청렴하되 똑똑한 체하는 사람은 잘못된 전례에서 생긴 재물을 내놓고 공리(公理)에 따라 사용하거나, 자기의 봉록을 떼어내어 백성에게 은혜를 베풀기도 한다. 그 일이 비록 잘한 일이기는 하나 반드시 뽐내서, "사대부가 어찌 이런 물건을 쓸 수 있느냐" 하며 큰소리를 친다. 아전이 혹 전례를 들어 설명하면 반드시 꾸짖고 곤장을 쳐 자기의 청렴함을 드러낸다. 또한 "남은 봉록으로 내 어찌 돌아가서 전답을 사겠느냐" 하며 큰소리로 과장하고, 얼굴에 덕을 베풀었다는 표정을 짓고, 백성을 대하고 손님을 대할 때 항상 으스대어 마음에 돈 수백 낭을 큰 물건이나 되는 듯이 여긴다. 식자(識者)들이 곁에서 보면 어찌 속으로 웃지 않겠는가. 무릇 재물을 희사하고 봉록을 떼어내어 쓰더라도 마땅히 지나가는 말로 몇 마디 해당 아전에게 분부하는 데 그치고 다시는 들추어 말하지 말 것이다. 혹시 묻는 사람이 있으면 "이번에는 그 정도로 내놓을 수 있었지만 다음에는 그렇지 못할까 두렵다"라고 말하고, 말머리를 돌려 다른 이야기를 하며, 다시 장황하게 늘어놓지 않는 것이 좋다.

동악(東岳) 이안눌(李安訥)은 청백리로 뽑힌 인물이다. 일찍이 어떤 이에게 "내가 수령이나 감사를 지낼 때, 어찌 흠이 없을 수 있겠소? 단지 부인이 살림을 잘하지 못하여 나의 의복, 음식, 거처에 쓰이는 물건이 다른 사람에게 훌륭하게 보이지 못했기 때문에, 보는 사람들이 나를 청백하다고 생각했던 것이라오. 참으로 부끄러운 일입니다"라고 했다. 선배들이 실제를 따르고 이름을 좋아하지 않는 것이 이와 같았다.

청렴한 자는 은혜 베푸는 일이 적어서 사람들이 이를 병통으로 여긴다. 스스로 자신을 책망하는 데 무겁고, 남을 책망하는 데는 가볍게 해야 옳다. 청탁이 행해지지 않아야만 청렴하다고 할 수 있다.

아전이나 종들은 배우지 못하고 아는 것이 적어 오직 욕심만 있고 천지자연의 이치를 모른다. 내가 바야흐로 힘써야 하는데 어찌 남을 책망하겠는가? 나를 예(禮)로써 규율하고 남을 보통사람으로 기대하는 것이 원망을 사지 않는 길이다. 규정 외로 백성에게 세를 더 받아내는 것은 법이 마땅히 엄금하는 일이니, 잘못된 일을 답습하여 정상적인 수입으로 생각하는 것은 대부분 허용해주어야 한다.

조극선(趙克善)이 수령으로 있을 때, 아전이 관가의 매 한 마리를 잃어버려 다른 매를 사서 바치니, 그는 "매가 스스로 날아간 것인데, 네게 무슨 죄가 있느냐"라고 말하며, 그것을 물리치고 불문에 부쳤다.

『상산록』에서는 "늘 보면 속된 수령은 궁한 친구나 가난한 친척을 만나면 자기 봉록에서 떼어 도와주려 하지 않고, 그 사람에게 따로 일거리 하나를 마련하여 그 청탁을 들어주니, 이는 백성의 재물을 약탈하여 자기 족속을 구하는 식이다. 비록 그 족속이 적지 않은 전대를 가지고 돌아가면서 칭송하더라도 그렇게 해서는 안 된다"라고 하였다.

3. 집안을 다스림 齊家

몸을 닦은 후에 집을 다스리고, 집을 다스린 후에 나라를 다스리는 것은 천하에 공통된 원칙이다. 고을을 다스리려는 자는 먼저 자기 집을 잘 다스려야 할 것이다.

한 고을을 다스리는 것은 한 나라를 다스리는 것과 같다. 자기 집을 잘 다스리지 못하고 어떻게 한 고을인들 다스릴 수 있겠는가? 집안을 잘 다스리는 데는 몇 가지 요점이 있다. 첫째, 데리고 가는 사람의 수는 반드시 법대로 해야 하고, 둘째, 치장은 반드시 검소하게 해야 하고, 셋째, 음식은 반드시 절약해야 하고, 넷째, 규문(閨門)은 반드시 근엄해야 하고, 다섯째, 청탁은 반드시 끊어야 하고, 여섯째, 물건을 사들이는 데는 반드시 청렴해야 한다. 이 여섯 가지 조목에 법도를 세우지 못하면 수령으로서의 정사를 가히 알 만하다.

『속대전(續大典)』에 "수령 가운데 가족을 지나치게 많이 데리고 간 자와, 관비를 몰래 간음한 자는 모두 적발해서 파면한다"라고 규정되어 있다. 국전(國典)에 가족을 많이 거느리는 것을 금하고 있으나 구체적으로 규정한 바는 없다. 마땅히 일정한 규정이 있어야 할 것이다. 부모와 처 외에는 아들 1명만 허용하되, 미혼 자녀들은 모두 허용하고, 남종 1명, 여종 2명 외에는 데려가지 못하도록 하는 것이 좋다. ○부모·처자·형제를 육친(六親)이라 한다. 위로 조상의 신주(神主)를 모시고 아래로 식객(食客)을 거느리고, 또 노비까지 데리고서 온 집안이 이사해 간다면, 모든 일이 얽히고 꼬여 사사로운 일 때문에 공무가 가려지고 정사가 문란해질 것이다. 옛날의 어진 수령이 가족을 따라오지 못하게 한 것은 참으로 이유가 있는 것이다. 오직 부모가 연로하면 잘 봉양하는 데에 힘쓸 일이나, 그 외에는 간략함을 좇아야 할 것이다.

의복 사치는 많은 사람이 꺼리는 바요 귀신도 미워하니 복을 깎는 일이다.

명나라 주신(周新)이 절강(浙江)의 안찰사로 있을 때 부하 관원이 하루는 구운 거위를 선사하였다. 그는 거위고기를 집에 걸어두고 뒤에 또 선물하는 사람이 있으면 그것을 가리키곤 하였다. 함께 있는 관원의 여러 부녀자들이 연회에 저마다 화려하게 치장을 하고 나타났는데, 오직 주신의 부인만 나무비녀에 베치마 차림으로 참석하니 마치 촌부인 같았다. 도리어 치장한 부인들이 부끄럽게 여기고 이후로 담박한 의복으로 갈아입었다 한다.

명나라 형악(衡岳)이 경양(慶陽)을 맡아 다스릴 때에 여러 부인들이 참석하여 연회를 열었다. 부인들이 모두 금붙이와 비단으로 화사하게 치장했는데, 오직 그의 부인만 나무비녀에 베옷을 입고 나왔다. 잔치가 끝난 후 부인이 좋지 않은 기색을 보이자, 그가 "부인은 어디에 앉아 있었소?"라고 물었다. 부인이 상석에 앉아 있었다고 대답하자, "이미 상석에 앉았으면서 또 의복까지 화려하게 꾸미기를 바란단 말이요? 부와 귀를 겸할 수야 있겠소"라고 말했다. 지금까지 미담으로 전한다.

청탁이 행해지지 않고 뇌물이 들어오지 못한다면, 곧 집을 바로잡았다고 할 수 있다.

나의 지위가 높아지면 아내와 자식부터 나를 가리고 속이게 된다. 남편을 공경하지 않는 아내가 없으며, 아버지를 사랑하지 않는 아들이 없거늘 어찌 가리고 속일 마음이 생기겠는가? 그러나 도리를 아는 사람이 적어서 혹은 안면에 끌리기도 하고, 혹은 재물에 유혹되기도 하므로 청탁이 행해지는 것이다. 이것이 이른바 아녀자의 인(仁)이다. 살을 찌르는 듯 통절한 참소로 어떤 아전을 제거하라 하기도 하고, 혹은 쓸모없는 어떤 사람을 재목이라고 천거하기도 하고, 혹은 '갑'에 대한 판결은 여론이 원통하다 하고, 혹은 '을'의 옥사(獄事)는 원님의 판결이 잘못되었다고도 하는 등 아래 있는 간사한 무리들이 온갖 계교로 이간질을 한다. 그러면 어진 아내 순진한 아이들이 그네들의 술수에 빠져서, 스스로는 공정하게 아뢰는 것이라 생각하지만 자기도 모르게 고자질이 되는 것이다. 나는 이런 일들을 허다히 보았다. 남의 말을 들을 때 얼른 믿지 말고 오직 천천히 사리를 따져 만약 그의 말이 과연 충직함에서 나온 것이라면 겉으로 드러내지 말고 잠자코 그 일을 선처해야 한다. 만약 그의 말이 간사한 자들의 꼬임에서 나온 것이라면 경위를 캐고 내막을 들추어, 본 사건 외에 청탁한 죄까지 더해서 반드시 법에 비춰 분명하게 징계해야 한다. 아내와 자식은 나를 사랑하는 사람이니 이들의 말은 무조건 옳다고 생각하면 큰 실수가 있을 것이다. 아내와 자식도 그런데 하물며 그 나머지야 말할 것이 있겠는가?

청음(淸陰) 김상헌(金尙憲)은 벼슬을 청렴하게 하였다. 어떤 관인이 자기 부인이 뇌물을 받아 비방 듣는 것을 걱정하자, 청음은 "부인의 소청을 하나도 들어주지 않으면 비방이 그칠 것이다"라고 일러주었다. 그 관인이 크게 깨닫고 그대로 하였다. 그의 부인이 항상 청음을 욕하여 "저 늙은이가 저만 청백리가 되었으면 그만이지 왜 남까지 본받게 해서 나를 이렇게 고생시킨단 말인가"라고 하였다.

4. 청탁을 물리침 屛客

관아에 책객(冊客)을 두어서는 안 된다. 오직 서기 한 사람을 두어 내아의 일까지 살피도록 할 것이다.

요즈음 책객(개인비서)이 회계를 맡아서 날마다 쓰는 쌀과 소금 등의 장부를 살펴보는데, 이는 잘못된 것이다. 관아의 회계에는 공적으로 사용한 것과 사적으로 사용한 것이 모두 기입되고, 많은 아전과 하인이 관계되어 있는데, 지위도 명분도 없는 사람에게 이 일을 총괄해서 보게 하여 날마다 재정을 맡은 아전 및 관노들과 '많다' '적다' '거짓이다' '사실이다' 하고 있다. 이 어찌 사리에 맞는 일이겠는가?

오직 서기 한 사람은 있어야 한다. 무릇 수령의 집안일은 사람 하나를 두어 아래와 위를 이어주고 안팎을 통하게 해야 할 것이다. 무릇 세세한 일들을 수령이 직접 관장하면 체모가 손

상되는 일이 있고, 자제들이 관장하면 비루해지기 때문에 서기
는 없앨 수 없다.

무릇 수령은 자기 고을 사람 및 이웃 고을 사람들을 관아에
불러들여 만나서는 안 된다. 관부 안은 마땅히 엄숙하고 투명
해야 할 것이다.

요즘 존문(存問)이라고 하여 수령이 그 지방에 거주하는 인
사를 찾아가 인사하는 습속이 있다. 토호와 간사한 백성이 조
정의 고관들과 결탁하고 있어, 수령이 부임 인사를 드리는 날
에, 조정의 고관들이 그들을 찾아가 인사하라 하고 일마다 비
호해주도록 부탁한다. 전에 참판 유의(柳誼)가 홍주목사로 있
을 때, 이러한 청탁을 하나도 시행하지 않았다. 내가 그분에게
너무 융통성이 없다고 말하자, 유공은 "주상께서 홍주 백성을
나 같은 신하에게 맡겨서 그들을 구휼하고 보살피도록 하셨
으니, 조정에 있는 고관의 부탁이 중하기는 하지만 어찌 이보
다 중할 수가 있겠소. 만일 내가 특별히 한 사람에게만 인사하
고 비호한다면, 이는 임금의 명을 어기고 한 사람의 사적인 명
을 받드는 셈이지요. 내 어찌 감히 그런 짓을 하겠소?"라고 대
답했다. 나는 그의 말에 깊이 감복하여 다시는 더 거론하지 않
았다. 모름지기 존문하는 일은 경솔히 해서는 안 되는 것이다.
○만일 부득이 해야 할 경우에는 부임 후 3개월 정도의 기간을
두고 찬찬히 그 사람의 행동을 살펴보아, 힘으로 백성을 억누

르거나 간사한 행적이 없는 사람이라면 찾아가 존문을 할 수 있을 것이다. 하지만 예물 목록의 말미에 '결코 답례하지 말 것'을 명기해야 한다. ○조정에서 벼슬하다가 물러난 사람은 아무리 하찮은 음관(蔭官)이나 무변(武弁)이라도 반드시 먼저 찾아가 인사해야 할 것이니, 이는 존귀한 자를 존귀하게 대하는 뜻이다. 그들 중에 혹 찾아오는 자가 있으면 거절할 수는 없다. 그래서 만나게 되는 때에 "뜻이 두텁지 않은바 아니나, 예에는 한계가 있어야겠습니다. 내가 그대와 약속하고자 합니다. 의논할 일이 있으면 내가 찾아가서 만나고, 모일 일이 있으면 내가 초청해서 만나는 것이 예입니다. 다소 섭섭하더라도 좋은 관계를 길이 유지하려는 것이니 이해해주십시오"라고 약속을 할 것이다. 그러고는 아전들에게 이 약속을 확실히 알려주어야 한다. ○고을 안에는 필시 문사(文士)로 일컫는 이들이 있어서 과시(科詩)와 과부(科賦)를 잘하는 것으로 수령과 교분을 맺고, 그것을 인연 삼아 농간을 부리는 경우가 있으니, 이들을 끌어들여 만나서는 안 된다. 또 풍수, 사주쟁이, 관상, 점치기, 파자(破字) 등등 온갖 요사스럽고 허황한 술수를 가진 자가 수령과 인연을 맺으면 작게는 정사를 문란케 하고 크게는 화를 부르게 될 것이니, 마땅히 천 리 밖으로 물리치고 그림자도 가까이해서는 안 된다. ○오직 의원은 물리치기가 어렵다. 내가 의술을 모르고 그 사람이 정통하다면 필요할 때 부르지 않을 수 없다. 그러나 마땅히 십분 조심하고 삼갈 것이요, 보수는 후하게 주되 그 사람이 입을 열어 청탁하게 해서는 안 된다.

친척이나 친구가 관내에 많이 살면 거듭 단단히 단속하여, 사람들이 의심하고 비방하는 일이 없게 함으로써 서로 좋은 정을 보존하도록 해야 할 것이다.

친척이나 친구가 본 고을이나 이웃 고을에 살면 한 번은 초청하여 보고 한 번은 가서 보며, 때때로 선물을 보내되, "비록 날마다 보고 싶지만 예에는 한계가 있으니, 초청하기 전에는 절대로 오지 말기 바란다. 편지 왕래도 역시 의심과 비방을 살 터이니, 만일 질병이나 우환이 있어서 서로 알려야 할 경우에만 몇 자의 편지를 보내되 풀로 봉하지 말고 직접 예방 아전에게 공개리에 보내도록 하라"라고 약속할 것이다. ○늘 보면 친척들이 때를 틈타 청탁을 하여 인심을 잃는 일이 거듭 쌓이면, 그가 떠난 후에는 강물은 흐르되 돌은 그대로 남는 것처럼 뭇사람들의 분노가 여기저기서 일어나 이름을 보존하지 못하는 자가 허다하니, 어찌 두려워하지 않을 것인가?

호태초는 말했다. "손님과 친구들이 같이 놀기도 하고 와서 만나기도 하면 고을 사람들이 생각하기를 '아무개는 왕래가 아주 빈번하고, 아무개는 정다운 이야기를 오래 나누는 것을 보면 틀림없이 정분이 두터운가보다' 하여, 그 사람의 문전으로 사람들이 몰리고 청탁의 길이 열린다. 심한 자는 이미 갑의 돈을 받고 또 을의 돈도 받기로 약속한 후 관아로 가서 한참을 이야기하다가 급히 물러나와 갑과 을에게 각각 '이미 샅샅이 다 이야기했다'라고 한다. 실상인즉 아직 입도 열지 않았지만, 뒷날에 수령이 그 건을 판결할 때 한편은 반드시 이기게 되어 있다. 약속대로 돈을 받고는 '이 돈은 원님께 바친 것'이라고 한다. 수령은 무슨 허물이 있어 이런 누명을 쓰는가."

무릇 조정의 고관이 사사로이 편지하여 청탁하는 것을 들어주어서는 안 된다.

송나라 포증(包拯)이 개봉부(開封府)를 맡았을 때 사람됨이 굳세고 엄하여 사사로이 청탁을 할 수가 없었다. 도성의 사람들이 "사적인 청탁이 통하지 않는 사람으로는 염라대왕과 포대감이 있다"라고 말하였다.

유의가 홍주목사로 있을 때, 나는 금정역(金井驛) 찰방(察訪)으로 있었다. 내가 편지를 띄워 공적인 일을 의논하고자 하였으나 답신이 오지 않았다. 나중에 내가 홍주로 가서 만난 자리에서 "왜 답장을 주지 않았소"라고 물으니, 그는 "나는 수령으로 있을 때에는 본래 편지를 뜯어보지 않소"라고 대답하였다. 그러고는 시중을 드는 아이에게 편지함을 쏟으라고 명하였는데, 조정의 귀인들이 보낸 편지들이 다 뜯기지 않은 상태였다. 내가 "이런 것은 참으로 그럴 만하다지만, 내 편지는 공무였는데 어찌 뜯어보지 않았소?"라고 물었다. 그는 "만일 공무였다면 왜 공문으로 보내지 않았소?"라고 대답하는 것이었다. 내가 "마침 그것이 비밀에 속한 일이었소"라고 하자, 그는 "그렇다면 왜 비밀히 공문으로 보내지 않았소"라고 하였다. 나는 거기에 대답할 말이 없었다. 그가 사사로운 청탁을 끊어버리는 것이 이와 같았다.

가난한 친구와 궁한 친척이 먼 데서 찾아오면 즉시 영접하여 후하게 대접해 보내는 게 마땅하다.

나의 선인(先人)께서 일찍이 말씀하셨다. "가난한 친구와 궁한 친척은 잘 대접하기가 가장 어렵다. 진실로 청렴한 선비와 고상한 벗은 비록 지극히 가난하고 궁할지라도 친구나 친척을 찾아 관부에 오려고 하지 않는다. 나를 찾아오는 사람은 대개 조심성이 없고 어리석거나 구차하고 비루한 이들이다. 혹은 그 얼굴이 밉살스럽고 이야기조차 흥미가 없으며, 혹은 무리한 일을 청탁하여 요구가 끝이 없고, 혹은 닳아빠진 신발을 신고 남루한 옷차림에 이가 득실거린다. 전에 내가 일찍이 액운을 만나 곤궁했을 때에는 전혀 나를 돌보거나 안타깝게 생각지 않던 자들이다. 형세가 좋아지니 아첨하여 접근하는 그 정상이 밉살스러워서 내가 온화하고 흔연히 대하기가 극히 어렵다."
　대개 사람을 접대하는 것은 글을 짓는 것과 같다. 좋은 제목을 가지고 잘 짓는 것은 칭찬할 것이 없으며, 필히 어려운 제목으로 묵묵히 생각하여 남달리 문장에 변화를 일으켜서 번쩍 빛이 나고 쨍그랑 소리가 나게 해야만 비로소 고수라 할 수 있다. 이런 부류를 만나면 응당 측은히 여겨 사랑해주며, 반가이 영접하여 얼굴빛을 부드럽게 가지며, 웃음과 말씨를 화평하고 즐겁게 하며, 따뜻한 방에 재우고 음식을 풍성하게 먹이고 새 옷을 제공할 뿐 아니라, 돌아갈 때에는 그의 주머니를 넉넉히 채워주어 낭패 보지 않도록 하는 것이 좋다. 옛날에 참판 이기양(李基讓)이 의주(義州)부윤으로 있으면서 이런 사람들을 잘 대우하자 달포도 못 되어 벌써 칭찬하는 소리가 온 세상에 가득했다. 그가 화를 당할 때 눈물짓는 이들이 유독 많았으니 이런 일도 소홀히 할 수가 없다.

관청에 잡인의 출입을 엄하게 금해야 한다.

요즘 사람들은 흔히 중문(重門)을 활짝 열어놓는 것을 덕으로 여기는데 이는 덕스럽기는 하지만 정사를 모르는 처사이다. 내 직책은 목민이지 손님 접대가 아닌데, 생전에 한 번도 보지 못한 사람들을 어찌 다 만나볼 수 있겠는가? 문지기에게 "무릇 손님이 문 밖에 이르면 우선 따뜻한 말로 기다리게 하고 나서 가만히 보고하여 처분을 듣도록 하라"라고 다짐해두면 실수가 없을 것이다.

『경국대전(經國大典)』에 "사사로이 관부에 출입하는 자는 곤장 100대를 친다. 오직 아버지, 아들, 사위, 형, 아우만은 예외로 한다"라고 규정하였다. 국가의 금령이 이와 같으니 무릇 몸을 닦고 행실을 돈독히 하는 선비라면 이 법을 어겨선 안 된다.

5. 씀씀이를 절약함^{節用}

수령 노릇을 잘하려는 자는 반드시 자애로워야 하고, 자애로
워지려는 자는 반드시 청렴해야 하고, 청렴하려는 자는 반드
시 검약해야 한다. 씀씀이를 절약하는 것은 수령의 제일 중요
한 임무이다.

배우지 못하고 무식한 자는 겨우 한 고을을 얻으면 교만방
자해지고 사치하여 절제할 줄 모르고 손닿는 대로 함부로 써
버려서 부채가 많아진다. 부채가 많아지면 그 형세상 반드시
탐욕을 부리게 되며, 탐욕을 부리자면 아전과 더불어 일을 꾸
미게 되고, 아전과 더불어 일을 꾸미면 그 이득을 나누어야 하
며, 그 이득을 나누고자 하면 백성의 기름과 피를 짜내야 한다.
그러므로 씀씀이를 절약하는 것은 백성을 사랑하는 데 있어서
가장 먼저 힘써야 할 일이다.

순암 안정복은 이렇게 말하였다. "재물을 낭비하는 근본은
처첩을 데리고 부임하고 자제들이 왕래하거나, 권세가 있는 집
안의 사람들과 결탁한다든가, 기구를 제작하고 진귀하고 기이
한 물건들을 모은다든가 하는 일들 때문에 생기는 것이다."

의복과 음식은 검소한 것을 법도로 삼아야 한다. 조금만 법도
를 넘어도 그 씀씀이에 절도가 없어질 것이다.

의복은 성글고 검소한 것을 입도록 힘써야 한다. ○아침저녁의 식사는 밥 한 그릇, 국 한 그릇, 김치 한 접시, 장 한 종지 외에 네 접시를 넘지 않도록 해야 한다. ○요즈음 수령들은 온갖 일에 다 체모를 잃으면서도 유독 음식만은 망령되이 스스로를 존대(尊大)하여 옛 법을 따른다고 한다. 크고 작은 두 상에 홍백(紅白)의 밥을 함께 차려놓고 안채와 바깥사랑의 두 군데 반찬에는 수륙(水陸)의 진미를 갖추어놓고서 수령의 체모란 본래 마땅히 이래야 하는 것이라고 스스로 생각한다. 먹고 남는 음식은 모두 종과 기녀의 차지가 된다. 나의 직분을 다 하지 못하면 비록 별것 아닌 음식이라도 오히려 벼슬자리만 차지하고 녹만 축내는 것임을 알지 못하고, 업무에는 힘쓰지 않고 음식만 탐을 내니 이 어찌 가소롭지 않은가? 함부로 낭비하면 재정이 딸리게 되고, 재정이 딸리면 백성을 착취하게 된다. 눈에 보이는 종과 기생만 챙기니, 그야말로 소만 보고 눈에 안 보이는 양은 잊은 꼴이다. 백성을 착취해 기생을 살찌우다니 무슨 보탬이 되겠는가? 또한 처음 부임해서는 검소하게 하다가 몇 달 못 가서 음식의 가짓수를 늘리는 자가 많다. 그러면 아전과 백성들이 이 사실을 서로 전하면서 수령의 한결같지 않음을 비웃는다. 수령인들 창피하지 않겠는가?

송나라 진서산(眞西山)은 나물을 논하여 "백성에게는 하루라도 굶주린 기색이 있어서는 안 되고 사대부는 하루라도 나물 맛을 몰라서는 안 된다"라고 하였다. ○정선은 "백성의 얼굴이 나물색을 띠게 되는 것은 바로 사대부가 나물맛을 모르

기 때문이다. 만일 말단직에서 공경대신에 이르기까지 모든 벼
슬아치들이 나물을 먹을 줄 알면, 자기가 해야 할 직분이 무엇
인가를 틀림없이 알 것이다. 그러면 어찌 백성들이 굶주릴 것
을 근심하겠는가"라고 하였다.

유정원(柳正源)은 여러 고을의 수령을 역임하였는데, 그만두
고 고향에 돌아갈 때는 언제나 채찍 하나만 가지고 길을 나섰
고 의복이나 기물이 조금도 불어나지 않았다. 자인(慈仁)에서
교체되어 집에 돌아와 있는데 관아에 남아 있던 그의 아들이
헌 농짝을 집으로 보내면서 속이 비면 쉽게 파손될까 걱정하
여 빈 농짝 속에 짚을 채워넣었다. 고을살이를 그만두고 왔기
때문에 마을 여인들이 몰려와 다투어 농짝 속을 들여다보았는
데, 온통 지푸라기인 것을 보고 모두 한바탕 웃고 헤어졌다.

제사와 손님 접대는 비록 사적인 일에 속하지만, 마땅히 일
정한 법도가 있어야 한다. 쇠잔한 작은 고을의 경우 법식보다
줄여야 할 것이다.

송나라 사마온공(司馬溫公)은 이렇게 말하였다. "선친께서
여러 고을의 판관을 역임하였는데 손님이 오면 언제고 술을
대접했다. 세 순배 혹은 다섯 순배를 하되 일곱 순배를 넘는 일
은 없었다. 술은 저자에서 사왔고, 과일은 배·밤·대추·감, 안주
는 건포·젓·나물국 등속뿐이었으며, 그릇은 자기(磁器)와 칠
기(漆器)를 사용했다. 당시 사대부는 다들 그렇게 했기 때문에

사람들이 그르다고 여기지 않았다. 모임은 잦았으되 예는 은근
하였고, 물건은 간소했으나 정은 두터웠다."

무릇 아전과 관노가 바치는 물건으로 그 값을 치르지 않은
것은 마땅히 더욱 절약해야 한다.

이득준(李得駿)이 강진현감으로 있을 때 안채 앞뒤에 채소
밭을 가꾸어 집의 노비들을 시켜 거름 주고 김매게 하였다. 그
밭이 기름지고 심은 것들이 잘 자라 사시장철 채소가 끊이지
않아, 원노(園奴)가 바쳐야 할 것을 모두 감해주었다. 그러고도
먹고 남아 가까운 사람들에게 나눠주었다. 지금까지 그의 은혜
를 칭송하는 것이 전해져 미담이 되었다.

정선은 "옛날에 어떤 현령이 있었는데 매우 청렴하고 강직
하였다. 서울에서 공적인 일로 편지가 와서 관용(官用) 초를 켜
고 봉한 편지를 뜯어보다가 그 속에 집안의 편지가 들어 있자,
즉시 그 촛불을 끄게 하고 자기 초를 꺼내 켜고 읽었다. 읽기를
마친 후에 다시 관용 초를 켰다"라고 하였다. 비록 잘못을 고
친 일이 지나치긴 하지만 본받아 풍속을 바로잡을 만하다.

개인적인 씀씀이를 절약하는 것은 사람들이 능히 할 수 있지
만, 공적인 물건과 돈을 절약하는 사람은 드물다. 공적인 물
건을 자기 물건처럼 아껴야만 현명한 수령이다.

고을마다 반드시 공용의 재정을 위해 여러 창고가 설치되어 있다. 처음에는 공용이었으나 설치된 지 오래되면서 점차 사용으로 지출되어 그릇된 관례가 겹겹이 생기고 절제 없이 낭비하게 되었다. 본래 공용이었기 때문에 수령은 끝내 살피지 못하고 창고를 감독하는 아전과 고로(雇奴, 창고지기)가 갖가지로 속여 오로지 몰래 훔쳐먹으려고만 든다. 창고가 비게 되면 또 거듭 거둬들인다. 이것은 여러 도의 공통된 폐단이다.

수령은 한 고을을 주재하는 자이다. 한 고을의 일 가운데 관장하지 않는 것이 없으며, 책임도 가장 높은 사람에게 있으니 어찌 평계가 있을 수 있겠는가? 날마다 지출하는 내용의 기록은 마땅히 조목조목 살펴야 하며, 아무리 작은 것이라도 방심하여 지나쳐서는 안 된다. 관아 주방의 지출기와 관속들의 일용잡비 지출기는 세밀하게 살피면 욕을 먹고 여러 창고의 지출기와 향교의 지출기는 세밀히 살펴야 위엄이 서게 되는바, 이는 공(公)과 사(私)의 차이 때문이다. 제정한 법도가 본래 치밀하지 못하면 조목을 고치거나 그릇된 관례를 폐지하거나 허점을 보완하여 영구히 폐단이 없게 해야 한다.

교체되어 돌아가는 날에는 반드시 기부(記付)가 있어야 한다. 기부의 액수는 마땅히 미리 준비해야 할 것이다.

관부에 전해내려오는 돈과 곡식 등 여러 재물은 통틀어 장부에 기록되는데 이를 중기(重記)라고 한다. 돌아갈 때에는 쓰고 남은 것을 대략 중기에 기재하는데 이를 기부라고 한다. 평상시에 유의하지 않으면 급할 때 다다라 갑자기 어떻게 마련할 수 있겠는가? 초하루와 보름으로 회계할 적마다 관부에서 쓰는 여러 물품을 약간 남겨서 갑작스러운 교체에 대비하는 것이 좋다.

『치현결』에서 말했다. "관아 주방에서 쓰이는 것은 미리 월별로 나누어 배정해놓았으니 당겨쓰지만 않으면 걱정할 것이 없다. 나머지 돈과 곡식은 항상 뒷날을 염려하여 낭비하지 않아야 끝에 가서 걱정이 없게 된다."

천지가 만물을 낳은 뜻은 사람이 누려 쓰도록 한 것이다. 능히 하나라도 버리는 것이 없어야만 재물을 옳게 쓴다고 말할 수 있다.

윤현(尹鉉)이 호조판서로 있을 때 무릇 못 쓰게 된 자리, 돗자리, 청연포(靑緣布) 등속을 다 창고에 저장해두니 사람들이 모두 비웃었다. 그 후 못 쓰게 된 자리는 조지서(造紙署)에 보내어 맷돌로 갈아서 종이를 만들었는데 품질이 좋았고, 청연포는 예조에 보내 야인(野人)의 옷 띠를 만들었다.

고을 백성이 나무로 송덕비를 만들어 세우거든 응당 즉시 뽑아서 공고(工庫)에 보관해놓았다가 큰 것은 상을 당해서 관을 구하지 못한 백성에게 나누어주고 작은 것은 초통이나 먹이통 등 소소한 기구들을 만들게 할 것이다. 그러면 백성이 산속에서 재목을 베어 오지 않을 수 있다.

6. 베풀기를 좋아함樂施

절약만 하고 쓰지 않으면 친척이 멀어진다. 기꺼이 베푸는 것은 덕을 심는 근본이다.

연못에 물이 고여 있는 것은 장차 흘러내려서 만물을 적셔주기 위함이다. 그러므로 절약하는 사람은 능히 베풀 수 있고, 절약하지 못하는 사람은 베풀지 못하게 마련이다. 기생을 불러 가야금을 타고 피리 불게 하며, 비단옷을 입고 높은 말에 좋은 안장을 쓰며, 상관에게 아첨하고 권세 있는 자들에게 뇌물로 바치는 돈이 하루에도 수만 전을 넘고 1년에 소비하는 돈이 억만 전이 된다. 이러고서 어떻게 친척들에게 베풀 수 있겠는가? 아껴 쓰는 것은 베푸는 근본이다. 내가 귀양살이하면서 수령들을 보면, 나를 동정하고 도움을 주는 자는 옷차림이 으레 검소했고, 나를 돌아보지 않는 자는 화려한 옷을 입고 얼굴에 기름기가 돌며 음탕한 짓을 즐겨했다.

가난한 친구와 곤궁한 친척은 힘닿는 대로 도와줘야 한다.

형제, 숙질 등 한집안 사람들은 비록 임지에 데리고 오지 못
하더라도 가난하여 끼니를 이을 수 없는 사람이 있으면 그 식
구의 수를 헤아려 달마다 생활비를 보내줘야 한다. ○가난이
아주 심하지 않은 사람은 간혹 물건을 보내준다. ○가난한 친
구가 와서 도움을 청하면 후하게 대접하고 도와주되, 돌아가는
노자도 헤아려 집에 당도해서 어느 정도 남을 만큼 주는 것이
좋다.

감사 이창정(李昌庭)이 순천부사(順天府使)로 있을 때 그와
이름도 같고 관품(官品)도 같은 사람이 있었다. 어떤 가난한
선비가 딸의 혼수(婚需)에 도움 받으러 왔다가 사또를 만나보
니 전혀 다른 사람이었다. 그가 크게 실망하여 머뭇거리고 있
는데, 이창정은 자리를 권하고 천천히 까닭을 물었다. 그가 사
실대로 고하자, 이창정은 웃으면서 "그럴 수도 있는 일이다"
하고 더욱 후하게 대접하며, 혼수를 준비해주되 한 가지도 빠
지지 않게 하였다. 그는 "비록 내 친구가 마련해준다 하더라도
이와 같이 하지는 못할 것이요"라며 감사해 마지않았다.

나의 녹봉에 여유가 있어야 바야흐로 남에게 베풀 수 있다.
관가의 재물을 빼내어 사적으로 누구를 도와주는 것은 도리
가 아니다.

만약 공채(公債)가 많으면 마땅히 그 실정을 친척과 친구들

에게 두루 알려서, 여력이 생길 때까지 기다렸다가 와서 요구
하도록 해야 한다. 객기를 마구 부려서 관고(官庫)를 탕진하게
만들면 아전들은 목을 매고 관노가 도망치는 등 그 해독이 고
을 전체에 미치게 되니 베푸는 것으로 덕을 삼으려고만 해서
는 안 될 것이다.

나의 친구 윤외심(尹畏心)은 그 아우가 해남현감으로 있을
때 공채가 아직 많은데도 제수(祭需)를 보내왔기에 돌려보내면
서 "아래로 백성들의 재물을 빼앗아 조상의 제사를 받드는 것
은 차마 할 수 없는 일이다"라고 하였다. 이는 참으로 격언이
다. 제사도 이렇거늘 하물며 다른 일이야 말할 것이 있겠는가.

자기의 녹봉을 절약하여 그 지방 백성들에게 돌아가게 하고,
자기의 농토에서 거둔 곡물을 풀어 친척들을 도와준다면 원
망이 없을 것이다.

사람들이 늘 하는 말이 "벼슬살이의 즐거움이 무엇인가? 남
는 것은 내 몫이다"라고 하는데, 이는 벼슬 사는 동안 자기 농
토의 수확을 집에 가져다 쓰지 않고 저축하거나 팔아서 그것
으로 농토를 더욱 넓히는 것을 뜻한다. 병법(兵法)에 "군량은
적에게서 취하고 아군의 식량을 소비하지 않는다"라고 하였는
데 관리들이 백성을 적으로 삼기 때문에 이런 계획을 마음먹
는 것이다. 자기의 농토에서 나온 수확을 일가친척들에게 골고
루 나누어주고, 관가의 재물을 낭비하지 않는 것이 더욱 이치

에 맞는 일이 아니겠는가?

이집(李墤)이 여러 번 군현(郡縣)을 맡았는데, 벼슬에 있을 때 동생인 이구에게 집안일을 맡아보도록 했다. 흉년이 든 해에는 이집이 동생에게 편지를 보내 "집안에 저축이 있는 것을 먼저 여러 친족에게 나누어주며, 그리고 남는 것을 하인들과 이웃에 나누어주라"라고 하였다. 흉년 든 틈을 타 논밭을 더 늘리라고 권하는 사람이 있으면, 그는 "제 몸을 도모하기 위하여 차마 저들을 굶주리게 할 수는 없다"라고 하였다. 경상도의 하양(河陽) 고을에서 돌아와서 그동안 하인이 장리(長利) 놓은 문서를 불살라버리고 그 하인에게 곤장을 때렸다.

귀양살이하는 사람이 객지생활로 곤란하면 동정하고 도와주는 것도 어진 사람으로서 힘쓸 일이다.

박대하(朴大夏)가 나주목사(羅州牧使)로 있을 때 동계(桐溪) 정온(鄭蘊)이 바른말을 하다가 제주도로 귀양 가게 되어 나주 경내를 지나갔다. 박대하는 정온과 하루의 사귐도 없었지만 손을 잡고 눈물을 흘리며 노자를 후하게 주었다. 정온은 감탄하며 떠났다.

전란(戰亂)을 당하여 몹시 어지러울 때 떠도는 사람들을 보살펴 구원하는 일은 의로운 사람의 처사이다.

홍이일(洪履一)이 대구판관(大丘判官)일 때 마침 병자호란을 당하였는데, 대령(大嶺) 이남은 전란이 미치지 않아서 피난 온 사대부들이 많았다. 그는 이들을 구제하는 데 최선을 다하였고 모두 과분한 대우에 기뻐하였다. 그는 "이런 때를 당하여 한 고을의 풍요를 독차지하여 어찌 저 혼자만 넉넉하게 살면서 다른 이들의 춥고 배고픔을 그냥 볼 수 있겠는가? 하물며 사대부들이 살 곳을 잃고 유랑하는데 더 말할 것이 있겠는가?"라고 하였다. 어느 날 관찰사가 "벼슬자리에 있으면서 정사를 맑게 하는 것도 좋지만 자손들은 어찌할 것인가?"라고 농담을 하자, 그는 웃으면서 "처신함에 있어서 이 마음을 저버리지 않는다면 그것으로 족합니다. 이 마음을 자손들에게 남겨준다면 넉넉하지 않겠습니까"라고 대답하였다.

권문세가(權門勢家)를 후하게 받들어서는 안 된다.

권문세가에 선물 보내기를 후하게 해서는 안 된다. 은혜를 받았거나 혹은 의뢰하여 서로 잘 지내는 사람에게는 때때로 선물을 보내되 먹을 것 몇 가지에 그칠 것이며, 그 밖에 모피·인삼·비단 같은 고가의 물건은 결코 바쳐서는 안 된다. 왜냐하면 재상으로서 청렴하고 분명하여 식견 있는 사람은 받지 않을 뿐 아니라, 보낸 이를 비루하고 간사하다고 여길 것이요, 혹 임금 앞에 가서 그 사실을 아뢰어 벌주기를 청할 수 있다. 이러다가는 재물을 잃고 망신 당하기 쉬우니 오히려 두려운 일이다. 만약에 재상이 뇌물을 즐겨 받고 그로 인해서 벼슬자리를 끌어올려주는 사람이라면, 그는 오래지 않아 패할 것이요, 나는 그의 사인(私人)으로 지목을 받아 크게는 연루자가 될 것이고, 작게는 앞길이 막히게 될 것이다. 이는 필연의 이치다. 이렇든 저렇든 해만 있고 이익은 없을 터이니 어찌 구태여 이런 짓을 할 것인가.

신당(新堂) 정붕(鄭鵬)이 청송부사(靑松府使)로 있을 때, 재상 성희안(成希顔)이 잣과 벌꿀을 요구하자, "잣나무는 높은 산꼭대기에 있고 꿀은 민가의 벌통 속에 있거늘 수령 된 자가 어떻게 그런 것을 얻을 수 있겠습니까"라고 대답하였다. 성희안은 부끄러이 여기고 사과하였다.

창강(滄江) 조속(趙涑)이 임피현령(臨陂縣令)으로 있을 때의 일이다. 대죽순 껍질로 방석을 만들어 탁단(籜團)이라 이름을 붙이고 채유후(蔡裕後)에게 보내 그의 초당(草堂)에서 쓰도록 하려 하였다. 그런데 마침 채유후의 집이 초당에서 기와지붕으로 바뀌었다는 말을 듣고 탄식하며 "기와집에는 이 방석이 맞지 않다" 하고 끝내 보내지 않았다. 채유후가 이 말을 듣고 부끄럽게 여기며 탄식하였다.

제3부 /

봉공
奉公 6
조

소과(小科) 시험장의 풍경

작자미상 「소과응시(小科應試)」, 19세기, 지본담채, 130×36cm, 국립중앙박물관 소장.

1. 교화를 펼침 宣化

군수나 현령은 본래 '임금의 은덕을 받들어 흐르게 하고(승류, 承流), 덕으로 교화를 널리 펴는 것(선화, 宣化)'이 그 직분인데, 오늘날에는 오직 감사에게만 이 책임이 있다고 하니 잘못된 것이다.

선화와 승류는 수령의 책임이거늘 오늘날은 오직 감사의 청사에만 '선화당(宣化堂)'이라는 현판을 붙여놓으니, 수령들은 늘 이 현판을 보면서도 속으로 선화 승류는 우리의 책임이 아니며, 우리는 무엇보다도 부세(賦稅)를 독촉하여 상급 관청의 꾸지람을 면하면 그만이라고 생각한다. 어찌 슬프고 답답하지 않은가?
『서경(書經)』에 "신하는 임금의 팔과 다리와 귀와 눈이 된다"라고 하였다. 이는 임금이 힘을 사방으로 펴려고 하니, 군수와 현령 된 자들이 따라서 사방에 힘을 펴야 한다는 뜻이다. 조정의 은덕을 펴서 백성들로 하여금 임금을 사모하고 받들게 하는 것을 가리켜 민목(民牧)이라 하는데, 오늘날 수령 된 자는 학정을 하니 원망이 조정으로 돌아오게 한다. 부세의 징수를 연기하라는 조서(詔書)를 내렸으나 감추어 반포하지 않고 오직 백성들에게 긁어내어 자신의 부를 축적하기 위한 거래를 자행하며, 부채를 탕감하라는 조서가 내려와도 감추어 반포하지 않고 아전들과 어울려 농간해서 그 처리에 이바지하며, 병자를 구호하고 시체를 묻어주라는 명령도, 결혼 못한 자의 혼인을 권하고 부모 없는 어린아이를 거두어주라는 명령도 감추어 반포하지 않는다. 수해를 입었을 때나 가뭄이 들었을 때 조정에서는 세금을 탕감해주었으나 수령은 여전히 거둬 가로채 먹고는 "조정에서 수해(혹은 가뭄)를 인정하지 않는다"라고 하며, 굶주린 수많은 백성들을 구호대상에서 제외하고는 "조정에서 구하기가 어렵다 한다"라고 하며, 곱사등이는 원래 강제노역이 면제되어 있음에도 이를 면제해달라고 호소하면 "조정의 명령이 지엄하니 난들 어찌하겠는가"라고 하며, 무고한 백성을 가두고 죄를 면해줄 테니 돈을 바치라 하면서 "조정의 금령이 본래 엄한데 네가 어찌 죄를 범하였는가"라고 하여, 백성들로 하여금 조정을 원망하고 아우성치도록 만든다. 아, 이래서야 되겠는가? 수령은 마땅히 백성을 대할 때마다 오직 조정의 은덕을 펴는 일로써 제일의 직분으로 삼아야 한다.

2. 법도를 지킴 守法

법은 임금의 명령이다. 법을 지키지 않는 것은 곧 임금의 명령을 따르지 않는 것이니, 신하 된 자로서 어찌 감히 그렇게 할 수 있겠는가?

책상 위에 『대명률(大明律)』과 『대전통편(大典通編)』 같은 법률서를 놓아두고 항상 펼쳐보아 그 조문과 사례를 두루 알고 있어야 한다. 그래야 법을 지키고 명령을 시행하고 소송을 판결하며 사건을 처리할 수 있다. 무릇 법의 조항에 금지된 것은 조금이라도 어겨서는 안 되니, 비록 오래전부터 전해내려오는 고을의 관례라 할지라도 국법에 현저히 위반되고 벗어난 일이면 어겨서는 안 된다.

확고히 지킬 것을 지켜 흔들리지도 말고 빼앗기지도 아니하면, 곧 인욕(人慾)이 물러나고 천리(天理)가 흘러 행할 것이다.

상국(相國) 허조(許稠)가 전주(全州)판관으로 있으면서 맑은 절개를 지키며 굳세고 밝게 일을 처리하였는데, '비법단사 황천강벌'(非法斷事 皇天降罰, 법 아닌 것으로 일을 처리하면 하늘이 벌을 내린다) 여덟 글자를 현판에 써서 동헌에 걸어놓았다.

무릇 국법이 금하는 것과 형률(刑律)에 실려 있는 것은 극히 조심조심 두려워하여, 감히 함부로 범하는 일이 없어야 한다.

언제고 무슨 일이 있을 적마다 나라의 법전을 찾아봐서 만일 법률을 어기는 일이라면 결코 시행해서는 안 된다. 만약 전임자가 법을 어긴 일이 전해내려와 나에게 뒤집어씌워진 것이 있다면, 응당 글을 주고받아 바로잡을 길을 강구하되, 저쪽이 움직이지 않거든 마땅히 감영(監營)에 보고할 것이요, 그냥 넘어가서는 안 된다. ○언제나 일을 만나면 반드시 마음속으로 '감사가 이 일을 들으면 나를 폄하하지 않을까, 어사(御史)가 이를 들으면 나를 탄핵하지나 않을까' 생각해보고, 그러한 근심이 없으면 행하는 것이 좋다. ○한결같이 곧게 법만 지키다 보면 때로는 일 처리에 너무 구애받을 수도 있다. 다소 넘나듦이 있더라도 백성을 이롭게 하는 일이라면 옛사람도 변통하는 수가 있었다. 요컨대 자기의 마음이 천리의 공평함에서 나왔다면 반드시 법에 얽매일 필요는 없으나, 자기의 마음이 혹시라도 사사로운 욕심에서 나왔다면 조금이라도 법을 어겨서는 안 된다. 법을 어겨 죄를 받는 날에 하늘을 우러러 부끄러움이 없고 땅을 굽어봐도 부끄러움이 없다면, 그 법을 어긴 것이 반드시 백성을 이롭고 편하게 한 일이니, 이 같은 경우는 다소 넘나듦이 있을 수 있다.

이익에 유혹되어서도 안 되고, 위세에 굴복해서도 안 되는 것이 수령의 도리이다. 비록 윗사람이 독촉하더라도 받아들이지 못하는 일이 있을 수 있다.

이명준(李命俊)이 고산(高山)찰방으로 있을 때의 일이다. 그 역(驛)이 함경도의 요지에 있어 역마를 타는 이들이 법의 한도를 넘어서 지나치게 요구하는 일이 허다해서 역졸들이 견디기 어려웠다. 그는 법대로 집행하여 굽히지 않았다. 감사가 와도 반드시 마패(馬牌)대로만 역마를 지급하자, 감사는 노하여 들으려고 하지 않았다. 그는 다투던 끝에 조정에 명령을 요청하기에 이르렀다. 조정에서는 찰방이 옳고 감사가 그르다고 하였다. 오래된 폐단은 곧 고쳐졌으나 그는 마침내 벼슬을 버리고 돌아갔다.

법으로 해가 없는 것은 지켜서 변경하지 말고, 관례로 사리에 맞는 것은 그대로 따르고 버리지 말 것이다.

주자는 이렇게 말하였다. "정사를 하되 큰 이해관계가 없으면 반드시 뜯어고치기를 의논할 것은 없다. 뜯어고치기를 의논하면, 고치는 일이 이루어지기도 전에 으레 시끄럽게 소요가 일어나 끝내 그치지 않을 것이다."

조극선(趙克善)이 지방의 수령으로 있을 때에 반드시 새벽에 일어나 관복을 입고 정사를 보았는데, 요란스럽게 변경하고 고치는 것을 좋아하지 않았다. 그는 "무릇 어떤 일을 할 적에는 반드시 점차로 해야 한다. 부임하자마자 곧 일체의 폐단을 제거해놓고 그 뒤를 잘 이어가지 못하면, 반드시 시작은 있으되 마무리가 없게 될 우려가 있다. 마땅히 먼저 지나친 것부터 제거하여 점차 모든 폐단이 다 없어지도록 하는 것이 좋다"라고 하였다.

옛사람들이 요란스럽게 변경하는 일을 경계한 것은 지킬 만한 법이 있었기 때문이다. 그러나 오늘날 우리나라의 군현에서 쓰고 있는 것은 국법이 아니며, 대체로 부역이나 징수는 아전들이 자의적으로 정한 데서 나온 것이다. 마땅히 급히 개혁할 일이요, 그대로 두어서는 안 된다.

읍례(邑例)란 한 고을의 법이니, 그중 사리에 맞지 않는 것은 수정하여 지키면 된다.

각 고을의 여러 창고에는 모두 예로부터 내려오는 관례가 있으니, 이름하여 절목(節目)이라 한다. 처음 절목을 정할 때에도 잘되지 못한 점이 많았는데, 뒤에 온 수령들이 마음대로 더하고 빼고 고치면서 온통 사사로운 생각으로 자기에게만 이롭고 백성들을 착취하게 만들었으니, 거칠고 잡되고 구차하고 고루하여 그대로 시행할 수가 없다. 이를 핑계로 절목을 폐지하고 임의로 새로운 영(令)을 시행하는데, 무릇 백성을 착취하는 조목은 해마다 불어나고 달마다 늘어나기 마련이다. 백성들이 편히 살 수 없는 것은 주로 이 때문이다. 취임한 지 몇 달이 지났거든 여러 창고의 절목들을 가져다놓고 조목조목 조사하고 물어서 그 이롭고 해로움을 알아내어, 그중에서 사리에 맞는 것은 표시하여 드러내고, 사리에 어긋나는 것은 고쳐야 한다. 물건값이 예전에는 쌌으나 이제 와서 오른 것은 의논하여 값을 올려주고, 예전에는 비쌌으나 이제 와서 내린 것은 그대로 후하게 해주며, 민호(民戶)가 예전에는 번성했으나 이제 와서 쇠잔해진 경우에는 의논하여 그 부담을 덜어주며, 예전에는 적었으나 이제는 많아진 경우에는 옮겨서 고르게 해야 한다. 사리에 맞지 않으면서 수령만 이롭게 하는 것은 고쳐 없애고, 법에 없는데도 여러 가지로 거두는 것은 한도를 정해야 한다. 정밀히 생각하고 살피며 널리 물어서 용단을 내리되, 뒷날의 폐단을 고려해서 막아버리고, 뭇사람의 뜻을 좇아 법을 확고하게 세우고 공평하게 지키면, 명령을 내리고 시행할 때 자신의 마음에 전혀 부끄러움이 없을 것이다. 내가 떠나간 후에 뒷사람이 지키는지 여부는 비록 알 수 없으나, 내가 재임하는 동안에는 살펴서 행하는 것이 또한 옳지 않겠는가?

3. 예의 있는 교제 禮際

예의 있는 교제는 군자가 신중히 여기는 바이니, 공손한 태도가 예의에 맞아야 치욕을 멀리하게 될 것이다.

존비(尊卑)의 등급이 있고 상하(上下)의 표식이 있는 것이 옛날의 원칙이다. 수레와 복장이 서로 다르고 깃발의 장식에 채색을 다르게 함은 각기 분수를 나타내는 것이다. 하위직은 마땅히 본분을 지켜 상위직을 섬겨야 한다. 나는 문관이고 상대가 무관이라 하여 괄시해서는 안 되고, 내가 세력이 있고 상대가 세력이 약하다 하여 교만하게 대해서는 안 되며, 내가 잘났고 그가 어리석다 하여 그를 우둔하다고 여겨서는 안 되며, 나는 나이가 많고 그는 어리다 하여 그를 가볍게 대해서는 안 된다. 엄숙하고 공손하고 겸손하고 온순하여 감히 예를 잃지 않으며, 화평하고 통달하여 서로 막히고 답답한 일이 없게 하면, 정의가 서로 부합하게 될 것이다. 백성을 위해 일을 할 때 상대가 자애롭지 않으면 그 사람의 뜻을 따르느라 백성에게 해를 끼쳐서는 안 된다.

감사는 법을 집행하는 벼슬이다. 수령이 비록 감사와 오랜 정분이 있다 하더라도 조심하지 않으면 안 된다.

후한의 소장(蘇章)이 기주(冀州)자사로 있을 때 그의 친구가 청하(淸河)태수로 있었다. 소장은 관할 지역을 순행하면서 그 친구의 부정을 다루게 되었다. 소장이 먼저 주연을 베풀어 태수를 지극히 환대하니 태수가 기뻐하며, "남들은 모두 한 하늘만 이고 있는데 나는 홀로 두 하늘을 이고 있다"라고 하였다.

소장은 "오늘 저녁에 내가 옛 친구와 함께 술을 마시는 것은 사사로운 정이요, 내일 기주자사로서 일을 처리하는 것은 공법(公法)이다"라고 말하고, 마침내 그의 죄를 물어 바르게 처리하니 고을 경내가 숙연해졌다.

만사(晩沙) 심지원(沈之源)이 홍주(洪州)목사로 있을 때 판서 임담(林㙫)이 충청감사가 되어 순행차 홍주에 왔다. 심지원은 친구 사이였던 임담에게 접대하기를 자못 간소하게 하였더니, 임 감사가 홍주 아전을 매질하면서 "너희 원님이 비록 나와 교분이 가까우나 상관과 하관 사이의 체모는 응당 엄해야 할 것이다. 너희 원님이 실수를 하였으니 네가 대신 매를 맞아라"라고 했다. 심지원은 늘 자제들에게 "내가 먼저 체모를 잃었는데 아전을 매질한 것에 내가 노여워한다면 법을 무시하는 것이므로 끝내 개의치 않았다. 임 판서가 나를 깨우치도록 한 점이 실로 많다"라고 하였다.

영하판관(營下判官)은 상영(上營)에 대해 정성과 공경을 극진히 하여 소홀함이 없도록 할 것이다.

요즈음 사람들은 망령되이 스스로 교만하여 몸을 굽혀 윗사람 섬기기를 달갑게 여기지 않아 상영과 다투어 사단을 일으키는데, 이는 이치에 순응하는 바가 아니다. 그러나 혹 이치에 맞지 않는 일은 다투어도 좋다.

판서 권대재(權大載)는 몸가짐이 검소하고 벼슬살이를 청렴하고 간소하게 하였다. 일찍이 공주(公州)판관으로 있을 때, 감사가 쓰는 물품까지 모두 절약하여 남용하지 않도록 하였다. 감영에서 일하는 무리들이 사단을 일으키고자 모의하여 배당해준 땔감을 빼돌리고 감사의 방을 항상 차갑게 하였다. 감사가 그 이유를 물음에 그 무리들이 "배정받는 땔감이 원래 적습니다"라고 아뢰었다. 감사가 판관을 꾸짖자 권 판관은 "감히 감독하지 않을 수 있겠습니까?"라고 대답하고, 그날 몸소 군불 넣기를 감독하여 정해진 분량의 땔감을 모두 때니 방이 화로같이 뜨거웠다. 감사가 견디지 못하고, 급히 사람을 보내어 "내 잘못이오, 내 잘못이오" 하며 사과하자, 그제야 물러나왔다.

상급 관청이 아전과 군교를 조사하면, 비록 그 일이 사리에 어긋나더라도 수령은 순종하고 어기지 않는 것이 좋다.

자신이 다스리는 고을에 잘못이 있어서 상급 관청이 조사하고 처벌하려는 것은 본래 논할 것도 없다. 그러나 혹시 상급 관청이 까닭 없이 사단을 일으켜서 함부로 이치에 맞지 않는 것을 덮어씌우더라도, 나의 지위가 낮으니 역시 순종할 따름이다. 만약 상급 관청의 뜻이 과오에서 나왔지만 악의가 아닌 경우라면 죄인을 호송하는 문서에 그 사정을 자세하고 간곡하게 해명하고 관대한 용서를 빌어서, 나의 아전과 군교가 억울한 형벌을 받지 않도록 하는 것이 충직하고 겸손한 도리이다. 그런데 감사의 본뜻에 악의가 있어서 말로 다툴 수 없는 경우에는 공형(公兄)의 문서로 죄수를 호송하고 동시에 사직서를 써서 같이 제출한다. 감사가 굽혀서 사과하면 달갑지 않아도 그대로 정사를 볼 것이나, 만약 계속 무례하게 나오면 사직서를 세 번 제출하여 거취를 결정한다.

감사가 만일 겉으로 용서하는 체하고 속으로는 오히려 노여움을 품고 있다가 장차 고과(考課)할 때에 가장 낮은 평점을 주려고 하는 경우에는 인부(印符)를 끌러서 예향(禮鄕)과 예리(禮吏)를 시켜 감영에 가서 바치도록 하고, 즉시 관직을 버리고 집으로 돌아가야 할 것이다. 구차스럽게 쭈그리고 앉아서 스스로 욕됨을 취해서는 안 된다.

상사의 명령이 공법(公法)에 어긋나고 민생에 해를 끼치는 것이면 굽히지 말고 꿋꿋이 자신을 지키는 것이 마땅하다.

명나라 조예(趙豫)가 송강부(松江府)를 맡고 있는데, 청군어사(淸軍御史) 이립(李立)이 와서 군대의 숫자를 늘리는 데 몰두하여 인척이나 동족(同族)을 마구 끌어넣었다. 이에 조금이라도 항의하면 독하게 곤장을 치니, 인심이 크게 소란해지고 억울함을 호소하는 사람이 1000여 명이나 되었다. 또한 염사(鹽司)가 소금 굽는 인부들도 긁어모아 역시 다른 민호에까지 미쳐서 백성들이 크게 해를 입게 되었다. 조예가 나라에 글을 올려 이 모든 일들에 관해 적극적으로 논하여, 모든 사람이 살아날 수 있었다. 어사나 상관의 나쁜 처사에 대해 수령이 상부에 보고하여 적극적으로 논할 수 있었다. 명나라의 이 법은 매우 좋은 것이다. 우리나라는 체통만을 따져, 상관이 함부로 불법을 저질러도 수령은 감히 한마디도 말하지 못하여 민생의 초췌함이 날로 더해가고 있다.

박환(朴煥)이 금구(金溝)현령으로 있을 때 청나라에서 우리나라에 있는 중국 사람을 찾아 보내도록 요구하였다. 조정에서 감히 거절하지 못하고 각 군읍에 지령을 내렸다. 모든 군읍에서는 중국 사람을 샅샅이 찾아내지 못하면 중한 견책을 받을까 두려워 수색하느라고 어수선하였다. 박환은 탄식하면서 "나는 허리에 찬 관인(官印)의 끈을 풀 수 있으나 이것만은 할 수 없다"라고 하고, 마침내 우리 고을에는 찾아낼 중국 사람이 없다고 보고하였다. 이로 말미암아 그 고을에 사는 중국 사람들이 무사할 수 있었다. 이 일을 보고 들은 모든 사람들이 그의 의리에 탄복하였다.

예는 공손하지 않으면 안 되고 의는 결백하지 않으면 안 되니, 예와 의가 아울러 온전하고 온화한 태도로 도리에 맞아야 군자라 할 것이다.

사대부의 벼슬살이하는 법은 의당 '버릴 기(棄)' 한 자를 벽에 써 붙이고 아침저녁으로 눈여겨보면서, 행동에 장애가 있거나, 마음에 거슬리는 일이 있거나, 상관이 무례하거나, 내 뜻이 행해지지 않으면 벼슬을 버리는 것이다. 감사가 이 사람은 언제든지 벼슬을 가벼이 버릴 수 있으며 항상 쉽게 건드릴 수 있는 사람이 아니라는 것을 알고 난 뒤라야 비로소 수령 노릇을 할 수 있다. 그렇지 않고 부들부들 떨면서 자리를 잃을까 저어하여 황송하고 두려워하는 말씨와 표정이 드러나면, 상관이 나를 업신여겨 계속 독촉만 하게 될 것이니 오히려 그 자리에 오래 있을 수 없게 된다. 이것은 필연의 이치이다. 그러나 상관과 하관의 서열이 본래 엄한 것이니, 비록 사의(辭意)를 표명하여 관인을 던지고 결연히 돌아가는 지경에 이르더라도 말씨와 태도는 마땅히 온순하고 겸손하여 털끝만큼이라도 울분을 터뜨리지 말아야 비로소 예에 맞다고 할 수 있다.

이웃 고을과는 서로 화목하고 예의 있게 대하면 후회가 적을 것이다. 이웃 고을 수령과는 서로 형제의 우의가 있으니, 저쪽에서 실수가 있더라도 서로 틀어짐이 없도록 해야 한다.

중국 전국시대 양나라 대부 송취(宋就)가 초나라와 경계가 맞닿아있는 곳의 현령으로 있을 때의 일이다. 양쪽 모두 오이를 심었는데 양나라 사람은 힘써 자주 물을 주어 오이가 잘되었고, 초나라 사람은 게을러서 물을 자주 주지 않아 오이가 잘 자라지 않았다. 그런데 초나라 수령이 양나라의 오이가 잘된 것이 싫어 밤중에 몰래 해코지를 하여 양나라 오이 중에 말라버린 것이 생겼다. 양나라 정장(亭長)이 보복으로 초나라 오이를 해코지하려 하자, 송취는 "이는 화를 같이 당하는 것"이라

며 말리고는, 사람을 시켜 밤중에 몰래 초나라 오이밭에 물을
주도록 하였다. 초나라 정장이 매일 아침 밭에 나가보면 오이
밭에 물이 이미 충분하고 오이가 날로 좋아졌다. 알아보니 양
나라 정장이 그렇게 한 일이었다. 초나라 수령은 대단히 기뻐
하여 이 일을 초나라 왕에게 보고하였다. 초나라 왕은 양나라
사람의 남모르게 행한 일을 기뻐하여 크게 사례하고 양나라
왕과 우호관계를 맺었다.

'전임자와 후임자의 교대(交承)'에는 동료로서의 우의가 있어
야 한다. 내가 후임자에게 당하기 싫은 일이라면 나도 전임자
에게 하지 않아야 원망이 적을 것이다.

전임자와는 동료로서의 우의가 있기 때문에 교대할 때에 옛
사람들은 후덕함을 좇아, 전임자가 비록 탐욕스럽고 불법을 저
질러서 그 해독이 가시지 않았다 하더라도, 그것을 화평하고
조용히 고쳐서 전임자의 행적이 폭로되지 않게 하는 데 힘썼
다. 만일 급박하고 시끄럽게 일일이 지난 정사를 뒤집고 큰 추
위 뒤에 따뜻한 봄이 온 것처럼 자처하여 혁혁한 명예를 얻으
려고 한다면, 이는 그 덕이 경박할 뿐 아니라 뒤처리를 잘하는
것이 아니다.

전임자의 가족이 아직 떠나지 못하여 읍내에 남아 있으면,
떠날 채비의 여러 일을 마치 자기 일처럼 마음을 다해 보살펴
야 한다. 혹시 경박한 아전들이 전임자를 배반하여 가증스러운

태도를 보이면 그러지 말도록 깨우쳐주고, 그래도 너무 심하게 구는 자가 있으면 엄하게 그 죄를 다스려야 한다.

전임자가 흠이 있으면 덮어주어 노출되지 않도록 하고, 또 죄가 있으면 도와주어 죄가 되지 않도록 해야 할 것이다.

만일 전임자가 공금을 손댔거나, 창고에 쌓아둔 곡식을 축내었거나, 혹 문서를 허위로 작성하여 부정한 행위를 했다면, 들추어내지 말고 일정한 기간을 정하여 배상하도록 하고, 기한이 지나도 보상하지 않으면 상사와 의논한다. ○혹 전임자가 세력 있는 집안이나 호족 출신이어서 자신의 강함을 믿고 약한 자를 능멸하여 일 처리가 사리에 어긋나고 뒷일을 생각하지 않았다면, 반드시 강경하고 엄하게 대응하여 조금이라도 굽혀서는 안 된다. 비록 이 때문에 죄를 얻어 평생을 불우하게 지내더라도 머뭇거려서는 안 된다.

후한의 호문공(胡文恭)이 호주(湖州)를 맡아 다스릴 때의 일이다. 전임자인 등공(滕公)이 크게 학교를 세워 수천만금의 돈을 쓰고도 일을 마치지 못하고 파직되어 떠났다. 여러 소인배들이 등공이 돈을 지출한 것이 명백치 못하다고 비방하면서 통판(通判) 이하가 인계 장부에 서명하기를 거부하였다. 그래서 호문공이 "그대들이 등공을 보좌한 지 오래되지 않았는가? 그에게 잘못된 점이 있었다면 왜 일찍 충고하지 않고 가만히 팔짱만 끼고 있다가 그가 떠날 때를 기다려 이제야 나쁘다고 말하는가? 이것이 어찌 옛사람들의 책임을 나누어 지는 뜻이 겠는가?"라고 말하니 모두들 부끄러워하였다.

대체로 정사의 관대한 것과 가혹한 것, 명령과 법령의 잘잘 못을 이어받고 변통하기도 하여 잘못된 점을 해결해나가야 한다.

송나라 구양수(歐陽修)가 개봉부(開封府)를 맡았는데, 그는 전임자인 포증의 위엄 있는 정사 대신에 간단하고 편하게 하여 순리를 따를 뿐 혁혁한 명성을 구하지 않았다. 어떤 사람이 그에게 포증의 정치를 권하자, 그는 "대개 사람의 재능과 성품은 서로 달라 자기의 단점을 굳이 행하게 되면 일의 성과가 나타나지 않을 것이니 나는 내가 능한 대로 할 뿐이오"라고 말하였다. 그는 여러 지방관을 거치면서 치적을 구하지 않고 관대하고 간략하며 시끄럽지 않은 것에 뜻을 두었다. 따라서 그가 벼슬살이한 곳이 큰 지역이었지만 부임한 지 보름이 지나면 벌써 일이 열 가지 중에서 대여섯 가지가 줄어들고, 한두 달 후가 되면 관청이 마치 절간처럼 조용해졌다. 어떤 사람이 "정사는 관대하고 간략하게 하는데 일이 해이해지거나 중단되지 않은 것은 무엇 때문인가?"라고 묻자, 구양수는 "방종한 것을 관대한 것으로 알고, 생략하는 것을 간단하고 편한 것으로 알고 있으면, 해이하고 중단되어 백성이 폐해를 입게 되는 것이다. 내가 말하는 관대는 가혹하게 급히 서둘지 않는다는 뜻이며,

간단하고 편하다는 것은 번잡스럽지 않다는 뜻이다"라고 대답
하였다. 그는 일찍이 "백성을 다스리는 일은 병을 치료하는 것
과 같다. 백성을 다스리는 데는 관리의 재능 여부와 시책이 어
떠한가를 물어야 한다. 백성이 편안하다고 하면 곧 그가 훌륭
한 수령이다"라고 말하였다.

4. 보고서 文報

공적으로 보내는 문서는 아전들에게 맡기지 말고 꼼꼼히 생
각해서 자신이 직접 써야 한다. 이속의 손에 맡겨두는 것은
불가하다.

관례에 따르는 형식적인 문첩(文牒)의 경우는 이속을 시켜
도 무방하다. 그러나 백성을 위해서 폐단을 설명하고 시정할
것을 요구하는 경우라든지, 또는 위의 명령을 거스르면서 받들
어 행하지 않기로 작정한 경우에는 만약 이속의 손에 맡기면
반드시 사심을 끼고 간계를 품어 요긴한 말을 빼버리고 지엽
적인 말만 늘어놓아서 그 일이 잘못되도록 만들 것이니 그래
서 되겠는가. 만약 무인이나 물정 모르는 선비라서 이문(吏文)
에 익숙지 못하면 마땅히 기실(記室) 한 명을 데리고 가서 더
불어 상의해야 할 것이다.
  『다산필담』에서 말했다. "지금 사람들은 주자의 저술에서 오

직 서간(書簡)만을 취하여 성리설(性理說)만 보고 한 구절을 따다가 글에 써먹으려 하며, 주자 학문의 현실적인 면은 주자가 관에 있으면서 쓴 공문들을 모은 「공이제편(公移諸篇)」에 있는 것을 알지 못한다. 수령된 자는 마땅히 주자의 「공이제편」을 책상에 놓아두고 때때로 읽고 외우며 본떠서 속된 벼슬아치가 되는 것을 피해야 한다.'

한위공(韓魏公)은 행정실무에 근면하여 장부나 문서를 살피고 따지는 일을 모두 직접 하였다. 측근의 누군가가 "공은 지위가 높고 나이도 많으실 뿐 아니라 공명 또한 높아 조정에서 한 고을을 맡아 쉬도록 한 것입니다. 조그만 일까지 직접 하지 마십시오"라고 말하자, 그가 "내가 수고로움을 싫어하면 아전과 백성들이 폐를 입을 것이다. 또 녹봉이 하루 만 전인데 일을 보지 않으면 내 어찌 마음이 편안할 것이냐?"라고 답하였다. ○명성과 지위가 자못 높은 사람이 고을을 맡으면, 대강만 파악하고 조그만 일들은 직접 하지 않고 오직 풍류로 즐기려고만 하니 이것이 옳겠는가?

공문의 격식과 문구가 경사(經史)와는 다르기 때문에 서생(書生)이 처음 부임하면 당황하는 사례가 많다.

이두(吏讀)는 신라의 설총(薛聰)이 만든 것이라고 한다. 그중에는 더러 난해한 것도 있다. 수령은 중앙에서 벼슬하고 있을 때 아는 사람에게 배워서 스스로 이해할 수 있게 해야 한다. 또한 내용을 모두 서술한 것을 '등보(謄報)'라 하고, 요점만 기록한 것을 '절해(節該)'라고 한다. 모름지기 평소에 상세히 익혀두어서 서툴다는 말을 듣지 않도록 해야 한다.

『상산록』에서 말하였다. "평안도와 황해도로 부임하는 경우는 마땅히 중국의 공문 서식을 보고 그 문구들을 알아두어야 한다. 건륭(乾隆) 말년에 요동의 봉황성(鳳凰城) 장군이 의주부윤에게 공문을 보내서 칙사(勅使)가 늦어진 까닭을 알려왔다. 그 문서가 황주(黃州)에 도착하도록 관찰사 이하 모두가 그것을 이해하지 못해 즉시 중앙에 보고하지 않은 까닭에 거의 사고가 날 뻔하였다. 만약 평소에 사역원(司譯院)의 문자를 섭렵하고 예부자문(禮部咨文)을 익혀서 그 문구들을 이해할 수 있었다면 어찌 당황할 까닭이 있었겠는가. 우리나라 사대부들이 실용 문자를 익히지 않아서 생긴 폐단이 이와 같았다."

폐단을 보고하는 보장과 어떤 것을 청구하는 보장과 상사의 지시를 거부하는 보장과 송사를 판결하는 보장은 반드시 문장이 조리가 있어야 하고 성의를 간절하게 보여야만 사람의 마음을 움직일 수 있다.

"천하에 가장 천해서 의지할 데 없는 것도 백성이요, 천하에 가장 높아서 산과 같은 것도 백성이다. 요순시대 이래로 성현들이 서로 경계한 바가 백성을 보호하려는 것이라, 이 내용이 모든 책에 실려 있고 사람들이 익히 알고 있다. 그러므로 상사가 아무리 높아도 수령이 백성을 머리에 이고 싸우면 대부분 굴복할 것이다. 정택경(鄭宅慶)은 바닷가 출신의 무인이지만 언양(彦陽)현감이 되어 백성을 머리에 이고 싸우자 감사가 굴복하였고, 의주의 민간 출신인 안명학(安鳴鶴)은 강진(康津)현감이 되어 백성을 머리에 이고 싸워서 감사를 굴복시키고 그 때문에 명성이 퍼져 벼슬길이 열렸다. 본래 백성의 이익을 위한 것이지만 수령에게도 이로운 것이다. 옛날 한 승지(承旨)가 서도(西道)의 수령으로 나갔는데 파직을 당할까 겁을 내 마땅히 싸워야 할 경우에도 싸우지 않았다. 감사가 그를 비루하게 보고 폄하해서 쫓아버렸다. 이와 같은 일을 나는 많이 보았다. 백성을 위해서 건의할 경우에는 마땅히 이롭고 해로운 점을 상세히 진술하되, 위에 있는 사람의 느낌에 부합하도록 지성을 다해야 한다. 두 번 세 번 해도 성사되지 않으면 결연히 거취를 정해야 한다. 비록 이 일로 파면을 당해도 앞길이 다시 열릴 것이다. 앉아서 백성의 곤경을 보고만 있다가 마침내 죄책에 빠지는 경우와는 크게 다를 것이다."

사람의 목숨에 관한 보장은 지우고 고치는 것을 조심해야 하고, 도적의 옥사(獄事)에 관한 보장은 봉함(封緘)을 엄중히 해야 한다.

내가 장기(長鬐)로 귀양 가 있을 때 본 일이다. 한 아전이 살인을 했는데, 여러 아전들이 짜고 간계를 부려 검시장을 온통 고쳐버렸다. 감영으로부터 판결문이 오자 현감은 깜짝 놀라고 의심했지만, 끝내 간계를 밝히지 못하고 살인범을 석방하고 말았다. 감영의 판결문이 내가 보고한 것과 다를 경우에는 급히 감영으로 가서 원장을 찾아 읽어봐야지 의심만 품고 앉아서 그칠 일이 아니다. ○큰 도적은 그 일당이 널리 퍼져 있으며 군교나 형리들이 그들의 눈과 귀가 되어 있을지도 모른다. 탐문과 수색에 관한 문서는 응당 비밀로 하고 거듭 봉해서 밖으로 새나가지 않도록 조심해야 한다.

이웃 고을에 보내는 문서는 문장을 잘 만들어서 오해를 사지 말도록 해야 한다.

이웃과 사이좋게 지내라는 것은 옛사람의 훈계이다. 문벌이나 덕망이 비슷하여 서로 양보하기를 싫어하는 경우에 문제가 생기면 지지 않으려고 하다가 반목하게 되고 모두에게 알려져 웃음을 사게 되니, 예가 아니다. 공경하면서 예의가 있으면 자연히 공감하게 될 것이다. 또한 역참(驛站)의 책임자, 목장(牧場)의 감독관, 변방의 무장들은 비록 문벌은 낮지만 모두 관장을 맡고 있으므로 마땅히 서로 존경하고 언사에 조심해 한결같이 공손하면 좋지 않겠는가.

무릇 위로 올리고 아래로 내려보내는 문서들을 기록해 책자를 만들어 뒷날 참고하도록 하며, 기한이 정해진 것은 별도로 작은 책자를 만들어둔다.

상사에게 보고한 것들은 책자를 만들고, 백성들에게 전한 명령도 책자를 만들되 글자를 바르게 써서 항상 책상 위에 비치해둔다. ○일상적이거나 긴요하지 않은 문서들은 반드시 수록할 필요는 없다.

5. 공물 바치기 貢納

재물은 백성으로부터 나오는 것이며, 이것을 받아서 나라에 바치는 자가 수령이다. 아전의 부정을 잘 살피기만 하면 비록 수령이 너그럽게 하더라도 폐해가 없지만, 아전의 부정을 잘 살피지 못하면 수령이 아무리 엄하게 하더라도 보탬이 안된다.

백성들은 조·쌀·실·삼 등을 내어서 위를 섬기는 것을 본분으로 여기기 때문에 까닭 없이 납부를 거부할 이유가 없다. 늘 보면 어리석고 우둔한 수령들 중 백성을 어루만지고 돌본다고 하는 자들은 으레 위로 바치는 기한을 어기고, 나라에 이바지한다고 하는 자들은 으레 뼈에 사무치도록 백성들에게서 마구잡이로 빼앗는다. 진실로 현명한 수령은 너그러이 하되 기한을 어기지 않아 상하 모두에 원망이 없으니, 그 이치는 쉽게 이해할 수 있을 것이다.

「정잠(政箴)」에서 이렇게 말하였다. "세금 징수는 흔들리지 말아야 하니 이는 세금을 징수하면서도 어루만지고 돌보는 것이다. 형벌은 착오가 없어야 하니 이는 형벌을 쓰면서도 교화하는 것이다. 봄에 구휼하기를 마치 자식처럼 하고, 가을에 거두어들이기는 마치 원수처럼 해야 한다. 하나의 이익을 일으키는 것은 하나의 폐해를 제거하는 것만 같지 못하고, 하나의 일을 만드는 것은 하나의 일을 제거하는 것만 같지 못하다. 위엄은 청렴함에서 생기고 정사는 부지런함에서 이루어진다.

벼와 무명베로 바치는 전세(田稅)는 국가재정에 반드시 필요한 것이다. 넉넉한 백성으로부터 먼저 징수하여 아전이 횡령하는 것이 없게 해야만 기한을 맞출 수 있다.

오늘날 국가재정은 날로 줄어들어 백관의 봉록과, 중앙관청에 물품을 공급한 상인에게 지불해야 하는 대가가 제대로 이어지지 못하는 어려움이 있다. 그런데도 넉넉한 백성의 기름진 토지는 모두 아전의 주머니에 들어가고, 조운선에 세곡을 실어 보내는 것은 해마다 기한을 어겨, 체포되어 문초를 당하고 파면되어 갈리는 수령이 줄줄이 뒤를 잇고 있다. 그럼에도 깨닫지 못하고 있으니 애석한 일이다.

호태초는 말하였다. "평소에 부유하고 힘센 자들과 밀착되어 있는 고을의 아전들은 해마다 이들에게는 전세를 내지 않게 하고 착하고 어진 가난한 백성들에게만 기한에 앞서 재촉하고 핍박하여 그들로 하여금 부세를 내도록 한다." ○중국 역시 그러하니 이는 천하의 공통된 폐단이다.

『한암쇄화』의 세미(稅米)에 관한 조항에서 이렇게 기록하였다. "마땅히 호조에 납부해야 할 것이 4000석이라면 자기 고을에서 백성으로부터 징수한 것은 1만 석도 훨씬 넘는다. 아침에 명령을 내려 저녁이면 거둬들일 수 있는, 넉넉한 집의 기름진 토지에서 내는 윤기 있는 쌀은 아전이 모두 횡령한다. 토지대장에 등록되지 않은 은결(隱結)로 돌려 거두고, 혹은 궁결(宮結)이라 하여 수세장부에서 빼버리고, 혹은 저가(邸價)로 거두고, 혹은 거짓 재결로 수세장부에서 빼버리고, 혹은 돈으로 받고, 혹은 쌀로 받는다. 이미 초가을부터 구름이 몰려가듯이 냇물이 흘러가듯이 끝내버려서 속여 훔쳐먹은 액수는 모두 아전의 주머니 속으로 들어가고 만다. 이러고 나서 나머지 토지에서 세미를 모아 나라에 내는 4000석을 채우는 것이다. 무릇 나라에 내는 전세를 온 집안이 몰사한 집, 유리걸식을 떠나 없어진 집, 홀아비와 과부, 부모 없는 어린아이와 자식 없는 늙은이, 노인, 병자와 환자, 황폐하여 경작을 쉬는 논밭과 못 쓰게 된 논, 쑥대가 우거지고 자갈이 뒹구는 땅 등에서 충당하고자 하니 살을 벗기고 뼈를 긁어내도 어쩔 도리가 없는 무리들일 뿐이다. 아전은 횡령한 쌀을 큰 돛배에 싣고 남으로는 제주로 가서 장사하고 북으로는 함흥에 가서 거래를 한다. 아전은 북을 둥둥거리며 저 구름과 물이 맞닿는 바다 위에 떠 있는데, 수

령은 바야흐로 홀아비, 과부, 병든 자들이나 잡아다가 족쳐서
뜰에 매질이 계속되고 옥에 칼을 씌운 자가 넘쳐난다. 사람을
뽑아 검독(檢督)이라 칭하고서 사방으로 풀어 보내면, 그들은
친척이나 이웃 사람들에게 징수하여 엉뚱한 해를 입힌다. 송아
지와 돼지를 빼앗고, 솥과 가마솥을 떼어가니 울부짖는 백성이
길에 넘어지고 쓰러져 곡성이 하늘에 사무친다.

지난 기사년(1809)과 갑술년(1814)에 남쪽 지방으로 큰 흉년
이 들었는데, 나는 바닷가의 마을에 있어서 이런 일들을 직접
내 눈으로 보았다. 그 당시 나는 백성을 다스리는 수령에게 가
장 귀중한 것은 '밝을 명(明)' 한 자뿐임을 알았다.

공물(貢物)과 토산물(土産物)은 상급 관청에서 배정하는 것
이다. 기존의 법도를 각별히 이행하고 새로이 요구하는 것을
막아야만 폐단이 없을 것이다.

조계원(趙啓遠)이 수원(水原)부사가 되었는데, 그 고을의 약
과(藥果)는 나라 안에서도 유명하였다. 인조가 건강이 좋지 않
았는데 먹을 만한 것이 없었다. 내시가 사람을 보내어 수원부
의 약과를 요구하자, 조계원은 "고을에서 사사로이 바치는 것
은 신하로서 군주를 섬기는 체모가 아니다. 조정의 명령이 없
으면 바칠 수 없다"라고 말하였다. 인조가 듣고 웃으며 "비록
임금과 신하 사이라 할지라도 어찌 인척으로 얽힌 인정마저
없을 것인가?"라고 말하였다.

잡세(雜稅)와 잡물(雜物)은 가난한 백성들이 무척 고통으로 여기는 것이다. 쉽게 마련할 수 있는 것만 나라에 납부하도록 하고 마련하기 어려운 것은 거절해야 허물이 없을 것이다.

상국 이경여(李敬輿)가 광해군 때에 충원(忠原)현감을 맡았다. 어느 여름날 백성들에게 칡을 캐도록 하였는데 백성들은 어디에 쓰려고 그러는지 짐작조차 하지 못하였다. 다음 해 봄에 영건도감(營建都監)에서 칡을 수천 다발 징수하였다. 그래서 칡이 삼이나 모시처럼 값이 올랐는데 이 고을 백성들만은 미리 마련해두었기 때문에 아무 걱정이 없었다. 더욱이 도감에 납부하고도 남는 것으로 다급한 이웃 고을에 대주고 값을 대략 쳐서 받아 다른 부세에 충당하였다. 또한 영건도감에서 장목(長木) 수만 개를 징수하였다. 일찍이 그는 고을 북쪽에 있는 산에 나무가 무성한 것을 보고서 특별히 벌목을 금지해둔 바 있었다. 이에 강상(江上)으로 나아가 여러 상인들을 불러놓고 "너희들 가운데 저 나무들을 베어서 영건도감으로 수송하는 사람들에게는 그 반을 주겠다"라고 말했다. 상인들이 모두 기뻐 날뛰며 호응하였다. 이웃 고을 백성들은 장목을 마련하느라 고통을 겪었으나 이 고을 사람들만은 유독 노동의 역(役)을 모르고 지나갔다.

6. 차출되는 일 往役

상급 관청에서 차출하면 모두 받들어 행하는 것이 마땅하다.
무슨 일이나 병을 핑계대어 내 몸 편하기를 도모하는 것은
군자의 도리가 아니다.

상급 관청이 차출하여 일을 시켰을 때 내가 회피하여 면하
면, 그 일을 다른 사람이 해야 되니 그 사람이 원망하지 않겠는
가? 자기가 하고 싶지 않은 일을 다른 사람이 하게 해서는 안
된다. 실제로 곤란한 일이 없으면 따르는 것이 옳다. ○차출되
면 마땅히 진심으로 책임을 다해 일을 해야지 마지못해 해서
는 안 된다.

궁묘(宮廟)의 제사 때 차출되어 제관(祭官)이 되면 마땅히 재
계(齋戒)하고 정성을 들여 지내야 한다.

요즈음 보면 제관들은 제단이나 사당 곁에서 기생을 끼고
즐기기도 하고 술을 싣고 다니며 행락을 하기도 하는데, 이것
은 예가 아니다. 목욕재계하고 경건하고 청결하게 하는 것을
소홀히 말며, 제사 때에 오르고 내리고, 구부리고 엎드리는 일
을 함부로 해서는 안 된다. 지저분하고 이지러진 제기(祭器)를
그대로 써서도 안 되며, 제물에 상한 고기나 시어진 술을 써서
도 안 된다. 군자의 마음가짐이 어느 곳을 간들 진정을 다하지

않을 수 있겠는가.

과장(科場, 과거시험장) 경관(京官)과 함께 고시관으로 차출되어 나가게 되면 마땅히 한결같은 마음으로 공정하게 하며, 만약 경관이 사심을 품고 처리하려고 하면 마땅히 불가함을 고집해야 한다.

수령으로서 시험관이 되면 으레 자기 고을 유생들과 서로 짜고서 사사로운 일을 도모하고자 하는데, 몇 사람은 특혜를 입지만 온 도(道)의 사람들이 원한을 품을 것이니 지혜로운 자는 그런 짓을 하지 않을 것이다. 또 수령으로서 시험관이 된 사람이 팔짱을 끼고 입을 다문 채 허수아비처럼 앉아 있는 것 또한 의로운 일이 아니다. 합격자 명단을 임금에게 보고할 때는 시험관으로 참여한 나도 끝에 서명을 해야 한다. 만약 경관이 사사로운 일을 하였으면 그 죄를 함께 나누어 져야 하니, 시험관으로서 어찌 자리만 차지하고 있겠는가? 경관이 보잘것없는 글을 뽑으려 하면 다투어야 하고, 좋은 글을 버리려 해도 다투어야 하며, 또 뇌물을 받은 흔적이 있으면 다투어야 하고, 사사로운 정을 둔 흔적이 있어도 다투어야 한다. 반드시 공정하고 엄정하게 심사하여 합격자 명단이 하나라도 공정하지 않은 것이 없어야 한 도의 사람들이 모두 그의 명성을 찬양할 것이다. 무릇 수령이 된 사람의 재능과 도량이 작으면 명예가 한 고을에 그치겠지만, 크면 명성이 한 도에 가득 차게 될 것이니, 그의 인품이 여기에서 정해지는 것이다.

사람의 목숨에 관계되는 옥사(獄事)에 검시관(檢屍官)이 되기를 피하려 하면, 나라에는 그것을 다스리는 일정한 법률이 있으니 어겨서는 안 된다.

『무원록(無寃錄)』의 주(註)에 "검시에는 정해진 기한이 있으니 조금이라도 늦추어서는 안 된다. 혹 같은 도의 이웃 고을 수령들이 검시하기가 어렵다면 다른 고을 수령이 경내를 지나갈 때 사고가 난 고을의 수령이 공문을 보내어 복검(覆檢)하기를 청한다"라고 하였다. 옛날에 우리나라도 이렇게 하였지만 지금은 폐지되었다. 마땅히 이치에 합당하다면 다시 시행할 수 있다. 법례(法例)가 비록 이러하지만 인접한 다른 도의 수령에게 문서를 보내어 청했다는 말을 들은 바가 없고, 혹 청했다고 해도 수령의 부신(符信)을 차고 도의 경계를 넘는 것이 법으로 금지되어 있으므로 올 수가 없다. ○수령들의 업무평가서를 살펴보면, "검시를 피했으므로 마땅히 경고해야 한다"라고 하여 그 성적이 '중(中)'으로 매겨지는 자가 수없이 많은데, 검시를 왜 어려워할 것인가?
　조사관이나 검시관이 된 수령이 판단하기 어려운 옥사가 있으면 자제나 친지들 가운데 정직하고 사리에 밝은 사람 하나를 골라 옥사가 일어난 고을에 몰래 미리 보내 사정을 조사하게 하여, 수령이 그 고을에 가서 밤을 타서 그 사람과 만나거나 혹 서신으로 조사한 바를 전해 받은 후에 간악한 일이나 숨겨진 일을 적발하면 잘못 판단하는 허물이 없을 것이다. 늘 보면 조사관이나 검시관이 미리 몰래 조사시키지도 않고 다만 데리고 간 아전을 시켜 은밀히 여론을 묻지만, 아전이 뇌물을 받고 청탁을 받아 중간에서 농간을 부릴 경우에 첫 번째 조사나 검시에는 잘못 판결하지 않았는데 두 번째 조사나 검시에서 이유 없이 판결이 뒤엎어지고 옥사의 진상이 의심스러워지며, 억울하게 걸린 자가 벗어날 수 없게 된다. 그리하여 옥사가 일어난 고을에 또 다른 일이 일어나거나, 이웃 고을에서 조사하러 온 수령이 과오를 범하게 되니, 참으로 한탄스러운 일이다.

표류선(漂流船)을 조사하는 일은 급하면서도 실상 어렵다. 지체하지 말고 시각을 다투어 현장으로 달려가야 한다.

표류선을 조사할 때 다섯 가지 주의해야 할 점이 있다.

①외국인과의 예의는 마땅히 서로 공경해야 한다. 늘 보면 우리나라 사람은 저들의 깎은 머리와 좁은 옷소매를 보고서 마음속으로 그들을 업신여겨 접대할 때의 문답에 체모를 잃어 경박하다는 이름이 천하에 퍼져 있으니, 이것을 먼저 조심해야 한다. 각별히 공손하고 충실하고 신의 있게 하여 큰 손님을 대하듯 해야 한다.

②우리나라 법에 표류선 안에 있는 문자는 인쇄본, 사본을 막론하고 모두 초록하여 보고하도록 규정하고 있다. 지난해에

표류선 한 척이 수만 권의 책을 가득 싣고 무장(茂長) 앞바다에 정박하였는데, 이를 조사한 관리들이 의논하기를 "장차 이를 모두 초록하여 보고하는 일은 작은 새가 흙을 물어다 바다를 메우는 격이다. 만약 그 가운데 몇 가지만 골라 초록하면 반드시 엉뚱한 화를 당하게 될 것이다"하고, 마침내 모래밭을 파고 모든 책을 묻어버리니 표류인들도 크게 원통해했지만 어찌할 수 없었다.

나의 친구 이유수(李儒修)가 그 뒤에 무장현감이 되어 모래밭에서 『삼례의소(三禮義疏)』와 『십대가문초(十大家文鈔)』 책 몇 질을 얻었는데, 아직도 물에 젖은 흔적이 있었다. 내가 강진에 도착하여 『연감유함(淵鑑類函)』 한 질을 얻었는데 이미 심하게 썩었기에 "이 책이 무장에서 온 것이 아니냐"라고 물었더니, 그것을 가지고 있던 사람이 크게 놀랐다.

대개 세상일이란 것이 본래 힘이 미치지 못하여 이루지 못한 것은 죄가 되지 않는다. 산을 겨드랑이에 끼고 바다를 뛰어넘으라고 하였을 때 신하가 불가능하다고 대답했다고 하여 조정에서 죄를 주면, 이것이 이치에 맞는 일이겠는가? 그런즉 마땅히 모든 서적을 진열하고 다만 책 이름만을 기록하되 그 권수를 상세히 해두고 "'실으면 소가 땀을 흘리고, 집에 쌓아두면 천장에 닿을[汗牛充棟]' 정도로 많은 책을 갑자기 초록할 수 없어 책 이름만을 기록하였다"라고 보고하면 되지 않겠는가? 이 때문에 견책을 당하면 오직 웃음을 머금고 처벌을 받는 것이 마땅하겠거늘, 도둑질이나 한 듯 보물을 함부로 버린다면 그 외국인들이 우리를 어떻게 생각하겠는가? 어떤 일을 당하더라도 오직 이치에 따르겠다고 마음먹고, 벼슬이 떨어질까 겁을 내지 않는다면 이런 일이 없을 것이다.

③표류선을 조사하는 일은 대체로 섬에서 일어난다. 섬사람들은 본래 호소할 길이 없는 사람들인데, 조사하는 일에 따라간 아전들이 조사관 접대를 빙자하여 마음대로 침탈해 솥과 항아리 등속까지 남기지 않는다. 표류선이 한번 지나가고 나면 몇 개의 섬이 온통 망하기 때문에, 표류선이 도착하면 섬사람들은 으레 칼을 빼어들고 활을 겨누어 저들을 죽일 기색을 보여 저들 스스로 도망가게 만든다. 또 혹시 바람이 급하게 불고 암초가 사나워 파선 직전에 있는 자들이 구원을 요청해도 섬사람들은 보기만 하고 침몰하도록 내버려둔다. 배가 침몰하여 저 사람들이 죽고 나면 은밀히 모의하여 배와 화물을 불태워 흔적을 없애버린다. 10여 년 전에 나주 관하의 여러 섬에서 이런 일이 누차 일어났는데, 태워버린 염소가죽이 수만 벌이고 감초(甘草) 탄 것이 수만 곡(斛)이었다. 더러 불에 타다 남은 것이 있어서 내 눈으로 직접 보았다.

왜 이런 짓을 하는가? 본래 아둔한 수령들이 아전들을 단속하지 못해 나쁜 짓을 마음대로 하게 버려두니 백성들은 눈물을 흘리면서도 이런 짓을 하게 된다. 해외의 여러 나라에서 만약 이 일을 들으면 우리를 사람고기로 포(脯)를 떠 씹어먹는 나라로 여기지 않겠는가? 그러므로 표류선을 조사하는 관리들은 마땅히 눈을 밝게 뜨고 엄하게 살펴서 아전들이 침탈하는 것을 금지시켜야 한다. 이를테면 큰 집 한 채를 따로 빌려 가마솥을 늘어놓고 데리고 간 아전들을 한집에 거처하게 하며, 그들이 먹는 쌀이나 소금은 관에서 돈을 주고 사들여 날마다 배당해야 한다. 문정관(問情官)으로 나가는 때는 별도로 잘 계획하여 쌀 한 톨이나 소금 한 줌이라도 그곳 백성에게 피해가 가지 않도록 해야 할 것이다. 그래야만 출장 나온 하루의 책임을 다했다고 할 것이다.

④좋은 것을 보면 실천하는 태도는 사소한 일에도 그래야 한다. 지금 해외 여러 나라의 조선술이 많이 발전하여 운항에 편리하다. 우리나라는 삼면이 바다로 둘러싸였는데도 조선술은 소박하고 고루하다. 표류선을 만날 때마다 그 선박제도의 도설(圖說)을 상세히 기술하되, 재목은 무엇을 썼고 뱃전의 판자는 몇 장을 썼으며, 배의 길이와 너비, 높이는 몇 도나 되며, 배 앞머리의 구부리고 치솟은 형세는 어떠한가, 돛·돛대·상앗대·노·키·뜸[篷]·닻줄 등의 모양은 어떠하며, 배의 구멍 난 부분을 어떻게 메웠는가 등 배를 수리하는 법과, 익판(翼板)이 파도를 잘 헤치게 하는 기술은 어떠한가, 이런 여러 가지 신묘한 이치를 상세히 조사하고 기록하여, 그것을 모방할 것을 도모해야 한다. 그런데도 표류인이 상륙하면 그 배를 큰 도끼로 쪼개고 부수어 즉시 불태워 없애버리려 하니, 이것이 무슨 법인가? 뜻있는 선비라면 이런 일을 당했을 때 마땅히 이 점들을 명심해야 할 것이다.

⑤외국인을 대할 때에는 마땅히 동정하는 빛을 보여야 하며, 음식물 등 소요되는 물건들은 신선하고 깨끗한 것을 주어야 한다. 우리의 정성과 후의(厚意)가 얼굴빛에 나타나면 저들도 감복하여 기뻐할 것이며 돌아가서 좋은 말을 할 것이다.

제방(堤防)을 수리하고 성을 쌓는 일에 차출되어 가서 감독하게 되면 백성들을 위로하여 마음을 얻도록 힘써야 일을 성공시킬 수 있다.

옛날에 하천을 준설하거나 성을 쌓는 일은 모두 군현의 백성을 부역시켰고, 우리나라에서도 호수를 파거나 성을 쌓는 일은 각 고을에서 백성들을 동원하여 이 일을 협조하게 하였다. 이때 훌륭한 수령은 백성들의 환심을 사서 그들이 칭송하는 소리가 널리 퍼지게 할 수 있다. 늙고 여윈 사람은 부역을 면제하여 돌아가게 하며, 가난한 자와 넉넉한 자를 구분하여 부담을 고르게 하며, 담배와 술을 주고 즐겁게 일을 하도록 하며, 부지런한 자를 칭찬하고 게으른 자를 경계한다면, 백성들이 분발하여 공사가 빨리 완성될 것이다.

송나라 정백자(程伯子)는 현령이 되어 부역을 감독할 때 심한 추위와 뜨거운 햇빛 아래서도 가죽옷을 입거나 일산을 받치는 일이 없었다. 때때로 공사장을 돌아보는데 일꾼들은 그가 오는 것을 알지도 못하였다. 제각기 힘껏 일하여 언제나 기한 전에 일을 마쳤다. 선생의 기상이 맑고도 공손하여 속세 밖에 있는 것 같아 노고를 이겨내지 못할 듯했으나, 업무를 맡으면 항상 미천한 사람들과 기거하며 함께 음식을 먹고, 웬만한 사람들은 감당하기 어려운 일에도 선생은 대처함에 여유가 있었다. 어느 때인가는 인부들 가운데 밤중에 떠드는 자들이 많아 혹 한 사람이 놀라더라도 여러 사람이 다투어 일어났다. 간

악한 사람이 그 틈을 타서 도둑질하는 사건이 셀 수 없이 많았
다. 선생이 군율로 다스리니 드디어 떠드는 사람들이 없어졌
다. 공사가 끝나고 인부들이 해산할 즈음까지 대열이 평상시와
같이 정연하였다.

제4부 /

애
민 愛民

6
조

신혼부부의 행렬

김홍도 「신행(新行)」, 18세기,
지본담채, 27×22.7cm, 국립중앙박물관 소장.

1. 노인을 봉양함 養老

노인을 봉양하는 예가 폐지된 후로 백성들이 효도를 하지 않
으니 수령 된 사람은 다시 노인을 봉양하는 예를 거행하지
않으면 안 된다.

성호(星湖) 이익(李瀷) 선생은 다음과 같이 말하였다. "효도
하고 우애하지 않는 자는 있어도 우애하면서 효도하지 않는 자
는 없을 것이다. 그러므로 선왕의 제도에 우애는 향촌에서도 통
하고 길거리에서도 통하며 군대에서도 통하니, 우애의 교화는
국가의 노인 공경에 근거하고 있는 것이다. 순(舜)임금 이래로
노인을 공경하는 예를 폐한 일이 없었다. 사람들은 비용이 많
이 드는 것을 걱정한다. 그러나 예법에 70세, 80세, 90세에 따
라 각각 접대하는 음식의 가짓수가 있으니 더 보태서는 안 된

다. 초대할 노인의 수가 많을까 꺼려지면, 그중에서 나이 많은 순서대로 부르거나 마을을 돌아가면서 하면 안 될 것이 없다. 의식은 환갑잔치 등에서 장수를 빌며 술잔을 올리는 것같이 간략하게 하고, 아울러 아래의 두터운 정이 위로 통하게 하면 어찌 얻는 것이 적을 것인가! 송나라 사마광(司馬光)은 '자주 모임을 갖되 예를 극진히 하고, 차리는 음식은 박하더라도 정이 두터워야 한다'라고 하였다. 마땅히 일정한 기일을 정해놓고 계절이 바뀔 때 한 번씩 초대하는 것이 좋다."

옛날 훌륭한 사람들이 이것을 닦아서 시행하였기에 이미 상례(常例)가 되어 여전히 그 여운(餘韻)이 남아 있다.

정일두(鄭一蠹) 선생이 안음(安陰)현감으로 있을 때였다. 집무하는 여가에 읍내의 총명한 자제들을 뽑아, 재실을 지어놓고 거기에 거처하도록 하며 친히 지도해서 매일 글을 읽고 외우게 했다. 학도들이 이 말을 듣고 멀리서 찾아오기도 하였다. 또한 봄가을로 양로의 예를 거행하는데, 내청(內廳)과 외청(外廳)을 마련하여 내청에서는 부인이 접대하고 외청에서는 그가 관대(冠帶)를 갖추고 접대하니, 안팎의 노인들이 모두 배불리 먹고 취하여 노래하고 춤추며 즐기지 않는 사람이 없었다. 정사가 맑고 깨끗하니, 백성들이 모두 기뻐하며 경내 사람들이 서로 경계하기를 우리 사또를 속여 저버리는 일이 없도록 하자고 하였다.

섣달 그믐날 이틀 전에 노인들에게 음식물을 돌린다.

80세 이상 된 남자에게는 각각 쌀 한 말과 고기 두 근을 예단(禮單)을 갖추어 보내 인사를 하고, 90세 이상 된 노인에게는 진귀한 찬 두 접시를 더한다. ○한번 생각해보라. 아무리 큰 고을이라도 80세 이상 된 노인은 수십 명에 불과하며, 90세 이상 된 노인은 몇 명뿐이다. 그러니 소용되는 쌀은 두어 섬이요, 고기도 60근에 불과할 것이다. 이것이 어찌 써버리기 어려운 재물이겠는가? 기생을 끼고 광대를 불러서 하룻밤을 즐기는 데 거액을 가볍게 내던지는 사람이 수두룩하다. 선비들은 비난하고 백성들은 저주하니, 그 방종한 향락을 혐오함이 이보다 더한 것이 없다. 이것이 이른바 재물을 없애면서 원망을 사는 일이다. 감사는 듣고 치적으로 평가하지 않을 것이요, 자손들은 알고는 행장(行狀)에 싣지 않을 것이다. 천하에 함부로 소비하고 헛되이 버리는 것으로 이런 일이 또 있겠는가?

2. 어린이를 보살핌 慈幼

어린이를 잘 양육하는 일은 옛날 훌륭한 임금들의 큰 정사였으니, 역대로 이를 법으로 삼아왔다.

『주례(周禮)·대사도(大司徒)』에 "보식육정(保息六政)으로써 만민을 기른다"라고 하였으니, 첫째가 '어린이를 양육함[慈幼]'이요, 둘째는 '노인을 봉양함[養老]'이요, 셋째는 '빈궁한 자를 구제함[振窮]'이다.

송나라 때 민간구호단체인 덕생사(德生社)에서 올린 글 「버려진 아이들의 양육에 관한 상소[收棄兒疏]」에서 이렇게 말하였다. "물난리에 뒤이어 가뭄이 겹쳐 굶주리고 떠돌아다니다 죽은 사람이 수두룩하고, 기근으로 인해 나쁜 병이 돌아 부부와 부자가 다 흩어지고 있다. 가장 처참한 일은 길바닥에 버려진 어린애가 숨을 깔딱이며 우는 것인데, 이를 보는 사람들이 마음으로는 슬퍼하면서도 어쩌지 못하는 실정이다. 심지어 죽은 어미가 산 자식을 안고 있으니, 이것이 노씨(盧氏) 집의 귀신 자식*이란 말인가? 굶주린 아비가 굶주린 아이를 안고 있으니, 곽씨(郭氏)가 아이를 묻으려던 일**과 같단 말인가? 입이 있어도 말을 못하니 참으로 호소할 데 없는 아이들이요, 발이 있어도 걸을 수 없으니 실로 위급한 아이들이다. 비록 하늘이 만물을 모두 가지런히 할 수 없다고 하나, 어진 사람으로서야 어찌 차마 이런 일들을 보고만 서 있겠는가? 그래서 특별히 버려진 아이들을 거두어 돌보는 시설을 원주항(袁酒巷)의 민가에

---

* 노씨 집의 귀신 자식 한나라의 노충(盧充)이 사냥갔다가 최소부(崔少府)의 죽은 딸 묘에 이르자 여자의 혼령이 나타나 서로 혼인하여 아들을 얻었는데, 그 혼령이 3년 동안 아이를 기른 후 노충의 집으로 돌려주었다는 이야기.
** 곽씨가 아이를 묻으려던 일 한나라의 곽거(郭巨)가 가난한 가운데서도 어머니를 잘 모셨는데, 아이가 자꾸 할머니의 음식을 빼앗아 먹자, 아이를 묻어버리려고 땅을 팠더니, 그 속에서 황금이 나왔다는 이야기.

다 설치하여, 할머니들을 부르고, 널리 버려진 아이들을 모아
서 양 옆으로는 자리를 깔고, 죽과 미음을 여러 솥에 끓여서 먹
이며, 병이 나면 약을 쓰되 진료는 좋은 의원에게 부탁할 것이
다. 어린아이들이 울부짖을 텐데 달래는 일은 여러 할머니들에
게 맡겨 보살피게 한다. 요즘에 도적떼가 들끓어 약탈이 자행
되는데 어찌 도적들을 위하여 재물을 남겨둘 것이랴! 예로부
터 선한 일과 상서로운 일을 상고해보면, 덕이 있는 가문에 경
사가 생기는 것이 분명하다. 바라건대 개천에 버려진 가련한
아이들을 구해 질병을 곡진히 돌봐주며, 특별히 주방의 반찬을
줄여서라도 떠도는 아이들에게 베풀어주면, 장차 아들을 많이
낳을 징조가 나타나 자손이 번성하게 될 것이요, 가문이 대대
로 창성하여 기필코 네 필 말이 끄는 수레가 드나들 만큼 대문
이 넓어질 것이다."

　이는 군현의 명령에 따라서 하는 일이 아니요, 향촌에 덕망
있는 사람이 스스로 어린이들을 돌볼 기구를 열고 거기에 쓸
재물 모으기를 이처럼 하자는 취지이다.

　백성들이 곤궁하면 자식을 낳아도 잘 거두지 못하니, 깨우치
고 타일러서 우리 자녀들을 보전케 해야 할 것이다.

　후한의 가표(賈彪)가 신식(新息)의 관장으로 있을 때 일이
다. 백성들이 가난하여 자식을 기르지 않는 자가 많기에, 가표
는 법을 엄중히 제정하여 살인과 마찬가지 죄로 다스렸다. 성

남쪽에는 도적이 들어와 살인한 사건이 있었고 북쪽에는 어미가 자식을 죽인 사건이 있었다. 관장이 나가서 조사할 때 아전이 남쪽으로 인도하려 하였다. 가표는 화를 내며 "도적이 사람을 해치는 것은 통상 있는 일이지만, 어미가 자식을 죽이는 것은 하늘을 거역하고 도리를 어기는 일이다"라고 말하고, 수레를 몰아 북쪽으로 가서 죄상을 조사해 다스렸다. 이에 도적도 자수해왔다. 수년 동안 정사를 펴니 사람들이 기른 자식들이 1000명이나 되었다. 사람들이 "이는 가씨 어른이 살려준 덕택이다"라고 말하고, 모두 가(賈)로 이름을 지었다.

흉년이 든 해에는 자식 내버리기를 물건 버리듯 하니, 거두어주고 길러주어 백성의 부모 노릇을 해야 한다.

송나라 이종(理宗) 때, 임안(臨安)에 자유국(慈幼局)을 설치하여 길에 버려진 가난한 아이들을 거두어 기르도록 하였다.

명나라 허호(許浩)는 "아비와 자식 사이의 사랑만큼 지극한 것은 없고, 이별하고 버려지는 것만큼 지독한 고통은 없다. 지극히 사랑하는 것을 떼어내어 지극히 비통한 곳에 두는 것은 아주 부득이한 경우가 아니면 하지 않기 때문에, 이는 진실로 어진 사람이 안타까워하는 바이다. 이종이 자유국을 세워 어린아이들을 거두어 기르게 하면서, 이들의 부모가 어찌하여 지극한 사랑을 떼어내어 지극한 비통에 두게 되었던가에 대해서는 생각지 못했더란 말인가"라고 말했다.

3. 가난한 자를 구제함振窮

홀아비, 과부, 고아, 늙어 자식 없는 사람을 사궁(四窮)이라
하는데, 이들은 스스로 움직일 수 없고, 남의 도움을 받아야
일어날 수 있다. '진(振)'이란 일으킨다는 의미이다.

주나라 문왕(文王)은 정치를 펴 인(仁)을 시행함에 있어서
반드시 이 사궁을 먼저 생각하였다. 대사도의 보식육정에는 빈
궁한 자의 구제를 세 번째로 삼았는데, 곧 이를 가리킨다. 그
런데 『시경(詩經)』에서 "넉넉한 사람들이야 괜찮지만 쇠약하
고 외로운 사람들 불쌍도 하다"라고 한 것처럼 오직 가난하여
의탁할 곳 없는 사람이 사궁에 해당한다. 자기 재산이 있는 사
람은 비록 육친(六親)이 없다 하더라도 사궁으로 논할 수 없
다. 수령이 사궁을 선정할 때 살펴야 하는 세 가지 기준이 있
으니, 첫째는 나이요, 둘째는 친척이요, 셋째는 재산이다. 나이
가 60세 미만이어서 능히 자기 힘으로 먹고살 수 있는 사람과,
이미 10세가 넘어 능히 스스로 먹을 것을 구할 수 있는 사람은
돌봐주지 않아도 된다. 비록 육친은 없더라도 가까운 친척이
있고 형편이 다소 넉넉한 사람은 관에서 돌볼 필요가 없다. 마
땅히 좋은 말로 타이르고 엄한 말로 경계하여 그들로 하여금
거두게 하고 때때로 살피고 단속하는 데 그칠 것이요, 이들을
돌볼 여유는 없다. 자기 재산이 있는 자까지 돌볼 여유는 없다.
『대명률(大明律)』에 이렇게 규정되어 있다. "홀아비, 과부,

고아, 자식 없는 노인, 병이 심해 폐인이 된 자로 스스로 살아
갈 수 없고 의지할 친척이 없는 사람들은 그 지역 관청에서 마
땅히 거두어주어야 하며, 거두어주지 않으면 장(杖) 60대의 벌
을 받는다. 만약 관리가 지급해야 하는 옷과 양식의 수량을 깎
아버리면, 감독해야 할 자를 훔친 죄로 처벌한다." ○법령이 이
와 같으니 구휼하지 않으려 해도 안 할 수 있겠는가.

혼인을 권장하는 정사는 우리나라 역대 임금이 남긴 법이니,
수령 된 사람은 마땅히 성심으로 준수해야 한다.

『경국대전』에서 규정하였다. "사대부 집안의 딸로 나이가
30세에 가까워도 가난하여 시집을 못 가는 사람이 있으면, 예
조에서 왕에게 아뢰고 자재(資財)를 지급하며, 그 가장(家長)
은 중죄로 다스린다."
정조 15년(1791) 2월에 사족과 양민 중에 가난하여 혼기를
놓치는 남녀가 있음을 불쌍히 여겨 서울의 5부에 권고하여 결
혼을 권장케 하고, 정혼을 하고도 어려운 이들은 성례를 재촉
하되 관에서 혼수 비용으로 돈 500푼과 베 2필을 도와주고 매
월 보고하라 하였다. 그때에 서부(西部)의 신덕빈(申德彬)의 딸
이 나이 21세였고, 김희집(金禧集)은 나이 28세여서 두 사람 다
혼기를 놓치고 있었다. 6월 초이튿날 임금께서 "5부 안에 많은
홀아비와 노처녀가 있는 것을 생각하여 혼인을 권장, 성혼한
자가 무려 백수십 명이 되는데 서부의 두 사람은 아직 예를 치

르지 못하고 있다. 이 어찌 천지의 화기를 인도하고 만물의 본성에 순응하는 도리이겠는가? 모든 일은 처음을 바로잡는 결혼이 귀중하고, 정사는 끝을 잘 맺는 것에 힘을 써야 한다. 덕빈과 희집에게 권하여, 좋은 일이 잘 맺어지도록 하라"라고 하교하였다. 이윽고 혼약이 정해지자 임금은 기뻐하며 "한 남자와 한 여자가 제자리를 얻는데, 이 김(金) 신(申) 부부처럼 그 기회가 공교롭게 마주쳐서 아주 기쁘게 되기가 이처럼 기묘한 일은 없을 것이다"라고 말씀하였다. ○백성의 수령이 된 자가 임금의 뜻을 체득하여 실행한다면 그 직분을 다했다고 할 수 있다. 천지간에 얽히고설켜 잘 풀리지 않는 일 가운데 남녀가 혼기를 놓치는 일보다 딱한 일은 없을 것이다.

합독(合獨)을 주선하는 일 또한 실행할 만하다.

『관자(管子)』에 나와 있다. "무릇 도읍에는 중매를 맡은 이가 있어서 홀아비와 과부를 골라 화합하도록 하니, 이를 '합독'이라 한다." ○합독 또한 선정(善政)이다. 늘 보면 향촌의 과부 가운데 신분이 천하지 않은 자가 비록 개가(改嫁)할 뜻이 있어도 부끄럽고 꺼리는 점이 많아 주저하게 된다. 필시 늙고 교활한 방물장수가 은밀히 계략을 꾸며 이웃 마을의 악당들을 모아 밤을 틈타 몰래 업고 가서 분란을 일으키고 다투어서 풍속을 해친다. 혹은 행로지정(行露之情, 남녀가 야합을 하는 것)을 맺고 나서 강제로 욕을 당한 양 속이기도 한다. 이미 순결을 더

럽힌 데다가 일을 그르쳐서 개가도 못하게 된다. 수령이 예로써 권하여 한 남자와 한 여자에게 합당한 제자리를 얻게 함이 좋을 것이다. 이런 일은 비록 법령으로 내릴 필요는 없겠지만 마땅히 백성들에게 은근히 타일러서 옛사람들의 뜻을 알게 할 것이다.

4. 상을 당한 자를 도움 哀喪

상(喪)을 당한 사람에게 요역을 감해주는 것이 옛날의 도리이다. 수령이 전결할 수 있는 일은 모두 감해주는 것이 옳다.

지금 응당 법을 정하여 무릇 부모의 상을 당한 자에게 100일 이내에는 일체의 잡역을 관대히 면제해주는 것이 아마도 옛 뜻을 따르는 것이 될 것이다. 그러나 거짓과 속임수가 워낙 많아 허(虛)와 실(實)을 가리기 어려우니 반드시 조심해야 한다.

지극히 곤궁하여 죽어서도 염(殮)을 하지 못하고 구렁텅이에 버려질 형편인 백성들에 대해서는 마땅히 관에서 돈을 주어 장사 지내도록 해야 한다.

『시경』에 "길 가다가 죽은 사람을 보면 묻어준다"라고 하였

으니, 길 가는 이도 그러한데 하물며 백성의 부모가 된 수령이
야 더 말할 필요가 있겠는가. ○평소에 백성들에게 "만약 이런
사실이 있거든 즉시 보고할 것이며, 그 이웃이나 친척 가운데
서로 도울 수 있는 자가 있으면 관에 보고할 것 없이 상의하여
거두어 묻어주어라. 서로 돕지도 않고 보고하지도 않으면 처벌
할 것이다"라고 명령을 내려야 한다. ○보고가 들어오면 관에
서 수백 전을 내어 죽은 이를 염하게 하고, 또 이웃이나 친척들
로 하여금 각자 힘을 보태서 관에 넣어 묻도록 할 것이다.

기근과 전염병으로 사망자가 속출할 때에는 거두어 매장하
는 일을 굶주린 백성을 돕는 일과 함께 시행해야 한다.

『속대전』에서는 이렇게 규정하였다. "서울과 지방에서 전
염병으로 온 가족이 몰사하여 매장을 못하는 자가 있으면 이
들을 구제하는 휼전(恤典)을 시행한다."○가경(嘉慶) 무오년
(1798) 겨울에 독감이 갑자기 기승을 부렸다. 당시 나는 황해
도 곡산(谷山)에 있었는데 먼저 거두어 매장하는 일을 행했다.
아전이 "조정의 명이 없으니 실행해도 공적이 없을 것입니다"
라고 말했으나, 나는 "장차 명이 내려올 것이다"라고 했다. 이
듬해 5월 5일에 사망자의 장부를 만들고 친척이 없는 자는 관
에서 돈을 내어 매장하게 하였다. 이렇게 한 달이 지나 비로소
조정에서 명령이 내려왔는데, 감사의 독촉이 성화같았다. 다른
고을에서는 모두 갑자기 일을 처리하다 보니 여러 차례 문책

을 받았지만, 나는 이미 정리해놓은 것을 바쳐서 차분히 아무 일도 없었다. 이에 아전들 또한 크게 기뻐하였다.

혹시 비참한 일이 눈에 띄어 측은한 마음을 견딜 수 없거든 주저하지 말고 즉시 구휼을 베푸는 게 마땅하다.

송나라 범문정공(范文正公)이 빈주(邠州)태수로 있을 때 한가한 날 요속들을 거느리고 누각에 올라 술자리를 베풀었다. 아직 술잔을 들지 않았는데 상복을 입은 몇 사람이 상구를 마련하는 것을 보았다. 그가 급히 불러 사연을 물어보니, 그곳에 우거하고 있던 어떤 선비가 죽어 근교에 임시로 매장하려 하는데 봉(賵)·염(殮)·관(棺)·곽(槨) 등 초상 치를 준비를 전혀 갖추지 못한 상태였다. 그가 곧바로 술자리를 거두고 부의를 후하게 주어 장례를 무사히 치르게 하니, 모두 감복하여 눈물을 흘리는 사람도 있었다.

정선은 다음과 같이 말하였다. "선행을 저해하는 부류가 있으니 상사(喪事)를 도와주는 것을 보면 산 사람이 먹고사는 것이 중요하다 하고, 남을 구제하는 것을 보면 궁한 친척을 구휼해주는 것이 중요하다 한다. 과연 그렇다면 친척을 친척으로 대하고 사람을 사랑하는 일은 반드시 한 가지 일이 끝나야 다른 한 가지 일을 할 수 있다는 말인가? 액운을 당하는 것을 보면 즉시 도와주고 일은 쉬운 대로 거행하되, 마음은 우연히 감촉되는 대로 따르고 가능한 대로 쫓는 것이 옳다. 이러니저러

니 남을 힐난하는 자는 반드시 성심으로 남의 위급을 돌보아
줄 마음이 아님을 알 수 있다."

향승(鄕丞) 및 아전, 군교가 상을 당했거나 본인이 죽었을 때
는 마땅히 부의와 조문을 하여 은애(恩愛)의 뜻을 보이도록
할 것이다.

옛날에 조정의 신하가 상을 당하면 임금이 반드시 몸소 조
문하여 그의 염하는 것을 지켜보았다. 그리고 염할 때 수의(壽
衣)를 내려주며, 장사를 지낼 때는 예물을 내려주었다.

무릇 아전이나 군교 자신이 죽거나 그 부모의 상을 당했을
때는 마땅히 종이와 초(燭)를 부의하고, 미음과 죽을 권하여
마시게 할 것이다. 좌수와 별감 등 향관(鄕官)이 죽거나 상을
당해도 이같이 해야 한다. 장례를 치를 때에는 예리(禮吏)를
보내 술 한 잔과 안주 두 접시로 치전(致奠)하는 일 또한 그만
두어서는 안 될 것이다. ○향교의 임원으로 내가 부임한 이래
일을 맡아본 자에 대해서도 마땅히 이같이 하며, 외촌의 풍헌
(風憲)이라도 여러 달 동안 일하여 안면이 있는 자는 같은 예
로 행해야 한다. ○또한 경내의 벼슬길에 올랐던 자, 효행과 재
주가 있어 이미 천거를 받았던 자, 태학생(太學生) 혹은 문예가
뛰어난 자로 본인이 죽었거나 상을 당한 자가 있으면 똑같이
해야 할 것이다. ○시노나 문졸에 이르기까지 모든 관속들에게
도 마땅히 미음과 죽을 권하는 위문이 있어야 한다.

5. 병자를 돌봄寬疾

불구자와 중환자에 대해서는 몸으로 치르는 모든 노역을 면
제해주어야 하는데, 이것을 관질(寬疾)이라 한다.

『주례』의 보식(保息)의 정사에서 다섯 번째가 관질이다. 후
한의 정현(鄭玄)은 "지금 곱사등이는 일할 수 없어서 군졸로
계산하지 않는 것과 같다"라고 하였는데, 관(寬)이란 몸으로
치르는 모든 노역을 너그럽게 면제해준다는 의미이다. 귀머거
리나 고자는 자신의 노력으로 생계를 이어갈 수 있으며, 장님
은 점을 치고, 절름발이는 그물을 엮어서 살아갈 수 있지만, 중
환자와 불구자는 돌봐주어야 한다.

요즈음 수령들은 혹독하고 인자하지 못하다. 어떤 시골 아
낙이 젖먹이를 안고 관가에 와서 "이 애가 부엌에서 불에 데어
지금 손발을 못 쓰게 되었으니 새로 배정된 선무군관에서 관
대히 면해주시길 비옵니다"라고 호소하면, 수령은 "밭 가운데
허수아비보다야 낫지 않느냐" 하며 들어주지 않는다. 슬프다,
이러고도 백성을 다스리는 사람이라 할 수 있겠는가? 무릇 장
님·벙어리·절름발이·고자 같은 사람들도 군적에 올려서는 안
되고 잡역(雜役)을 시켜서도 안 된다.

곱사등이나 불치병자들이 혼자 힘으로 살아갈 수 없는 경우

에는 의탁할 곳을 마련해주고 도와줘야 한다.

장님·절름발이·곰배팔이·나환자 등은 사람들이 천하게 여기고 싫어한다. 관에서는 육친(六親)이 없고 안주할 곳이 없어서 떠도는 이들을 보호하고, 그 친척들을 타일러 이들이 편히 머물 곳을 마련해주도록 해야 한다. ○친척이 하나도 없어서 어디 의지할 곳이 전혀 없는 자들은 고향 마을에 덕망 있는 이를 골라 보호하도록 하되 잡역을 덜어 그 비용을 대신하게 해준다.

유행병이 돌면 사망자가 속출하게 된다. 구호와 치료를 돕고 매장해주는 사람에게는 마땅히 포상하도록 조정에 청해야 한다.

가경 무오년 겨울에 독감이 갑자기 기승을 부려 죽은 자가 셀 수 없이 많았다. 조정에서 부민들이 구호와 치료 및 매장하는 일을 행하면, 그들에게 3품과 2품의 품계를 내려주겠다고 하였다. 내가 곡산부에서 임금이 내리신 말씀을 널리 알리자 이에 응한 자가 5명이었다. 일을 마친 다음 자세히 보고하니, 상사는 "다른 고을에서는 받들어 행한 자가 없는데 유독 한 고을의 일만 임금께 아뢸 수 없다" 하며, 조정에 보고하지 않았다. 나는 즉시 승정원에 비보(飛報)를 띄워, "다음부터는 임금의 성스러운 뜻을 백성들이 믿지 않을 것이다. 이는 작은 일이

아니니 곧바로 경연(經筵) 자리에서 임금께 아뢰는 것이 마땅
하다. 만일 그렇지 않으면 내가 상경하여 상소하겠다"라고 아
뢰었다. 승정원에서 임금께 올리자 임금이 크게 놀라 감사에게
2등 감봉 조치를 하고, 5명의 백성에게는 모두 품계를 내려주
었다.

6. 재난을 구함救災

무릇 재해와 액운으로 불에 타고 물에 빠지는 사태에서 구해
내는 일은 내 것이 불타고 내 것이 빠진 듯이 하여 조금도 늦
추어서는 안 된다.

송나라 소식이 밀주(密州)에서 서주(徐州)로 자리를 옮겼는
데, 이때에 황하가 터져 물이 성 밑으로 밀려들었다. 부민들이
물을 피해 다투어 빠져나가는데, 소식은 "내가 여기에 있는 한
성이 무너지게 하지 않겠노라" 하고, 그들을 다시 성안으로 들
어오게 하였다. 그는 몸소 지팡이를 짚고 무위영(武衛營)으로
가서 병졸의 대장을 불러 "비록 금병(禁兵)이라도 나를 도와
힘을 다하도록 하라"라고 타일렀다. 대장은 "태수께서 홍수가
밀려드는 것을 피하지 않으시는데, 저희들이 어찌 감히 목숨을
바치지 않겠습니까" 하고, 곧 병졸을 통솔하여 모두 짧은 옷에
맨발로 삼태기와 삽 등속을 들고 나가서 동남으로 긴 제방을

쌓았다. 희마대(戱馬臺)에서 시작하여 끝이 성에 닿게 하니 이에 백성들이 안심하였다.

재난이 생길 것을 생각해서 예방하는 것이 재난을 당한 후에 은혜를 베푸는 것보다 낫다.

불을 끄다가 머리를 그슬리고 얼굴을 데는 것은 미리 굴뚝을 돌리고 땔감을 옮겨놓는 것만 못한 법이다. 민가가 낮은 지대에 있어 수재 위험이 있으면 응당 평상시에 옮기도록 권유해야 한다. 이미 큰 촌락을 이루어 이동하기 어려우면 여름에 미리 배를 준비해놓아야 한다. 또한 큰 마을에는 못을 파서 물을 저장하거나 혹은 독에 물을 담아두도록 한다. 무릇 불을 끄는 방법은 짚자리나 멍석을 물에 적셔 덮는 것이다. 지붕을 치켜보고 물을 끼얹는 것은 헛수고요 아무 보람도 없다. 평양이나 전주 같은 대도시는 마땅히 수총(水銃) 10여 개를 비치해두어야 한다.

이명준(李命俊)이 서원(西原, 청주)현감으로 있을 때 일이다. 읍내에 큰 냇물이 흘러 항시 물난리가 날 우려가 있었다. 어느 날 저녁에 물새들이 관아의 뜰로 날아드는 것을 보고 그는 "이것은 물이 들 징조이다"라고 하며, 아전과 백성들을 경계하여 수재에 대비했다. 과연 얼마 지나지 않아 물이 크게 들어 초가집들을 휩쓸어갔으나 백성들은 미리 대비했던 까닭에 전부 살아날 수 있었다.

제방을 만들고 보를 쌓아 수재를 막고 수리(水利)를 일으키는 일은 두 가지 이로움이 있다.

나의 집이 한강가에 있어서 매년 여름과 가을로 큰물이 들 때마다 집들이 떠내려오는 것을 보는데, 마치 물 위에 떠 있는 얼음 같았다. 닭이 지붕 위에서 울기도 하고, 의복이 문틀에 걸려 있기도 한다. 올해도 그렇고 내년에도 그럴 것이다. 이 모두 수령들이 백성들을 안착시키지 못한 과오이다. 무릇 고을이 큰 강물 가까이 있는 경우에 수령은 의당 물가 마을들을 둘러보아 물에 잠길 우려가 있으면 높은 곳으로 옮기도록 엄히 지시하고, 큰 산자락에 있는 마을들은 뒤편에 따로 방벽을 쌓아 폭우와 급류에 대비해야 할 것이다. 이런 일들은 결코 소홀히 할 수 없다.

재난을 겪은 다음에는 백성들을 위무하여 다시 편안히 모여 살게 해야 하니, 이 또한 수령의 어진 정사이다.

옛날에 교리(校理) 김희채(金熙采)가 황해도 장련(長連)현감으로 있을 때였다. 큰물이 나서 구월산(九月山)이 무너져 매몰된 곳이 30리나 되어, 사람이 죽고 농사를 망친 곳이 이루 헤아릴 수 없는 지경이었다. 그는 시찰을 나가서 백성들을 만나면 눈물을 흘리고 말에서 내려 백성들의 손을 붙잡고 같이 통

곡했다. 백성들은 감동한 나머지 일변 기뻐하여 "죽어도 여한
이 없다"라고 하였다. 울음소리가 그치자 그는 백성들의 소망
이 무엇인가를 물어본 다음, 곧바로 산에서 내려와 순영(巡營)
으로 달려갔다. 감사를 붙들고 백성이 원하는 바를 모두 장계
로 올리기를 주장하여 하루 종일 고집을 꺾지 않았다. 감사는
괴롭게 여기며 "사람은 인자하나 일에 어둡다"라고 생각하여,
유능한 자와 바꾸어줄 것을 중앙에 요청했다. 이에 이조(吏曹)
에서는 안협(安峽)현감과 서로 바꾸도록 허락하였다. 김희채가
벼슬을 버리고 돌아가려 할 때, 백성들이 열 겹이나 둘러싸 길
을 막고 말고삐를 잡고서 떠나지 못하게 했다. 그는 시골집에
10여 일을 붙잡혀 있다가 백성들이 조금 해이해진 틈을 타서
밤에 도망치듯 돌아갔다. 백성들은 고을 경계에 모여 어린아이
가 어미를 잃은 듯 울었다. 이로 미루어 보면 백성을 다스리는
일은 어진 마음에 있지 행정 능력에 있는 것이 아니다.

　판서 이서구(李書九)가 평양의 부윤(府尹)으로 있을 때, 평양
에 불이 나 관청과 민가가 거의 다 타버렸다. 그는 일 처리에
방도가 있고, 집을 짓는 데 법도가 있어 관청 건물 수십 채와
민가 1만여 호가 일시에 산뜻하게 세워졌다. 백성들은 패망한
사람이 없어, 오늘에 이르도록 그 은혜를 칭송하고 있다.

제 5 부 /

이전 吏典

6 조

이조와 병조의 책임자들이 인사평가를 하는 모습
작자미상 「무신친정계첩(戊申親政契帖)」, 18세기,
저본채색, 51×33cm, 국립중앙박물관 소장.

1. 아전 단속 束吏

아전을 단속하는 일의 근본은 스스로를 규율(規律)함에 있다. 자신의 몸가짐이 바르면 명령을 하지 않아도 행해질 것이요, 자신의 몸가짐이 바르지 못하면 명령을 하더라도 행해지지 않을 것이다.

백성은 토지로 논밭을 삼는데 아전들은 백성을 논밭으로 삼고 있다. 백성의 껍질을 벗기고 골수를 긁어내는 것을 농사짓는 일로 여기며, 머릿수를 모으고 마구 거두어들이는 것을 수확으로 삼는다. 이것이 습성이 되어 당연하게 여기니, 아전을 단속하지 않고서 백성을 다스릴 수 있는 자는 없다. 그러나 자기에게 허물이 없어야 비로소 다른 사람을 책망할 수 있음은 천하의 이치이다. 수령의 소행이 다른 사람을 진실로 감복시키지 못하면서 오직 아전만 단속한다면, 명령해도 필시 행해지지 않고 금지해도 필시 그치지 않아, 위엄이 떨쳐지지 않을 것이요 기강도 서지 않을 것이다. 자신은 마구 탐욕을 부리면서 늘 "아전들 버릇이 아주 고약하다"라고 하는데 이는 통할 수 없는 말이다. ○시속의 수령들은 흔히 엄한 형벌과 무서운 매질로써 아전을 단속하는 수단으로 삼는다. 그러나 스스로 청렴하지도 지혜롭지도 못하면서 사납게만 굴면 그 폐단이 극심한 데 이를 것이다.

참판 유의(柳誼)가 홍주목사로 있을 때 홍주 아전들의 간사하고 교활함이 충청우도(忠淸右道)에서 제일이었다. 유의는 청렴하고 검소하게 자신을 지키면서 지성으로 백성들을 사랑하였다. 아전들이 모두 마음으로 감복하여 매 하나 쓰지 않았으나 터럭만큼도 범하는 자가 없었다. 나는 이를 보고 스스로를 규율함이 아전을 단속하는 근본임을 알게 되었다.

예(禮)로 바로잡고 은혜로 대한 뒤에라야 법으로 단속할 수 있다. 만약 능멸하여 짓밟고 함부로 대하며 이랬다저랬다 속임수로 몰아가면 단속을 받으려 하지 않을 것이다.

초하루와 보름의 점고(點考) 외에 불시로 점고하는 것은 예가 아니다. 세속에 이르기를, 아전들이 향촌에 나가 백성들을 침학하기 때문에 불시에 점고하여 그들이 향촌에 마음대로 드나들지 못하게 해야 한다고 말한다. 그러나 아전들이 행패를 자행할 때 자신이 직접 나가지 않고 그의 자제들을 보내서도 얼마든지 백성들을 침학할 수 있거늘 어떻게 막을 수 있겠는가? 밤중에 불을 밝히고 장가를 부르라 이가를 부르라 하면 정령(政令)이 갈팡질팡하여 도리어 위엄에 손상이 생기기 마련이다. 무릇 직책을 맡고 있는 자는 으레 먼 곳에는 나가지 않는 법이요, 오직 직임이 없이 한가한 자가 이러한 악폐를 자행하는 법이다. 관아에 혹 대단치 않은 잡무가 있어 불렀는데 즉시 들어오지 않으면 그가 향촌으로 나갔음을 알 수 있으니 곧 벌을 줘야 한다. 야단스럽게 행적을 드러내지 말고 스스로 단속하도록 하고, 불시에 점고해서는 안 된다. 관노 등속은 때때로 점고하는 것도 괜찮지만, 그러나 이때에도 아무 이름이나 뽑아서 불러보는 것으로 족히 경계가 되니 꼭 명부에 따라 모조리 불러낼 것은 없다.

부모의 질병이나 의외의 재액을 당한 아전이 있으면 수령이 위로하고 구원해주되, 상사에는 부의를 보내고 경사에는 축의를 표한다. 그런 뒤에 국고를 훔치고 백성에게서 갈취하는 죄를 막고 징계하면, 법을 어기는 아전이 없어질 것이다. ○아전들은 자벌레처럼 움츠리고 개미처럼 기어 다니지만, 응대에는 물 흐르듯 기민하다. 수령은 아전을 벌레처럼 내려다보고 작은 재주와 얕은꾀로 이리저리 마음대로 조종할 수 있다고 생각한다. 하지만 아전 무리는 마치 여관집 주인처럼 손님을 겪는 데 이력이 나서 진실과 거짓, 허와 실을 환히 꿰뚫고 있다. 관아의 뜰에 엎드려서는 속으로 비웃다가 관문을 나서기만 하면 만가지로 비아냥거리는 줄을 수령은 전혀 알지 못하고 있다. 다만 오로지 지성으로 아전들을 상대하여, 아는 것은 안다 모르는 것은 모른다고 하며, 죄가 있으면 벌을 주고 죄가 없으면 용서해줄 것이다. 한결같이 정상적인 사리를 좇고 술수를 부리지 말아야 한다. 이래야만 저들의 마음을 굴복시킬 수 있다.

윗자리에 있으면서 너그럽지 못함은 성인이 경계한 바이다. 너그러우면서 늘어지지 않고 어질면서 나약하지 않으면 일을 그르치지 않을 것이다.

양귀산(楊龜山)이 일렀다. "공자는 '아랫사람을 부리되 너그럽게 하라'라고 하였지만, 모든 일을 단속하지 않고 오직 너그럽기에만 힘쓰면 아전들이 문서를 꾸미고 법을 농간하여 관부의 질서가 서지 않을 것이다. 모름지기 권한은 언제고 내 손에 있도록 하여, 조종하고 통제하는 모든 일이 딴 사람에게서 나오지 않도록 하면 크게 관대하더라도 무방하다."

주자는 이렇게 말했다. "벼슬살이할 때에는 모름지기 스스로는 항상 한가하고 아전들은 항상 바쁘도록 해야 한다. 만약 스스로 문서 속에 파묻혀 정신을 차릴 수 없으면 아전들이 곧 폐해를 끼칠 것이다."

『사재척언(思齋撫言)』에서 김정국(金正國)은 이렇게 말했다. "이세정(李世靖)이 경학에 정통하고 가르치기를 게을리하지 아니하여 한 시대의 재상들이 그의 문하에서 나왔는데 우리 형제 또한 그의 문인이다. 그런데 그는 행정 능력이 없었다.

이세정이 청양현(靑陽縣)을 다스릴 때의 일이다. 최숙생(崔淑生)이 새로 관찰사로 부임하게 되자, 한 무리의 문인들이 청양현감을 부탁하며 '우리 선생님은 학문이 높고 지조가 맑은 분이니, 삼가 평가를 낮게 하지 말라'라고 했다. 최숙생은 선선히 응낙하고 가서는 맨 처음 고과(考課)로 이세정을 청양현감에서 물러나게 하였다. 최숙생이 서울로 올라오자 여러 재상들이 그를 찾아가 '호서(湖西) 일도에 어찌 교활한 수령이 없어서 우리 선생님의 고과를 낮게 주었단 말이냐'하고 따졌다. 최숙생은 '다른 고을의 수령이 교활하다고 하나 도적은 단 한 명뿐이라 백성들이 견딜 수 있지만, 청양현감은 그 자신은 청렴하되 여섯 도적이 아래에 있으니 백성들이 견딜 수 없었다오'라고 대답했다." 이로 미루어 보건대 아무리 학문이 깊고 넓다하더라도 아전을 단속할 줄 모르면 백성의 수령이 될 수 없는법이다.

진정으로 타이르고 감싸고 가르치고 깨우치면 아전들 역시 사람의 성품을 타고난지라 바로잡히지 않을 자가 없을 것이다. 먼저 위엄부터 세우려 들지 말아야 한다.

고려 정운경(鄭云敬)이 안동(安東)판관으로 있을 때의 일이다. 아전 권원(權援)이 일찍이 정운경과 함께 향학(鄕學)에서 공부한 사이여서 술과 안주를 들고 와 뵙기를 청했다. 정운경은 그를 불러들여 술을 마시고 "지금 너와 함께 술을 마시는 것은 옛정을 잊지 않아서이지만, 내일부터 법을 범하면 아마도 판관이 너를 용서하지 않을 것이다"라고 말했다.

타일러도 뉘우치지 않고 가르쳐도 고치지 않고 권세에 기대 속이려 드는 아주 간악한 자는 형벌로 다스려야 한다.

이영휘(李永輝)가 임천(林川)군수로 부임했을 때에 아전들이 간사하고 교활하여 백성을 많이 침탈하였다. 이영휘는 그중에서도 심한 자를 적발하여 다스리고 법조문을 엄히 하여 서로 살피게 하며 아전들이 촌리(村里)나 절간, 주막으로 나다니지 못하도록 엄격하게 금하였다. 이 덕에 민간이 편안하게 되었다. 아랫사람을 잘 단속하여 아전들이 모두 두려워하게 되자, 그는 새로운 기풍을 진작시키기 위해 염치와 긍지를 지니고 효도와 우애로 이웃 간에 이름이 난 아전 둘을 불렀다. 그들에게 술과 음식을 대접하며 "너희가 평소 품행이 이러한 것을 보면 응당 충효에서 우러난 것이다. 필히 마음을 다하여 맡은 바 일을 충실히 하고 관장을 속이지 말며, 혹시라도 죄를 지어 너희 부모에게 걱정을 끼치는 일이 없도록 할 것이다"라고 당부했다. 그 두 사람은 감격하여 속으로 다짐하였다. 수령이 맡은 일을 반드시 정성스럽게 시행하니 아전들 역시 분발하고 힘쓰게 되었다. 아전들은 백성들이 관행적으로 대접을 해도 받지 않고, 몰래 그 집에다 갖다놓으면 되돌려보냈다. 뇌물을 주는 풍습이 거의 사라진 것이다.

판서 이노익(李魯益)이 전라감사로 있을 때의 일이다. 감영의 아전 최치봉(崔致鳳)이란 자가 있는데 간활하고 악독한 아전 무리의 괴수였다. 전라도에 있는 53개 고을마다 으레 간사하고 교활한 아전이 두셋은 있었다. 이들이 모두 최치봉과 결탁하여 그를 맹주로 삼았다. 최치봉은 해마다 돈 수십만 냥을 각 고을의 교활한 아전들에게 나눠주고 창고의 곡식을 교묘하게 빼돌려 돈으로 바꾸어 고리대(高利貸)의 밑천을 삼았다. 그래서 만민에게 해독을 끼쳤던 것이다. 가령 감사가 아전과 군교들을 각 고을로 보내 수령의 잘잘못을 탐문하게 하면 반드시 먼저 최치봉의 의중을 알아보고 나가고, 돌아와서도 반드시 탐문해온 보고서를 먼저 최치봉에게 보였다. 청렴 근실하여 법을 지키는 수령은 오히려 중상을 하고, 탐학 비루하며 불법을 자행하는 수령, 그리고 간악한 향임(鄕任)이나 교활한 아전으로 보고서에 기록된 자들은 최치봉이 모두 빼내주되 그 기록을 오려내어 당사자에게 보내서 자기의 위세와 공덕을 과시했다. 온 도가 그에게 눈을 흘겨온 지 벌써 오래였다. 이노익이 감사로 부임하여 10여 일 지나 갑자기 최치봉을 잡아들여 "너의 죄는 죽어 마땅하다" 하며 죽도록 곤장을 쳤으나 그래도 죽지 않았다. 이에 서너 고을로 옮겨 가두다가 고창(高敞)에 이르러서는 재촉해서 물고장(物故狀)을 올리도록 했다. 최치봉은 다음 날 오시(午時)까지만 목숨을 붙여달라고 간청했으나 고창현감이 끝내 듣지 않아, 드디어 고창에서 죽었다. 당시에 내가 강진에 있었는데, 간활한 아전 여럿이 자기에게도 화가 미칠까 두려워 숨을 죽이고 마음을 태워 그 때문에 뼈가 앙상하게 드러날 지경이더니 여러 달 뒤에야 적이 안심하는 모양이었다. 악의 수괴를 죽이는 것이 미치는 영향이 대개 이와 같았다.

아주 간악한 자들은 모름지기 포정사(布政司) 밖에다 비석을 세우고 그자들 이름을 새겨 영구히 복직하지 못하게 해야 한다.

요즈음 보면 어사나 관찰사가 때로 악독한 향리를 잡아서 엄하게 형벌을 주고 유배를 보내기도 하지만, 평소에 향리들의 권력이 큰 까닭에 물러나도 잠깐 동안 제 집에서 편히 지내다가, 어느 사이에 제 직임을 도로 맡아 전처럼 악행을 자행해도 달리 따지는 이가 없다. 생각건대 어사나 관찰사가 향리의 죄를 적발하고 나서 곧이어 감영의 포정문(布政門) 밖에 그의 악행을 새긴 비석을 세워놓는 것이다. 이 돌이 없어지기 전에는 다시 그에게 직임을 맡길 수가 없을 것이니, 이러면 그의 악행이 징계될 수 있다.

사대부가 부정하게 재물을 얻는 죄를 지으면 종신토록 임용되지 못하지만, 악독한 향리는 허술히 다루어 금방 벗어난다. 국법을 얕잡아보는 것이 이와 같다니 너무도 소홀하지 않은가.

수령이 좋아하는 일은 아전이 영합하지 않는 것이 없다. 내가 재물을 좋아하면 반드시 유혹할 것이요, 한번 유혹에 넘어가면 그들과 한통속으로 빠지고 만다.

늘 보면 수령이 처음에 와서는 호령을 하고 정사를 베푸는 것이 볼 만한 것이 있으나, 몇 달만 지나면 아전의 꾐에 빠져 혀를 구부려 아무 소리도 내지 못하니 썩은 쥐를 물고서 남을 경계하는 꼴이다.

여씨(呂氏)의 『동몽훈(童蒙訓)』에서 말하였다. "젊은이들이 벼슬자리에 앉게 되면 대부분 교활한 아전의 먹이가 되어 스스로를 살피지 못하게 되는데, 자기가 얻는 바는 지극히 적은데도 한 임기를 지나는 사이에 다시는 아무 일도 할 수 없게 된다. 대저 벼슬자리에서 이득을 탐낸다면 자기가 얻는 바는 얼마 안 되어도 아전이 도적질하는 것이 적지 않다. 이 때문에 관장이 중한 벌을 받게 되니 참으로 애석한 일이다."

관장의 성질이 편벽하면 아전이 이를 엿보아서 그 편벽된 성질을 충동질하고 농간을 부린다. 이에 저들의 술수에 빠지게 된다.

포증(包拯)은 경조윤(京兆尹)으로 있을 때 사정이나 사태를 밝게 살피기로 이름이 났다. 어떤 백성이 법을 어겨 등에 곤장을 맞게 되자, 아전이 뇌물을 받고 "사또께서 필시 내게 맡겨 너를 곤장 치도록 할 터이니, 너는 우선 부르짖으며 변명을 하여라"라고 서로 약속하였다. 이윽고 끌어내어 심문을 하는데 그 죄수가 아전의 말대로 했다. 아전은 "곤장이나 맞을 것이지 웬 말이 많으냐?"라고 꾸짖었다. 포증은 아전이 권세를 부린다고 생각하여 아전을 매질하고 그 죄수를 관대하게 처분했다. 결국 이 일이 아전에게 속은 것임을 알지 못하였다. 소인의 농간은 실로 막기 어려운 것이다. 이러한 짓이 이른바 병법 (兵法)의 반간(反間)이라는 것이다. 빼앗고 싶을 때에는 주기를 청하고 가두고자 할 적에는 풀어놓기를 청하며, 서쪽을 원할 적에는 동쪽을 건드리고 왼쪽을 차지하고 싶으면 오른쪽을 끌어서 편벽된 성질을 충동질하니, 명석한 판단력을 가진 포염라(包閻羅, 포증의 별호. 염라대왕처럼 무섭다는 뜻)라도 그 술수에 빠질 수밖에 없었다. 어찌 한탄스럽지 아니한가? 군자가 마음 가지기를 공평히 하여 모든 일에 먼저 자신의 견해를 세워 바깥 사물에 흔들리지 아니하고 노여움을 다른 데로 옮겨 풀지 않아야 아전이 농간을 피울 수 없게 된다.

알지 못하면서도 아는 척하고 정사를 물 흐르듯 막힘없이 처리하는 것은 수령이 아전의 술수에 떨어지는 원인이 된다.

우리나라의 문신은 젊어서 시부(詩賦)를 익히고 무신은 젊어서 활쏘기를 익힐 뿐, 이 밖에 배우는 것이라고는 노름이나 기생 끼고 술 마시는 일밖에는 없다. 그중에서도 좀 낫다는 자는 구궁팔문(九宮八門)의 이치와 하도낙서(河圖洛書)의 명수

(命數)를 공부하지만, 이 몇 가지로는 인간의 만 가지 일에 전혀 소용됨이 없다. 활쏘기는 실제적인 일이지만 이 또한 행정 실무와는 상관이 없다. 하루아침에 천 리나 집을 떠나 홀로 뭇 아전과 만백성 위에 앉아 평생 꿈에도 못 해본 일을 맡게 되니, 일마다 모르는 것이 당연한 이치이다. 그러나 수령이 밝지 못함을 부끄럽게 여겨 모르는 것을 안다고 하며 일단 호령질하고, 정사를 베풀 때 곡절을 묻지 않고 손 가는 대로 결재하여 처리하기를 물 흐르듯 쉽게 하면서 스스로 널리 통달하여 막힘이 없는 듯 자처하니, 이는 수령이 스스로 아전의 술수에 빠지는 원인이다. 무릇 한 가지 명령과 한 가지 지시서(指示書)를 내릴 때라도 마땅히 수리(首吏)와 해당 아전에게 그 일의 근본을 캐어보고 지엽을 밝혀내어 밑바닥까지 궁구하여 자세히 알아보고 난 뒤에 결재를 한다면, 수십 일이 지나지 않아 사무에 밝아져 모르는 일이 없게 된다. 내가 오랫동안 강진 읍내에 살면서 매번 들으면, 새로 온 수령이 까다롭고 일의 근본을 캐어묻는 경우에는 노회한 아전들이 서로 말하기를 "고달플 징조인 것 같다"라고 하지만, 일 처리를 물 흐르듯 쉽게 하는 경우에는 저희들끼리 웃으면서 "징조를 알 만하다"라고 하니, 아전을 단속하는 요체가 진실로 여기에 있는 것이다.

요즈음 향리들은 재상과 결탁하고 감사와 연통하여 위로는 수령을 업신여기고 아래로는 백성을 수탈하니, 능히 여기에 굴하지 않는 자가 훌륭한 수령이다.

만력(萬曆) 이전에는 아전의 횡포가 그다지 심하지 않았는데 임진왜란 이후부터 사대부의 녹봉이 박하여 집이 가난해졌으며, 나라의 재화가 온통 오군문(五軍門)의 군사를 양성하는데 들어가게 되었다. 이에 탐학하는 풍조가 점차 커지고 아전들 또한 수십 년 동안 날로 타락하여 오늘날에는 정도가 극심한 지경에 이르렀다. 내가 민간에 있으면서 그 폐단의 근원을 규명해보니, 하나는 조정의 귀족들이 뇌물을 받는 데 있고, 둘은 감사가 축재하는 데 있으며, 셋은 수령이 이익을 나누어먹는 데 있다.

도임하는 날 여러 아전들을 불러 "내가 떠나오는 날 아무개 재상이 어느 아전을 부탁했는데, 이는 내가 명령을 내리기 전이므로 처음부터 심히 다스리지 않겠다. 오늘 이 명령을 내린 뒤로 만약 부탁하는 편지가 한 장이라도 관문으로 들어오면, 그 아전에게 일차로 엄중한 벌을 내리고 영구히 내쫓아 다시 쓰지 않을 것이다. 나는 식언하지 않는다. 너희들이 지켜보아라"라고 영을 내린다. 그리고 이 영을 크게 판에 새겨 아전들의 집무소에 걸어두게 한다. 만약에 범하는 자가 있으면 약조한 대로 이행하고 용서하지 말아야 한다.

내가 오랫동안 읍내에 있으면서 보았는데 수령이 승진하거나 파직당하는 일이 오로지 아전의 손에 달려 있었다. 영저리(營邸吏)와 향리가 서로 짜고 수령을 거짓으로 찬양하거나 억울하게 무고하여 저들이 하고자 하는 바를 자행한다. 이는 감사가 수하의 아전을 심복으로 믿고 수령을 염탐하도록 하기 때문이다. 잘못이 감사에게 있으며, 수령으로서는 어찌할 도리가 없는 일이다. 그렇지만 시비를 가리는 마음은 하늘로부터 받은 바이니, 수령의 소행이 맑고 밝아 잘못이 없다면 향리나 저리가 함부로 이런 짓을 하지 못할 것이다. 만약 수령의 소행이 불법을 자행하면서 간교한 아전에게 빌붙어 자신의 불법을 덮고자 하면 그 구멍 하나를 간신히 막더라도 다른 구멍이 터져서 마침내 무익하게 될 것이다. 오직 스스로 닦는다는 '자수(自修)' 두 자가 오히려 해악을 멀리할 수 있는 좋은 계책이다.

도임한 지 몇 달이 지나거든 아전들의 이력표(履歷表)를 작성해서 책상 위에 비치해둘 것이다.

이 이력표를 보면 아무개는 여러 번 긴요한 자리에 있었고, 아무개는 언제나 한산한 자리로 돌았으며, 아무개는 다재다능한 것으로 나타났으니 반드시 간활한 자일 것이요, 아무개는 재능이 없으니 일을 맡겨서 부릴 수 없다는 사실 등이 다 훤히 드러나도록 한다. 고을에 부임한 지 오래됨에 따라 혹 일을 맡겨도 될 만큼 재주가 있는데도 겸손하여 나서기를 좋아하지 않아 일을 맡지 못한 자가 있거든, 신년 초에 아전들의 직임을 새로 배정할 때 요긴한 직책을 주는 것도 좋을 것이다.

	갑자	을축	병인	정묘	무진	기사	경오	신미	임신	계유
이수담	도창색 (都倉色)	이방	이방	호장 (戶長)	이방	이방	도서원 (都書員)	호장	호장	호장
유종영	공방		호방			지소색 (紙所色)	공사색 (公事色)			병방
노경식	형방	균역색 (均役色)	형방	대동색 (大同色)	북창색 (北倉色)	호적색 (戶籍色)	형방	도서원	이방	이방
이응복	입사 (入仕)		예방			군기색 (軍器色)		호방	병방	
최두일		입사	형방	남창색 (南倉色)	관청색 (官廳色)	병방	도서원	세초색 (歲抄色)	호적색	도창색
윤계만			입사		공방			객사색 (客舍色)		
김종인				입사	형방	어영색 (御營色)	서창색 (西倉色)	예방		도서원
정유년					입사	공방	공사색		예방	
박재신						입사	형방	금위색 (禁衛色)		동창색 (東倉色)
안득춘							입사	공방		예방

2. 관속들을 통솔함 馭衆

관속들을 통솔하는 법은 위엄과 믿음뿐이다. 위엄은 청렴함에서 생겨나고 믿음은 성실함에서 나오는 것이니, 성실하면서 청렴해야 뭇사람을 복종시킬 수 있다.

명나라 설선(薛瑄)은 이렇게 말하였다. "마음에 털끝만큼이라도 치우침이 있어서는 안 된다. 치우침이 있게 되면 필시 사람들이 눈치를 채게 된다. 내가 일찍이 한 관노가 민첩해서 부렸더니, 다른 하인들이 그를 달리 여겼다. 나는 마침내 그를 멀리했다. 이는 비록 작은 일이나, 이 일로 해서 나는 수령 자리에 앉은 사람은 공명정대해야지 털끝만큼이라도 치우침이 있어서는 안 됨을 알았다.”

관노가 농간을 부리는 곳은 오직 창고이다. 창고는 아전이 맡고 있으니, 그 폐해가 대단치 않으면 그들을 은혜로 어루만져서 때때로 지나친 일이나 단속할 것이다.

여러 관속 중 관노가 가장 고되다. 시중드는 노비는 종일 뜰에 서서 잠시도 떠날 수가 없으며, 수노(首奴)는 물자 구입을 맡고 있고, 공노(工奴)는 물품 제작을 맡고 있고, 구노(廐奴)는 말을 키우고 일산을 들며, 방자(房子)는 방을 덥히고 뒷간을 치우는데, 수령이 행차할 때에는 여러 관노들이 따라가야 한다. 각기 노고가 이와 같은데 보수를 받는 관노는 포노와 주노, 그리고 창고지기뿐이다. 이들이 받는 보수라는 것도 낙정미(落庭米) 몇 섬에 불과하니 어찌 딱하지 않은가? 그리고 창고지기는 반드시 원정(園丁)을 겸하는데, 원정은 1년 동안 채소를 공급하느라고 빚을 지고 힘이 빠진 뒤에야 이 창고지기 자리를 얻게 된다. 그러므로 관노를 거느리는 길은 오직 어루만지고 돌보아 은혜를 베푸는 데 있고, 농간을 방지해야 할 관노는 오직 창고지기이다. 읍례(邑例)가 여러 가지로 다르니, 혹 관노가 강성해서 농간을 부리는 폐단이 있는 경우에는 마땅히 엄하게 조사해 그들의 방자함을 막아야 옳다. ○ 시중드는 관노로 농간

을 부리는 자는 백성이 관에 송사하러 오면 수령은 아무 말이
없는데 제가 나서서 성내어 꾸짖고, 수령은 부드럽게 말하는데
제가 나서서 고함을 지르고, 수령은 긴 말이 없는데 제가 나서
서 잔소리를 늘어놓고, 수령은 아직 모르는데 제가 나서서 사
실의 기밀을 들추어내고, 수령은 명령하지 않았는데 제가 나서
서 큰소리로 매우 치라고 하여 백성의 비난을 사고 수령의 체
모를 손상시킨다. 이런 자는 마땅히 엄하게 단속할 것이요, 어
기면 곧 벌을 내려야 한다.

　관비는 두 가지 종류가 있다. 하나는 기생이니 주탕(酒湯)이
라고도 하고, 다른 하나는 비자(婢子)이니 수급비(水汲婢)라고
도 하는 것이다. 기생은 가난하더라도 대개 돌봐주는 자가 있
으므로 수령이 굳이 보살필 것은 없다. 오직 더러운 돈으로 나
의 옷을 짓지 못하게 하면 될 것이다. 가장 불쌍한 것은 못생
긴 수급비이다. 이들은 겨울에는 삼베옷을, 여름에는 무명옷
을 입고, 머리는 쑥대같이 하여 밤에는 물 긷고 새벽에는 밥 짓
느라 쉴 새 없이 고생한다. 수령이 이들을 보살펴 때때로 옷도
주고 곡식도 주며 그 지아비의 형편도 물어보아 소원을 이루
어주면 좋지 않겠는가? 무릇 수령으로서 잘 다스리는 자에게
는 반드시 아전의 원망이 있을 터인데, 만일 관속 삼반(官屬三
班, 이속·군교·노비)이 모두 수령을 원망하게 되면 곤란하지 않겠
는가? 강한 자에게는 원망을 받고 약한 자에게는 은혜를 베풀
면 누가 어질지 않다고 말하겠는가? ○매번 들으면 이웃 고을
에서 노래와 춤으로 행락을 하면서 수천 냥 돈을 기생에게 주
고, 기생 역시 그 돈 받는 것을 당연하게 여기는데, 그런 돈의

반을 수급비들에게 베풀면 이들은 뼈에 사무치는 은혜를 평생토록 잊지 않을 것이다. 다른 수령은 더러운 소문이 퍼지는데 나는 반대로 어진 소문이 퍼지게 되면, 이해득실이 어떠하겠는가? 교체되어 돌아오는 날 고을의 남문 밖에서 기생은 좋아라 웃고, 수급비는 눈물을 흘리며 울어야 현명한 수령이라고 할 수 있다.

3. 사람 쓰기 用人

나라를 다스리는 일은 사람 쓰기에 달려 있다. 군현은 비록 규모가 작지만 사람 쓰는 일은 다르지 않다.

노나라 중궁(仲弓)이 정사하는 법을 묻자, 공자는 어진 사람을 등용하는 일에 힘쓰라고 하였다. 무릇 나라를 다스리는 사람은 반드시 어진 사람을 기용하는 것을 가장 급선무로 생각해야 한다. 원리로 말하면 크고 작음이 없으니, 소 잡는 칼로 닭을 잡을 수도 있다. 향승과 군교, 여러 아전에서부터 풍헌과 약정에 이르기까지 하나같이 쓸 만한 사람을 얻는 데 힘써 소홀히 하지 말아야 한다.

향소(鄕所)는 수령의 보좌인이다. 반드시 고을에서 가장 훌

룽한 사람을 골라 이 직책을 맡겨야 한다.

성호 이익 선생은 이렇게 말했다. "요새 수령을 보좌하는 직
책으로 좌수와 별감이 있는데, 이를 향소라고 한다. 처음 이 제
도를 만들 때는 좋은 것이었다. 옛날에는 향소가 있고 또 그 고
을 출신으로 서울에 사는 사람을 골라 고을의 일을 잘 돌보고
주선하도록 하는 경소(京所)도 있었다.
세종대왕이 충녕대군(忠寧大君)으로 있을 때 함흥의 경소를
맡았다. 또『송와잡록(松窩雜錄)』에는 '동래부사가 향소를 처
벌하기 위해 경소에 알리고 직임을 바꿀 것을 청했다. 그때 정
광필(鄭光弼)이 경소의 당상(堂上)으로 있었다'라고 나와 있다.
당시에는 향소가 잘못이 있더라도 수령이 마음대로 바꾸거나
함부로 벌을 줄 수가 없었던 것이다. 지금 옛 제도를 다시 다듬
어서 그 능력을 시험하여 발탁하는 길을 열면 필시 도움 되는
바가 있을 것이다."

좌수란 향청(鄕廳)의 수석이다. 실로 적합한 인물을 얻지 못
하면 모든 일이 잘 다스려지지 못할 것이다.

부임한 지 한 달쯤 지난 다음 좌수를 그대로 둘 만하면 두
고, 그렇지 않으면 향중에서 인망이 있는 사람으로 바꾸도록
할 것이다. ○명을 내리되 "전에 향청의 직을 지내고도 수석에
오르지 못한 사람은 내일 나와서 기다리라"라고 한다. 그네들

이 오면 정당에서 만나 "본관은 일찍이 좌수를 지낸 사람 중에서 새로 좌수를 임명하고자 하니, 그대들은 일체 떠들지 말고 문의하지도 말고 입을 다물고서 후보자의 이름 밑에 표시를 하시오"라고 지시한다. ○그러고는 종이 한 장에다 좌수를 지낸 사람들의 이름을 모두 쓰고, 차례로 표시하게 하여 제일 많이 받은 사람을 좌수로 임명하며, 차점자를 부승(副丞)에 임명하여 좌수가 자리를 비울 때 부승이 대신하게 한다.

완평군(完平君) 이원익(李元翼)이 안주(安州)목사로 있을 때 치적이 제일이었다. 사람들이 정사의 요체를 묻자 그는 "쓸 만한 인재 하나를 얻어 좌수로 삼아 모든 일을 그에게 물어서 시행하고 있소. 나는 오직 결재만 할 따름이라오"라고 대답했다.

좌우별감은 좌수의 다음 자리이다. 마땅히 쓸 만한 사람을 골라 모든 정사를 의논해야 한다.

『임관정요(臨官政要)』에 "좌수는 이방과 병방의 업무를 관장하고, 좌별감은 호방과 예방의 업무를 관장하며, 우별감은 형방과 공방의 업무를 관장한다"라고 하였다.

『상산록』에서는 "어떤 면에서 문제가 생기면 으레 여러 사람이 서명한 소장을 올리는데, 그것을 자세히 살펴보면 쓸 만한 사람을 얻을 수도 있다. 그의 얼굴을 익히고 의견을 들으면서 그 사람됨의 어리석음과 지혜로움, 충성스러움과 간사함을 분별하여 그가 사는 마을과 성명을 기록해둔다. 그리고 향원

(鄕員)과 향교 유생들에게 물어 의견을 종합해보면 그 실상을 파악할 수 있을 것이다. 자리가 생기는 대로 이런 사람으로 채우면 한 달에도 몇 사람을 쓸 수 있고, 반년이 못되어 향청·무청(武廳)·풍헌·전감(田監)이 모두 고을의 신망 있는 사람으로 채워질 것이다"라고 했다.

아첨을 잘하는 사람은 충성스럽지 않고, 간하는 말을 잘하는 사람은 배반하지 않는다. 이 점을 잘 살피면 실수하는 일이 적다.

『다산필담』에서 말하였다. "지위는 비록 낮지만 현령에게도 다스리는 자로서의 도리가 있다. 힘써 아첨을 물리치고 간쟁을 흡족히 받아들이고자 노력해야 한다. 아전과 노비들은 지위가 낮아 감히 간언을 하기 어렵고 아첨하기도 쉽지 않다. 오직 좌수나 우두머리 군교 등은 수령의 안색을 살펴서 제대로 말할 수 있다. 아첨으로 비위를 맞추어 수령을 악으로 유도하고, 비방하는 말이 들끓어도 '칭송이 고을에 자자하다'라고 하며, 수령이 쫓겨날 기미가 있어도 오히려 '오랫동안 재임하실 것이니 염려 없다'라고 하면, 수령은 기뻐하여 이 사람만이 충성스럽다고 여긴다. 그러다가 감영의 책망하는 문서가 이미 와 있는 줄도 모르고 갑자기 조사를 당하게 되면, 어제까지 면전에서 아첨하던 자가 나서서 비행의 증인이 되어 작은 잘못까지도 들추어낸다. 혹시 조용히 덮어주려는 자가 있다면 그는 이

전에 바른 말을 하여 귀찮게 여겨지던 사람이다. 수령 된 사람은 모름지기 크게 반성해야 한다."

후한의 동회(童恢)는 낭야(瑯琊)의 고막현(姑幕縣) 사람으로 젊어서 지방의 관리로 있었다. 사도(司徒) 양사(楊賜)는 동회가 법을 집행하는 것이 청렴하고 공평하다는 말을 듣고 그를 불러 기용하였다. 양사가 탄핵을 받고 면직되자 아전들은 모두 버리고 떠났으나, 동회 홀로 대궐로 나아가 따져서 그것이 받아들여졌다. 이에 아전들은 다시 관청으로 다 돌아왔으나 동회는 지팡이를 짚고 떠나갔다. 사람들이 그를 아름답게 여겼다.

막료들에게도 신하의 도리가 있다. 무릇 신하로서 간하는 말을 할 수 있는 자는 군주를 배반하지 않는다. 남의 윗사람 된 자는 마땅히 이 이치를 알아야 할 것이다.

군관이나 장관(將官)으로 무반의 반열에 서는 자는 모두 굳세고 씩씩하여 적을 막아낼 만한 기색이 있어야 한다.

무릇 사람 보는 법은 본래 위엄 있는 모습에 있다. 무인은 용모와 풍채가 더욱 중요하다. 키가 난쟁이 같고 누추하기가 농사꾼 같으며, 물고기 입에 개 이마를 가져 그 모습이 괴상한 사람은 앞에 나란히 세워서 백성들을 대하기 어렵다. 가령 숨 돌릴 수도 없을 만큼 위급한 일이 생겼을 때, 수령이 평소에 관내의 영웅호걸들과 친숙하게 지내지 않았으면 변란에 어떻게 대응할 수 있겠는가? 비록 태평세월에 작은 고을이라도 인재를 모으는 데 마음을 다해야 한다.

한지(韓祉)가 군현을 맡아 다스릴 때 군교들을 사랑하고 어루만져 함부로 매질하는 일이 없었다. 그는 이르기를 "평화로운 세월이 오래 계속되고 있지만, 내 나이 젊으니 언제 혹 변방을 지키라는 명을 받을지 모른다. 평상시에 성의와 은혜로 군교들과 마음을 맺어두지 않으면, 변란이 생겼을 때 그들의 힘을 얻기 어렵다. 그러므로 나의 성심을 그들 마음속에 심어 위급할 때 저버릴 수 없게 하려는 것이다"라고 했다.

비장(裨將)을 거느리는 수령은 마땅히 인재를 신중하게 고르되, 충성과 신뢰를 첫째 기준으로 삼고 재주와 능력을 다음으로 해야 한다.

의주·동래·강계·제주의 수령 및 방어사(防禦使)를 겸한 수령은 모두 감사나 절도사처럼 막하에 비장이 있다.

번암(樊巖) 채제공(蔡濟恭)이 함경감사가 되었을 때 정도길(丁道吉)을 비장으로 데리고 갔다. 6진(鎭) 지역에는 세포(細布)를 징수하는 전례가 있었는데, 세포 1필이 주발 속에 들어갈 만큼 가는 베를 거두어들였다. 이름하여 발내포(鉢內布)라 하는 것이다. 정도길이 변방 고을에 도착하여 발내포로 가져온 것을 모두 물리치고 "사또께서 다음으로 가는 베를 받아오라 하셨다"라고 말하고, 다음 등급의 베를 거두어왔다. 부중(府中)의 기생이며, 아전과 군교들이 모두 놀라 "생전에 이렇게 거친 베는 보지 못했다"라고 떠들어 관아의 안팎이 소란했다. 채번암은 속으로 좋게 여기면서도, 짐짓 "그대가 나쁜 베를 받아와 부중의 웃음거리가 되었으니 어찌 이렇게 세상물정에 어둡단 말인가?"라고 탓했다. 정도길은 "제가 아무리 세상물정에 어둡기로 어찌 발내포를 모르겠습니까? 생각건대 사또께서 저를 비장으로 보낸 뜻은 마땅히 전에 거두던 최상급 베를 받아들이지 않게 하기 위해서입니다. 저는 그 덕을 백성에게 널리 펴고자 했습니다. 실로 부중에서 모두 저를 헐뜯는다면 청하옵건대 저는 사직하고 가겠습니다"라고 대답했다. 채번암이 그의 손을 잡으며 "내 비록 맹상군(孟嘗君)에게는 미치지 못해도 그대는 풍환(馮驩)보다 못하지 않구나"*라고 하고 더욱 후하게 대했다. 부중이 감히 더 말하지 못하였다.

이의준(李義駿)이 황해감사로 있을 때 윤광우(尹光于)를 불러 비장으로 삼았다. 당시 해주감영 창고에서 돈 4만 냥이 축났다. 창고 관리자가 관행에 따라 돈 400냥을 호방과 비장에게 뇌물로 주고, 창고의 물건들을 장부와 대조 검사하는 날에 발설하지 말도록 부탁했다. 방기(房妓)가 관례에 따라 뇌물표를 보이자, 윤광우는 "8월에 순장(巡將)이 나오는 날에 나는 응당 고발할 터이니, 그때까지 배상하여 보충하는 것이 좋을 것이다. 이 돈도 속히 창고에 넣어 그 100분의 1이라도 충당하는 게

---

* 맹상군(孟嘗君)은 중국 전국시대 제나라의 제상을 지낸 인물. 많은 문객을 거느리고 있었는데 풍환(馮驩)은 그중의 한 사람이었다. 풍환이 맹상군의 영지에 세를 받으러 나갔다가 세를 전부 탕감하고 돌아왔다. 맹상군은 후일 그 덕을 보게 된다.

옳다" 하고 물리쳤다. 그리고 더 말하지 않았는데 기한이 되자
과연 축난 돈이 모두 채워졌다.

4. 인재 추천 舉賢

인재 추천은 수령의 임무이다. 비록 옛날과 지금의 제도가 다
르다 하더라도 인재를 추천하는 일을 잊어서는 안 된다.

우리나라에서도 군현에서 인재를 천거하는 법이 있었으나
이제는 유명무실해졌다. 그러나 수령의 직분으로 당연히 해야
할 일이라는 것을 몰라서는 안 된다. 근세에 약천 남구만이 변
경 지방을 조사하여 잘잘못을 밝히고 돌아올 때는 반드시 그
곳 인재를 추천하였으니, 그 내용이 그가 임금께 올린 장주(章
奏)에 들어 있다. 대신이 인재를 가지고 임금을 섬기는 뜻이 본
래 이와 같다. 뜻있는 선비가 백성의 수령이 되면 이 뜻을 어찌
잊을 것인가?

경서에 밝고 행실이 뛰어난 사람이나 행정 능력을 갖춘 사람
을 추천하는 데는 나라의 통상적인 법전이 있다. 한 고을의
선한 인물이 묻혀 있게 두어서는 안 된다.

우리나라에서는 원래 옛 법을 본떠 식년(式年)이 될 때마다 군현에서 현자를 추천하도록 하고 있지만, 중세 이래로 당파의 대립이 점차 굳어져서 자기 당이 아니면 군현에서 천거한 사람을 쓰지 않고 있다. 그래서 이 법이 마침내 형식화되고 말았다. 그러나 현자를 묻혀 있게 하는 것은 큰 죄이니 비록 기용이 되지 않는다 해도 어찌 천거조차 하지 않을 것인가? 오늘날 군현에서 올리는 추천장에는 으레 "없습니다"라는 말뿐이다. 이 역시 잘못이다. 먼 시골의 한미한 씨족들은 벼슬의 은택을 전혀 받지 못하다가, 한번 천거를 거치면 그 자손들이 두고두고 기리는 바가 될 것이다. 진실로 합당한 인재가 있을진대 어찌 없다고 보고할 일인가? 한 사람에게 모든 것을 갖추기를 기대할 수는 없고, 이치로 보아 한 고을에 훌륭한 선비가 없을 수 없으며 10여 호 마을에도 충직한 사람은 있기 마련이다. 그러니 천거하는 일을 그만두어서는 안 될 것이다.

관내에 경서에 밝고 행실을 돈독히 닦는 선비가 있으면 마땅히 몸소 그를 방문하고 명절에는 존문(存問)하여 예의를 차려야 할 것이다.

무릇 천하를 다스리는 데는 큰 원칙이 네 가지가 있다. 첫째는 친족을 친애하는 것이며, 둘째는 어른을 어른으로 대접하는 것이며, 셋째는 귀한 사람을 귀하게 여기는 것이며, 넷째는 어진 이를 어진 이로 대하는 것이다. 서울과 근기(近畿) 지방의 문명한 곳에서는 일일이 모두 그렇게 할 수 없지만, 먼 시골에서는 귀한 이와 어진 이에게 경의를 표하는 것이 마땅하다. 비록 평소에 친분이 없더라도 마땅히 찾아뵐 것이며, 명절이 되면 꼭 술과 고기를 보내야 한다. 비록 오두막집에 사는 궁한 선비라도 학행(學行)을 닦아 명성이 온 고을에 자자한 인물이라면, 수령은 마땅히 몸소 방문하여 문호를 빛나게 해야 할 것이다. 이것이 백성에게 선을 권하고 장려하는 방도이다.

5. 물정을 살핌 察物

수령은 홀로 고립되어 있어서 앉아 있는 그 자리 밖은 모두 나를 속이려 드는 자들이다. 눈이 사방에 밝고 귀가 사방에 통함은 제왕만이 그래야 하는 것이 아니다.

조리 있고 총명한 사람이 목민관으로 부임해서 이 『목민심서』의 조목에 맞추어 하나하나 세심하게 살피고 힘을 다해 실행하기로 노력을 하면 아마도 한 고을이 잘 다스려졌는지 잘못 다스려졌는지는 물어볼 필요도 없을 것이다. 아전들의 간사하고 교활함이 저절로 행하지 못하게 되고, 토호들의 횡포가 저절로 자행되지 못하게 되면, 드러나지 않은 하찮은 잘못은 그냥 덮어두어 만물이 푸근히 안락하도록 하는 게 좋다. 그래도 여전히 아전과 향임, 군교들이 몰래 수령의 동정을 엿보아

이를 빙자해서 멋대로 농간질하는 것을 염려해야 하며, 관노나 저졸들이 몰래 민간에 나가 토색질을 하고 행패부리는 것을 살펴야 한다. 또한 부모에게 불효하고 형제간에 불목하는 자들이 장터에서 행패를 부리는 행위는 엄금하지 않을 수 없으며, 향촌에서 힘을 믿고 멋대로 행동하는 자나 힘이 세다고 약한 이를 능멸하는 자들도 단속하지 않을 수 없다. 별도로 염탐하고 조사하는 일은 그만둘 수 없다.

항통의 법은 백성들을 불안에 떨게 하니 절대로 행해서는 안 된다.

『정요(政要)』의 「항통설(缿筩說)」에서 이렇게 말했다. "수령 직에 있으면서 내리는 명령이 반드시 다 좋다고 할 수는 없으나, 외부 인사가 간을 하기 어려운 데다 아전들이 내부에서 눈과 귀를 가로막아서 백성들의 원망이 분분하게 일어나도 듣지 못하기 쉽다. 그러니 염찰은 그만둘 수 없는 일이다. 만약에 사적으로 사람을 파견하면 의혹과 비방을 사게 될 것이다. 옛날의 항통법을 쓰면 경미한 부정까지 살필 수 있으니 좋은 방식이다." ○항통이란 사기병이나 대나무통의 아가리를 굳게 봉한 다음 작은 구멍 하나만 내서 종이를 꼬아서 집어넣을 수 있어도 도로 꺼내지는 못하게 한 것이다. 이 항통을 작은 면에는 한두 개, 큰 면에는 서너 개 정도를 보내서 여러 마을로 돌리되, 한 마을에 2~3일 정도 두었다가 다른 마을로 보낸다. ○수령의 정사에 잘못을 지적한 것이 있으면 즉시 고칠 일이요, 민폐를 고발한 것이 있으면 단연코 시정할 일이요, 사사로운 원한으로 무고하는 것 또한 모름지기 살펴야 할 일이다. ○만약 관리가 고발을 당하면 정말 부정이 있는 자는 곧바로 조사하여 처리하고, 실제 증거가 없는 경우는 다시 조사해야 할 일이다. 이렇게 한다면 아전들이 백성을 호랑이처럼 두려워하여 감히 함부로 침노하지 못할 것이다. ○만약 토호가 고발을 당하면 해당 면에 "이 아무개는 무력을 행사했고, 장 아무개는 선하지 못한 행위를 하여 이런 고발이 있다. 지금은 그냥 용서해줄 터이니 마땅히 조심하라"라는 지시를 전한다. ○만약 도적으로 고발을 당하면 해당 면에 "아무개가 이런 지목을 받고 있으니, 만약 마음을 고쳐먹지 않으려거든 마땅히 멀리 자취를 감춰라"라고 명을 전한다. ○부임 초기에는 두세 차례 항통을 내보내고, 재임한 지 오래 되면 네 계절의 마지막 달에 한 차례씩 내보낸다.

각 계절의 첫 달 첫날에 향교에 첩문(帖文)을 보내 백성들의 어려움이 무엇인지 묻고 이롭고 해로운 바를 적시하도록 한다.

향교는 정사를 논하는 곳이다. 성균관에는 정록청(正錄廳)이 있었으니, 예전에는 밀통(密筒)이라는 것을 달아놓고 학생들로 하여금 그때그때 정치의 잘잘못을 논하게 했다. 향교에서 고을의 병폐를 물어보는 일은 유래가 있는 것이다. ○먼저 각 면에서 여러 사람들 중에 행실이 바르고 일을 잘 아는 사람이 있는지를 물어, 면마다 4명씩 뽑아서 향로(鄕老)로 삼는다. ○첩문은 이를테면 이런 내용으로 내린다. "지난달 어느 날에는 양곡을 방출했고, 그다음 달 어느 날에는 창고를 열어 세곡을 거두었고, 또 그다음 달 어느 날에는 새로 군보를 뽑았는데, 그 과정에서 부정이 있어서 만일 백성에게 큰 폐해를 끼친 일이 있으면 하나하나 열거해 진술하라. 소송을 판결한 데에 잘못이 있거나, 죄를 처단한 데에 억울함이 있거나, 관의 명령에 문제점이 있으면 또한 하나하나 지적해 진술하라. 아전과 관노들이 마을에 나가 사사로이 거두는 것이 있거나, 풍헌과 약정이 나쁜 마음을 품고 사사로이 농간을 부리는 일이 있으면 역시 다지적해 진술하라. 불효·불공하고 불목·불화하여 교화를 손상시키거나, 장터에서 소란을 피우고 어른을 능멸한 자도 각각지적해 진술하라. 만일 아전을 겁내고 토호를 두려워하여 은폐하거나, 혹은 사적인 감정으로 원한을 품고 기회를 틈타 모함을 한다면 이 또한 죄를 물을 것이다. 드러내놓고 말할 만한 것은 성명을 밝히고, 말하고 싶지 않은 것은 성명을 적지 말되 모두 얇은 종이로 풀을 발라 봉하며, 겉봉에 도장을 찍어 향교에 제출하면 향교에서 이를 다 거두어 오는 초열흘에 장의(掌議)가 몸소 들어와서 수령에게 바칠 것이다." ○이는 선비들에게 책문(策問)하는 법이다. 이 문건을 받은 날 즉시 공개적으로 말하지 말고, 잠자코 혼자 헤아려 의심스러운 점이 있으면 별도로 몰래 탐문한다.

자제와 빈객 가운데 마음가짐이 단정하고 결백하며 실무에 능한 사람이 있으면 마땅히 이들로 하여금 몰래 민간을 염탐해보도록 할 것이다.

일가친척 및 문생(門生)이나 연고가 있는 아전 가운데 단정하고 결백하며 마음이 곧은 사람이 하나 정도야 없겠는가. 서울에 있을 때 이 사람과 미리 약속하기를 "부임해서 두어 달 지나 내가 편지를 보낼 것이니, 자네는 바로 내려와서 몰래 민간을 다니며 조목조목 살피도록 하라"라고 하고, 혼첩(閽帖, 관문 통과증) 1매를 지급할 것이다. ○그러고는 때가 되면 그 사람에게 다음과 같이 편지를 보낸다. "북창(北倉)에서 양곡을 거두고 있는데, 내가 직접 받지 못하니 말질을 공평히 하고 땅에 떨어진 곡식을 돌려주라는 나의 지시가 과연 그대로 이행되고 있는가? 장삼이사(張三李四) 가운데 혹 억울하다고 호소하는 사람이 있는가? 거둬들인 곡식을 다른 데로 빼돌린 일이 없는가? 창고에 들어온 뒤에 겨를 섞어 한 섬을 두 섬으로 만든 짓은 없는가? 이런 등의 실상을 자세하게 그려내도록 하라." ○또 "어느 면에 이번 달에 서원(書員, 세무담당자)이 벼농사의 작황을 알아보러 나가는데, 장삼이사 가운데 돈을 내어 재결(災結)을 매수한 경우가 있는가? 어떤 논배미들은 재해를 입었는데도 재감(災減) 대상에서 제외된 경우가 있는가? 어느 마을 어느 집에서는 소를 잡고 돼지 잡아 서원에게 향응을 베푼 일이 있는가? 이때의 형상을 자세하게 그려내도록 하라." ○또 "어느 마을 아무개가 불효 불공하다는데 과연 그러한가? 아니면 누가 무고를 했는가? 아무 날에 그 아비에게 대들었고, 아무 날에 형제끼리 다투었으며, 아무개가 죽었는데 염도 하지 않았고, 아무개가 굶주리는데 구하지도 않았는지 등을 반드시 직접 목격한 듯 조사해내야만 신빙성이 있을 수 있다.” ○또 “어느 마을 아무개가 사람을 죽여 몰래 묻었다는데 그 원인과 정황을 자세하게 탐지하라.” ○또 “어느 시장 바닥에서 아무개가 술주정을 하여 칼을 뽑아 든다거나, 쌀이나 베를 빼앗는 따위의 일이 있거든 그의 평소 죄악까지 낱낱이 탐지하라.” ○이런 여러 조목들은 모두 위의 예에 준해서 보고하게 한다. ○무릇 마음가짐이 단정하고 결백하여 이 일을 잘 해내는 사람에게는 마땅히 녹봉의 일부로 그 노고에 대해 후하게 보수를 주어야 한다. 아무리 청렴하기로 이름난 사람이라도 아무 까닭 없이 힘을 들일 이치는 없는 법이다.

우두머리 아전인 이방은 권한이 무거워 수령의 총명을 가려 실정이 위로 보고되지 않으니, 별도로 염문(廉問)하는 일을 그만둘 수 없다.

현임 이방을 좋아하지 않는 아전들이 반드시 있기 마련이니, 부임하고 시간이 좀 지나면 저절로 알게 될 것이다. 이방의 간악함을 자세히 알기 위해서는 이만한 사람이 없다. 그러나 수령의 좌우가 모두 이방의 눈과 귀 역할을 하므로 수령이 은밀하게 대면하기가 쉽지 않다. 마땅히 공무를 핑계로 삼아 이 사람을 서울로 파견하고, 형제와 아들, 조카 가운데 말을 조심하고 사리를 잘 아는 이를 시켜 이 사람을 직접 만나서 "이방이 저지른 부정이 몇 가지나 되는지 상세히 적어보라. 내 장차 원님에게 보고하리라"라고 이르도록 한다. 또 요직에 있는 아전으로서 이방과 한 패거리가 되어 부정을 하는 자들도 아울러 이름을 쭉 적게 한다. 그러면 이 사람은 전날의 앙심을 갚고 그 자리를 빼앗기 위해 알고 있는 내용을 다 털어놓을 것이다. 이로써 실상을 잘 파악할 수 있다. 창고의 농간질이라든가 향리에서 저지르는 악행이라든가 하는 크고 작은 일들을 다 들을 수 있을 것이다. ○비록 그가 한 말이 혹 모함이라 하더라도 처벌하지는 말고 언로를 틔워놓아야 할 것이다. ○매양 보면 지혜롭지 못한 수령들은 이방을 자기 사람으로 여겨 이방과 마음을 같이하여 그의 말에만 치우쳐 듣고 절대로 의심하지 않아, 이방과 적대되는 자들은 마음 놓고 지낼 수 없게 된다. 그래서 수령 스스로 자신의 총명을 막고 홀로 고립되어, 자기 처소 밖의 일은 단 하나도 듣지 못하기에 아전들은 배반하고 백성들은 저주하여 마침내 낭패를 보는 수령이 허다하다.

무릇 미세한 허물이나 잘못은 마땅히 그냥 넘겨야 한다. 지나치게 세세히 밝히는 것은 진정한 밝음이 아니다. 가끔씩 부정을 적발하되 그 기미를 살피는 것이 귀신같아야 백성들이 두려워한다.

수령이 아전들이나 향임들의 한두 가지 숨겨진 부정을 듣고
는 마치 대단한 기회인 양 그 부정을 들춰내어 세상에 까발리
고 떠들며 세세히 밝혀내서 자신의 밝음을 과시하는 것은 천
하에 박덕한 짓이다. 큰 사건은 들춰내되 작은 일은 그냥 지나
쳐버리기도 하고, 혹은 속으로 짐작만 하기도 하며, 혹은 은밀
히 그 사람을 불러 부드러운 말로 타일러 스스로 반성하게 하
는 등 너그럽되 늘어지지 않고 엄격하되 가혹하지 않은 온후
한 덕으로 대해야 한다. 진심으로 감동하여 따르게 하는 것이
아랫사람을 잘 거느리는 방도이다. 깊은 물속에 숨은 고기를
낱낱이 살피고, 경솔하게 가혹한 형벌을 가하는 것이 어찌 훌
륭한 수령이 할 바이겠는가?

옆에 가까이 있는 사람들이 하는 말을 그대로 믿고 들어서는
안 된다. 그냥 부질없이 하는 얘기 같아도 모두 사사로운 의
도가 들어 있다.

호태초는 이렇게 말했다. "현령의 사람됨이 군세어 좀체 믿
고 맡기려 하지 않으면, 아전들은 온갖 그럴듯한 사실을 늘어
놓아 은근히 현령을 치켜세운다. 그래도 현령이 따르지 않으면
반드시 현령이 공무를 마치고 쉬는 동안에 저희들끼리 무리지
어 사사로이 현령에 대한 논평을 주고받아, 그 말이 슬며시 현
령의 귀에 들어가게 한다. 그러면 아전들의 술수를 눈치 채지

못하고서 그 말을 무심코 하는 말로 여겨서, 저들의 계략에 빠져드는 것이다." 옆에서 시중드는 방자나 기생, 관노 등속이 저희들끼리 사사로이 주고받는 말을 아전이 꾸짖으며 못하게 하는 척하지만, 실은 아전들이 흘려보낸 말이 많다. 간악함이 천태만상이니 어찌 우려하지 않으랴!

미행을 하는 방식으로는 물정을 제대로 살피지도 못하고 한갓 체모만 손상시킬 뿐이니 하지 말아야 한다.

수령은 모든 행동을 가볍게 해서는 안 된다, 설령 숨겨진 간악을 은밀히 알아낼 수 있다 하더라도 오히려 하지 말아야 한다. 하물며 밤중에 한번 나갔다 하면 아침에는 이미 온 읍내에 소문이 왁자지껄한데, 사적인 말이나 은밀한 모의를 어디서 들을 수 있겠는가. 기껏해야 여염집 부녀자들이 길쌈도 못하게 등불만 끄게 할 따름이다. 요새 수령들은 미행하기를 좋아하는데, 그 의도인즉 직접 기생집을 살펴서 몰래 방탕한 짓을 하는 젊은 무리들을 붙잡아 자신이 밝은 사또임을 과시하려는 것에 불과하다. 미행하는 수령을 고을 사람들은 도깨비라고 부른다.

6. 고과제도 考功

아전들의 하는 일도 반드시 그 공적을 평가해야 한다. 그렇지
않으면 백성들에게 열심히 하라고 권할 수 없다.

무릇 사람을 부리는 법은 오로지 '권할 권(勸)'과 '징계할
징(懲)' 두 자에 있다. 공이 있는데 상이 없으면 백성들에게 열
심히 하라고 권장할 수 없고, 죄가 있는데 벌이 없으면 백성들
을 징계할 수 없다. 열심히 하도록 권장하지도 않고 징계하지
도 않으면 모든 백성이 해이해지고 모든 일이 느슨하게 된다.
관리와 아전들도 다를 바 없다. 지금은 죄에는 벌이 있지만 공
에는 상이 없다. 이 때문에 아전들의 습속이 더욱 간악해지는
것이다.

국법에 없는 것을 단독으로 시행할 수는 없지만 이들의 공과
를 기록해두었다가 연말에 평가하여 상을 주면 하지 않는 것
보다 좋을 것이다.

책자 하나를 비치해두고 한 장에 한 명씩 이름을 써 모든 인
원, 곧 향임, 군교, 아전 및 노속들까지 각각의 공과를 기록한
다. 과오는 범할 때마다 징치하고, 공적은 연말에 검토·비교해
서 9등급으로 구분한다. 상위 3등급에 든 자는 신년에 필히 요
직을 주며, 중위의 3등급에 든 자는 상을 논함에 차별이 있게

하고, 하위 3등급에 든 자는 1년 동안 직임을 얻지 못하게 하면 어느 정도 권장하는 효과가 있을 것이다.

수령의 임기는 6년으로 정해야 한다. 수령이 그 자리에 오래 있어야만 실적 평가를 의논할 수 있다. 그렇지 못하면 오직 상벌을 규정대로 분명하게 하여 백성들에게 명령을 미덥게 해야 한다.

20년 이래 수령들이 자주 교체되어 오래가봐야 2년이요, 나머지는 1년에 끝나기도 한다. 이것이 고쳐지지 않으면 아전과 향임들에 대한 항구적인 계책이 없고, 실적 평가도 웃음만 살 따름이다. ○ 공자께서 문인의 물음에 답해서 "군사와 식량을 버릴지언정 끝내 믿음은 버려서는 안 된다"라고했다. 명령을 미덥게 하는 것이 백성을 대하는 첫째 일이다. "무슨 죄를 범한 자는 무슨 벌을 받는다"라고 명령을 내려놓고서 시행하지 않고, 또 "무슨 공을 세운 자는 무슨 상을 준다"라고 약속해놓고서 시행하지 않으면, 무릇 명령을 내려 시행하려 해도 백성들이 믿으려 하지 않을 것이다. 평소에는 큰 해가 없다 치더라도 만약 나라에 외환이 있을 때 아랫사람들에게 평소에 믿음이 서 있지 않으면 장차 어찌할 것인가? 명령의 시행을 충실히 하여 백성들의 신뢰를 얻는 것이 수령의 급선무이다. ○ 옛말에 이르기를 "장수는 한번 명령을 내리면 철회하지 않는다"라고 하였다. 수령은 장수로서도 큰 자이니, 명령이 서지 않으면 어떻게 백성을 지도할 것인가? 이것이 대의이다.

감사가 공적을 평가하는 법은 아주 소략하기 때문에 그 실효를 기대할 수 없다. 임금께 아뢰어 그 방식을 고치도록 하는 것이 옳다.

『다산필담』에서 이렇게 서술하였다. "만물이 모두 쭉 고르지 않은 것은 만물의 이치이다. 한 대열의 사람들이 모두 다 선할 수 없는 것이다. 비록 크게 악하지 않더라도 한 대열에서 최하에 설 자가 있을 것이요, 비록 지선(至善)하지 않더라도 한 대열에서 최상에 설 자 또한 있을 것이다. 당나라 마주(馬周)는 다음과 같이 좋은 말을 했다. '요즘 고과에 등급을 매기는데 '중의 상' 밖에 없으니 어찌 인물들 가운데 상등과 하등의 고과에 들 자가 없을 것인가?' 이 말의 뜻은 대개 현재의 사람들 가운데 나은 자를 뽑아 상의 등급에 올리자는 것이다. 또 비록 '하의 하' 등급에 들었더라도 결점을 지적한 조목들이 다 사람이 약하고 소루하고 어두운 잘못이지, 탐학하고 일부러 범한 죄가 아니라면 해임만 시킬 것이요, 뒤에 죄를 받는 일은 없을 것이다. 어찌 내가 고과를 나쁘게 했다고 걱정할 필요가 있으랴!"

「고적의(考績議)」에서 논하였다. ○ "신(臣)이 가만히 살피건대 조정에서 대략 3~4년에 한 번씩 어사를 파견하기로 되어 있으나 혹 7~8년 만에 보내기도 합니다. 그렇기에 수령이나 향리들이 모두 요행심이 생겨 부정을 저지르고도 시간이 지나서 드러나지 않기를 기대하게 됩니다. 신이 생각건대 법을 제정해서 반드시 3년에 한 번 어사를 파견해야 합니다. 자(子)·축(丑)·인(寅) 3년 동안의 일을 묘(卯)년에 내려와 조사하고, 묘·진(辰)·사(巳) 3년 동안의 일을 오(午)년에 와서 조사하는 것을 언제나 지켜야 할 규정으로 삼아, 당겨지고 미뤄지는 일이 없게 하면 탐욕스런 관리와 교활한 아전들이 다 후환이 두려워 감히 방심하지 못할 것입니다. 비록 공적을 평가하는 일이 아니더라도 응당 실효를 거둘 것이니 더구나 조정에서 반포한바 54개조가 어사의 수중에 있고, 수령이 보고한바 27개조가 어사의 수중에 있으며, 감사가 고적한바 9개조가 어사의 수중에 있으니 이것들을 가지고 고을로 가서 각기 허실을 조사하면 떨고 두려워하지 않을 자가 누가 있겠습니까. 신은 이 법이 행해지게 되면 태평의 치세를 바로 목전에서 기대할 수 있을 것이라 생각합니다. 요임금과 순임금이 훌륭한 치세를 이룩한 까닭이 공적의 평가 이 한 가지 일에 달려 있었습니다. 신은 이 주장이 망언이 아니라고 확신합니다."

제6부 /

호
전 戶典
6
조

가을에 벼를 타작하는 농부들

김홍도 「벼 타작」, 18세기,
지본담채, 27×22.7cm, 국립중앙박물관 소장.

1. 전정 田政

양전(量田, 토지측량)의 기본은 아래로 백성을 해치지 않고 위
로 국가에 손해를 끼치지 않도록 오직 공평하게 해야 하는
것이니, 먼저 적임자를 얻은 후에라야 의논할 수가 있다.

성직(成稷)이 봉화현감으로 있을 때 일이다. 갑술년(1614)에
양전할 적에 직접 나가 산간벽지의 논밭까지도 전부 조사하여
장부를 바치자 균전사(均田使)가 물리치고 받지 않았다. 이에
성직은 "척박한 토지인 '하의 하' 등급의 땅을 어떻게 결부를
더 늘릴 수 있겠습니까? 굳이 늘리기로 든다면 결코 공평하다
고 할 수 없습니다. 백성이 무슨 죄가 있습니까?"라고 차분히
말했다. 균전사는 그의 말에 깨닫고 그대로 따랐다. 봉화 백성
들이 지금도 그 혜택을 입고 있다.

이치로 보아 열 집 정도의 마을에도 충직한 사람이 한 명은 있고, 한 고을에 착한 선비가 한 명쯤은 있기 마련이다. 요는 그런 사람을 얻기가 어려운 것이다. 영리한 자는 으레 속임수가 있고, 순박한 자는 으레 사정에 어두우며, 남에게 속임을 당하지 않는 자는 나를 속이기 쉽고, 나를 속이지 않는 자는 남에게 속기 쉽다. 사람을 얻기 어려운 까닭이다. 그래도 역시 사람을 다루고 부리기를 어떻게 하는가에 달려 있을 뿐이다.

경기도는 토지가 척박하기는 해도 본래 세가 가볍게 책정되어 있고, 남쪽의 토지는 비옥하기는 해도 세가 본래 무겁게 책정되어 있다. 무릇 결부의 수치는 모두 옛날 그대로 따를 것이다.

『준수책』에서 대략 일렀다. "하삼도(下三道)는 수전(水田, 논)에 기름진 땅이 많고 척박한 땅이 적으며, 경기도와 황해도는 수전에 기름진 땅과 척박한 땅이 반반이며, 강원도·함경도·평안도는 수전에 척박한 땅이 많다. 예전에 하삼도는 상등과 중등의 토지가 홍수와 가뭄에도 재해가 들지 않아서 곡식이 잘되었다. 이제는 9등연분(九等年分)과 재상(災傷)의 다소로 분간하여 조세를 거둘 것이요, 종전의 관례에 구애되어서는 안 된다." ○"종래의 1등전과 2등전 중에 등급이 맞지 않는 것은 올리기도 하고 내리기도 하여 등급이 맞도록 해야 할 것이다. 하등전 중에서 혹 수원이 마르기 쉽거나 혹 침수될 우려가 있으나 토질이 비옥한 것은 아울러 1등전이나 2등전 혹은 3등전으로 조정할 것이다."○"아무리 지세가 높고 모래가 반쯤 섞인 땅이라도 만약 물을 끌어대어 곡식이 잘 되는 곳은 응당 분간하여 2등전, 3등전이나 4등전으로 조정할 것이다."○"그런 가운데도 척박하여 모래와 돌이 많아 강원도나 함경도, 평안도의 최하등의 논과 다르지 않은 것은 5등전 혹은 6등전으로 매겨져야 할 것이다. 냇물을 막아 관개가 되는 곳에 대해서는 5등전이나 6등전에 넣지 말 것이다."○나는 경기도 양근군(楊根郡, 지금의 양평군)에 척박한 토지를 가지고 있다. 논 70마지기와 밭 20일 갈이인데 모두 합해서 1결밖에 되지 않는다. 내가 남쪽 변두리에 유배 와서 보니 약간 비옥한 논 20마지기의 조세가 1결이다. 이로 미루어보건대 남쪽의 토지는 1등전과 2등전에 속하는 것이 많고, 척박한 것은 3등전과 4등전이었다. 경기도의 토지는 기름진 것이 간혹 5등전에 속하며, 나머지 모두 6등전인 것을 알 수 있다. 연분(年分)의 대개장(大槪狀)에는 남방의 토지도 '하의 중' 등급과 '하의 하' 등급만 있기 때문에 모르는 자들이 연분으로 전분(田分)의 등급을 삼는데, 이는 잘못된 것이다. 연분이란 쓸데없이 세워놓은 헛이름인 것이다. 연분 때문에 국가가 해마다 세수의 쌀 수십만 석을 잃게 된다. 마땅히 속히 뜯어고칠 것은 연분이란 명목이다.

진전(陳田, 묵은 농지)을 개간하는 일은 백성들에게만 의지할 수 없으니, 수령은 마땅히 지성껏 경작을 권하고 도와줘야 한다.

옛날의 어진 수령은 반드시 소를 빌려주고 양식을 도와주어 백성들에게 개간하도록 권하였다. 어리석은 백성들은 법의 뜻을 알지 못하고 조금이라도 밭을 들어 밭을 갈면 무거운 세 부담을 지게 될까 두려워하여 쉽게 개간하지 않는다. 수령은 마땅히 몸소 마을에 가 3년간 세금을 면해준다는 법의 내용을 잘 알려주고, 관에서 결재해주어 믿을 수 있는 증거로 삼게 하며, 옛날의 어진 수령처럼 도와주면 개간하는 자가 날로 증가할 것이다.

『대전통편』에 규정하였다. "진전의 개간은 백성들이 관에 고하여 경작하는 것을 허락하며, 3년 후에 비로소 세를 납부토록 한다. 혹시 땅 주인이 와서 소송하면, 소출의 3분의 1은 땅 주인에게 주고 3분의 2는 개간한 자가 가지며, 갈아먹은 지 10년 후부터는 똑같이 나누도록 한다." 이 역시 백성을 이끌어 개간시키려는 뜻이다. 수령은 마땅히 이 뜻을 민간에 잘 알리고, 남의 진전을 경작하고자 하는 자에게 증명서를 주어 뒷걱정이 없게 해주어야 한다.

2. 세법 稅法

전제(田制)가 이미 그러하니 세법 또한 따라서 문란하다. 연분에서 손실을 보고 황두(黃豆)에서 손실을 보아 국가의 세

수는 얼마 되지 않게 되었다.

당초에 토지를 측량할 때 땅의 비옥함과 척박함을 살펴서 6등급으로 나누었다. 1등전은 1결(結, 1결은 100부), 2등전은 85부, 3등전은 70부로, 이처럼 차례로 체감하여 6등전에 이르게 된다. 그러니 1등전 1결과 6등전 1결은 소출이 서로 같고 따라서 그 세도 같아야 한다. 그런데 뜻밖에 연분9등법(年分九等法)을 덮어씌워, 하하년(下下年)에는 4두, 하중년(下中年)에는 6두, 하상년(下上年)에는 8두로 거슬러 올라가서 상상년(上上年)에는 20두의 세를 거둔다. 피차 모순이 되어 앞뒤가 맞지 않으며, 어지럽고 혼란스러워 일의 갈피를 잡을 수 없다. 아무리 세무에 밝은 인물이 태어나더라도 이런 전제와 세법으로는 일을 처리할 수 없을 것이다.

『주례』와 한대의 법제에서는 모두 연분이 3등급으로 나뉘었으니, 연분9등은 옛날의 법제에도 근거가 없는 것이다. 그러나 이미 이러한 법을 마련하였으면 마땅히 그 연분을 해마다 달리해야 하거늘, 연분법에서는 하하전 몇천 결은 내내 하하년이고 하중전 몇천 결은 내내 하중년이다. 이는 연분이 아니라 그대로 토분(土分)이 된 것이다. 전분6등을 할 때 토질을 따져 등급을 나누었는데, 거기다가 연분9등하면서 또 토질에 따라 등급을 나누었으니 정말로 과중하다. 그렇지만 법이 그렇게 정해졌다면 그대로 따르는 것이 사리에 맞겠는데, 농민들로부터 세를 거둘 때에는 하하년의 토지에서 통상적으로 6두를 징수한다. 나라에서 받는 것은 연분에 따라 차이가 있는데도, 백성이 납부하는 것은 연분에 따르지 않으니 이것은 또 무슨 원칙인가? ○가령 나주 고을의 예를 들어보자. 하하전이 2만 결이고 하중전이 1만 결인데, 통틀어 6두씩을 거두니 그 쌀은 18만 두가 된다. 하지만 아전은 이와 같이 징수하고서, 호조에는 "하하전에서는 4두씩을 거두고 하중전에서는 6두씩을 거두어 모두 14만 두이다"라고 보고한다. 귀중한 쌀 4만 두가 중간에서 빠져나가니 이것이 무슨 법인가? 또 이 3만 결의 땅은 논이 2만 결이고 밭이 1만 결인데, 밭의 전세는 세법상으로 콩을 받는다. 콩은 쌀의 절반으로 계산하는 것이 원칙이어서, 쌀 2만 3000여 두가 중간에서 빠져나가게 되는 것이니, 이것이 무슨 법인가? 한 고을에서 손실을 보는 것이 6만여 두이니, 삼남을 통틀어 계산하면 중간에서 빠져나가는 것이 몇 십만 두가 될 것이다. 조정은 멀어서 이를 듣지 못하고, 감사는 이를 좋아하여 조사하지 않으며, 아울러 수령도 멍하니 앉아서 깨닫지 못하여 관행이 된 지도 이제 수백 년이 되었다. 이것은 한 고을의 수령이 개혁할 수 있는 일이 아니다. 한마디 말이 입에서 튀어나오기만 하면 일어날 원망이 또 얼마나 될지 헤아릴 수 없다. 그러므로 "전정은 어쩔 도리가 없다"라고 말한 것이다.

서원(書員)이 들에 작황을 조사하러 나갈 때에는 직접 불러 부드러운 말로 타이르고 위엄을 세워 겁을 주기도 하되 지성스럽고 간절하게 하여 감동시키면 일에 도움이 없지 않을 것이다.

부드러운 말로 이렇게 타이를 것이다. "한 도의 아전이 온통 부정을 저지르는데 한 고을의 아전만 유독 충직하다 하여 국가에 보탬이 될 수 없고, 한 고을의 아전이 온통 부정을 저지르는데 한 아전만 유독 충직한들 고을의 경비에 보탬이 될 수 없다. 나 자신이 사실대로 따르기를 확실히 하려는 까닭은 다른 것이 아니다. 떳떳한 도리를 지키려는 마음은 모든 사람이 다 같이 타고난 것이다. 나라의 신하 된 자로 뻔히 도적질인 줄 알면서도 네가 직접 범한다면, 천지귀신이 환하게 보고 있는데 끝내 귀신에게 화를 입는 일이 없겠는가? 너는 조세 대상에서 누락된 은결을 가지고 있어 이미 열 식구를 먹여 살리고 있다. 그리고 서원청(書員廳)의 잡비가 한군데서 나오는 것도 아닌데 만약 자연재해를 입어 씨를 뿌리지 못한 논에 세금을 면제해주는 재결에 함부로 농간질한다면, 이는 중죄를 짓는 행위다. 필묵 값 정도라면 용서할 수도 있겠으나 지나친 협잡질은 내 기필코 들추어낼 것이다. 각자 마음과 생각을 고쳐 옛날 버릇을 답습하지 말도록 하라. 아주 심한 재해를 입은 경우, 부유한 사람은 그래도 괜찮지만 가난한 사람들은 불쌍하기 이를 데 없으니 가난한 농민의 쇠잔한 땅은 응당 더욱 마음을 써서, 혹시 재결에서 빠뜨려 백성의 원한을 사는 일이 없도록 하라."

상사에는 마땅히 실제의 숫자대로 재결을 보고해야 하고, 혹시 삭감을 당할 것 같으면 스스로 허물을 지고 다시 보고해야 한다.

　속된 수령은 상사에 보고할 때 마치 장사꾼이 물건을 팔 때 미리 예비(豫備)를 두듯이 반드시 여분을 두어 상사의 삭감을 기다리는데, 이는 상인의 술법이니 절대로 본떠서는 안 된다. 혹시 거짓 숫자를 예비해두었는데, 상급 관청이 사실이라고 믿고 그대로 조세를 줄이면 장차 어떻게 하겠는가? 도로 반납하면 죄가 있으니 오직 '삼킬 탄(呑)'한 자뿐이다. 끝내 허물이 없을 것인가? 상사의 삭감이 보고를 불신함에서 나온 것이라면 당연히 두 번 세 번 다시 보고하여 거취를 결정할 것이고, 조정에서 각 도에 나누어준 재결의 숫자가 원래 적어 부득이 각 고을마다 통틀어 깎는 것이라면, 반드시 인책할 일은 아니고 삭감된 재결에 따라 나누어 배정하면 된다.

　정택경(鄭宅慶)은 강진 출신의 무관으로 경상도 언양현감이 되었다. 그 고을의 재결을 보고하였는데 "스스로 삭감하라"는 퇴짜를 받게 되었다. 정택경이 다시 처음의 보고서를 올렸더니, 감사가 판결하기를 "비록 옥당(玉堂) 출신으로 보임된 자일지라도 감히 이처럼 하지 못할 것이다. 더구나 무과 출신의 현감이 감히 이럴 수 있는가?"라고 하였다. 정택경은 분노하여 이렇게 항의하였다. "문신과 무신은 비록 하늘과 땅의 차이가 있다 해도 이 백성과 저 백성은 다 같이 농사짓는 백성이다. 소중한 것은 백성이거늘 어찌 수령의 귀천을 논하리오." 그 언사가 준엄함에 감사는 사과하고 보고한 재결 액수대로 마감하여 내려보냈다. 연말이 되자 감사는 고과에 "강직하고 흔들리

지 않아 처음과 끝맺음이 한결같다"라고 썼다. 왕이 춘당대(春
塘臺)에 거둥하여 각도의 업무평가서를 살피다가 언양에 이르
러 "정택경이 누구인가?"라고 물었다. 승지가 "강진의 무과 출
신입니다"라고 대답하자, 왕은 "업무평가의 문구로 보건대 필
시 상사와 다투어 굴하지 않은 것이로다. 변두리 지역의 한미
한 무변이 이 같은 업무평가를 받았다면, 반드시 쓸 만한 재목
일 것이다"라고 말하고, 전조(銓曹)에 명하여 등용하게 하였다.
며칠 후 정택경은 안동 토포사(討捕使)에 임명되었다.

정월에 조창(漕倉)을 여는데, 백성이 세미를 바치는 날에는
응당 수령이 직접 받아야 한다.

세미를 받아들이면서 말질을 너무 정밀하게 하지 말고 옛 관
례에 따라야 한다. 그러나 만약 수령이 나가지 않으면 어지럽
고 절제를 잃어서 민심이 해이해지며 바치러 오는 백성들도 태
만해지기 쉽다. 수령이 나가 있는 기간을 10일로 하고, 2월 7일
과 3월 5일에 또 한 번씩 나가서 수납을 독려해야 할 것이다.

조창을 열 때에는 그곳에 방문을 붙여 잡류(雜流)들을 엄금
해야 한다.

창촌에서 금해야 할 부류는 이런 것들이다. ①사당패 ②창

기(娼妓) ③주모 ④화랑(花郞, 광대) ⑤악공(樂工) ⑥초라니패 ⑦투전꾼 ⑧푸줏간 등등이다. 무릇 이런 잡류는 노래와 여색과 술과 고기로 유혹하는 것들이니 창리가 빠져들고 뱃사람이 빠져든다. 소비가 넘치고 탐욕이 심해지니 함부로 마구 거두어들여 결손이 난 것을 메꾸려 들기 마련이다. 이런 것들은 필히 엄금해야 한다. ○아산(牙山), 충주의 가흥(可興), 함열의 성당포(聖堂浦), 법성포(法聖浦), 군산포(群山浦), 영산포(滎山浦), 마산창(馬山倉), 진주의 가산창(駕山倉), 밀양의 삼랑창(三浪倉) 등과 같이 조창이 있는 도회지에서는 금하기를 더욱 추상같이 해야 한다. 또 바닷가의 여러 포구에는 으레 며칠씩 머물면서 바람을 기다리며 닻줄을 고치는 곳이 있는데, 이러한 곳에서도 잡류를 엄금해야 한다.

백성들이 납부 기일을 어긴다고 아전을 풀어서 독촉하는 처사는 호랑이를 양 우리에 밀어 넣는 것과 마찬가지다. 결코 그렇게 해서는 안 된다.

세미를 거두는 마감에 아전과 군교를 풀어 민가를 수색하여 긁어내는 것을 검독(檢督)이라 한다. 검독은 가난한 백성들에게는 승냥이나 범 같은 것이다. 백성들을 보살피는 관장으로서 어찌 이런 짓을 할 것인가? 부유한 집들의 토지를 조세대상에서 누락시키거나 조세를 감면해주는 짓만 하지 않으면 세액은 모두 저절로 충당될 수 있으며, 설령 빠뜨린 경우가 있어도 수령이 부드럽고 인자한 말로 백성들을 타이르면 기한 안에 세미를 내지 않는 사람은 거의 없을 것이다. 검독이 한 번 나가는 것만으로도 그 수령은 알 만하니 더 말할 것이 있겠는가.

3. 환곡 장부 穀簿

환자(還上)는 사창(社倉) 제도가 바뀐 것인데, 곡식을 사고팔지도 않으면서 백성에게는 뼈를 깎는 병폐가 되었다. 이 때문에 백성이 죽어가고 나라가 망하는 사태가 바로 눈앞에 닥쳤다.

『주례(周禮)·여사(旅師)』에 봄에 곡식을 나눠주고 가을에 거두었다고 나와 있으니, 삼대(三代) 시기에도 환자가 없었던 것은 아니다. 그러나 한나라와 위나라의 제도에는 창고에 비축하는 곡식은 대부분 조적(糶糴)에 속하여 상평(常平)을 위해 쓰거나 균수(均輸)를 위해 썼으며, 환자법은 흔적도 찾을 수 없다. 수나라의 장손평(長孫平)이 홍수나 가뭄에 대비하여 곡식을 저장하는 의창법(義倉法)을 처음 만들었고, 주자(朱子)가 이를 다듬어 시행하고 그 명칭을 사창(社倉)이라 하였다. 요즈음 사람들이 환자를 이 사창으로부터 전해 내려온 제도라고 말하지만, 사창은 곡식을 저장하고 나눠주는 일을 모두 향사(鄕社)에서 직접하고 관리들은 관여하지 않았다. 이는 백성을 위한 참된 마음에서 나온 것이며 지금의 환곡법과는 하늘과 땅 차이가 있다.

이 법을 만든 본뜻의 반은 백성의 생계를 돕기 위해서였고, 반은 나라의 경비에 보태기 위해서였다. 어찌 꼭 백성을 착취하고 못살게 만들려는 것이었겠는가. 지금은 폐단 위에 폐단이 쌓이고 문란에 문란이 가중되어 구름과 안개에 휩싸이고 모래에 쓸리고 물결이 출렁이듯 하니, 천하에 따져서 밝혀낼 도리가 없게 되고 말았다. 나라의 경비에 보탬이 되는 것은 기껏 열 가운데 하나요, 각 아문에서 관장하여 자기들의 몫으로 삼는 것은 열 가운데 둘이요, 군현의 아전들이 농간질하여 장삿속으로 이득을 취하는 것이 열 가운데 일곱이다. 백성은 일찍이 한 톨의 곡식도 구경조차 못했음에도 가져다 바치는 쌀이나 좁쌀이 매년 천만을 헤아린다. 이것이 부렴(賦斂, 조세를 걷는 일)이지 무슨 진대며, 억지로 빼앗는 것이지 무슨 부렴씩이나 되는 것인가. 목민관이 젊어서는 혹 시부(詩賦)를 공부하고 활쏘기를 익힌다 하면서, 항우(項羽)와 패공(沛公)을 다룬 글귀를 지어 부채를 두들기고 뽐내는가 하면, 마작이나 투전 등 노름을 일삼고 도박을 즐긴다. 이보다 낫다는 무리들은 태극원회(太極元會)의 원리다, 하도낙서(河圖洛書)의 수리(數理)다, 혹은 이기(理氣)와 성정(性情)의 논쟁으로 천하의 고묘(高妙)한 이치를 꿰뚫는다 하며 자부한다. 이런 이들은 전제와 세법, 창름(倉廩, 곳간)의 계수에 관해서는 일자반구(一字半句)도 공부한 적이 없는데 하루아침에 수령으로 뽑아서 귀신같이 간특하고 교활한 무리들 위에 앉혀놓고 "네가 저들의 간교한 행사를 잘 살피라"라고 한다. 천하에 이런 처사가 있을 수 있겠는가.

　오늘날 환곡의 폐단을 논하는 사대부들은 "가을에 바치는 양곡은 좋은 것으로 많이 내게 하고, 봄에 나누어주는 양곡은 거친 것으로 부족하게 주니 백성에게 몹시 억울한 노릇이다"라고 말하는 데 지나지 않는다. 그리고 아전이 결손을 내는 방식을 저들이 밤에 창고 문을 열어 양곡을 직접 짊어지고 제 집에 가져가는 정도로 인식할 따름이다. 그래서 수령들은 미행을 한답시고 창고를 엿보는 자들이 많다. 아, 이 얼마나 실상과 거리가 먼가. 팔도 중에는 삼남(三南, 충청도·전라도·경상도)의 아전들이 더욱 교활하며, 역대로 오늘날처럼 극심한 때가 없었다. 그 누가 이들의 흉악함을 알겠는가. 본디 한 톨의 양곡도 나누어준 적이 없는데 해마다 한 호당 10섬씩을 거저 바치게 하는 것이다. 슬프다! 백성들이 잠깐이나마 목숨을 부지하고자 한들 가능하겠는가.

　감사가 장사를 하여 장삿길을 크게 터놓았으니, 수령이 법을 어기는 것은 말할 것도 없다.

　감사가 여러 고을에 매달 물가를 보고하도록 하여 곡식값의 오르내림을 상세히 알아 장사꾼 노릇을 한다. 예컨대 벼 1석이 갑현에서는 시가가 7전(錢)이고 을현에서는 시가가 1냥 4전이면, 을현의 벼 2000석을 취하여 팔아서 돈 2800냥을 만들어 그중 반은 훔쳐 자기가 먹고, 나머지 반은 갑현에서 곡식을 사들

여 다시 벼 2000석을 만든다. 이른바 이무(移貿), 입본(立本),
보속(步粟)이라 하는 것이다. 감사의 녹봉이 본래 박하지 않은
데도 장사꾼 노릇을 하여 백성의 기름을 짜내고 나라의 명맥
을 상하게 만드니 다른 일이야 말할 것이 있겠는가? 한 해에
백만 냥이나 천만 냥의 돈을 축재하면서도 만족할 줄 모르고,
쌀을 파는 고을에서는 값을 올려 돈을 걷고, 쌀을 사는 고을에
서는 값을 낮춰 돈을 푸니 백성의 피해가 어찌 이에 그치겠는
가? 물가를 보고하는 수령은 감사의 태도를 살펴서 마음속으
로 영합하여 곡식을 팔아야 할 고을에서는 높은 값으로 보고
하고, 곡식을 수매해야 할 고을에서는 으레 낮은 값으로 보고
한다. 한 고을에서 이미 감사의 뜻을 받들었으면 사방의 다른
고을이 책망을 듣고 모두 감사의 뜻에 가장 맞는 값으로 묶어
놓으니, 백성의 피해가 어찌 이에 그치겠는가? 내가 일찍이 암
행어사로 나갔을 때 본 일인데, 인근의 대여섯 고을에서 보고
한 물가가 각기 달랐으나 결국 그중에 가장 높은 쪽을 따르는
것이었다. 이로써 그 사정을 알 수 있었다.

수령이 농간질하여 나머지 이익을 훔치니 아전이 농간질하
는 것은 말할 나위도 없다.

수령의 농간질은 또한 그 구멍이 많다. 법을 어긴 것만을 대
강 추려도 그 명목이 여섯 가지나 된다. ①번질(反作) ②가분
(加分) ③허류(虛留) ④입본(立本) ⑤증고(增估) ⑥가집(加執)

이다.

①번질이란 무엇인가? 겨울이 되어 곡식을 거두는 일은 본래 연말을 기한으로 삼는데, 아직 거두지 않은 것을 다 거둔 것으로 거짓 문서를 작성해 감사에게 보고한다. 새봄이 되면 환곡을 나누어주지 않았는데도 나누어준 것으로 거짓 문서를 작성해 감사에게 보고한다. 이것을 번질 또는 와환(臥還)이라 한다. 평안도와 황해도의 관례는 와환미(臥還米) 1석마다 돈 1냥을 토색하는데, 이것을 와환채(臥還債)라 하여 아전들이 먹기도 하고 수령이 먹기도 한다. 황주(黃州)의 경우 목사와 절도사가 함께 이 돈을 먹으면서 당연한 것으로 알고 있다.

②가분이란 무엇인가? 이자조로 받는 모곡(耗穀)에서 이익을 얻기 위해 응당 보관해야 할 곡식까지 나누어주는 것이다. 법에 창고를 다 털어 나눠준 자는 무기한 정배(定配)시키고, 보관해야 할 곡식의 절반을〔折半留庫〕 나누어준 자는 도형(徒刑) 3년에 처하고, 가분하였으나 그 양이 적은 자는 해직시킨다고 하였다. 법 규정이 없지 않은데 어기는 자가 계속 생기는 것은 작은 이익이 있기 때문이다. 백성이 굶주리고 곡식이 적어 구제할 방책이 없을 때에 상급 관청에 보고하고 승인을 얻어 가분하는 것은 관대히 봐줄 수 있다. 그러나 이 역시 어사가 적발하면 수령은 오히려 죄를 면치 못하기 때문에 법을 두려워하는 자로서는 할 바가 못 된다. 요즘에는 감영의 곡식을 온통 다 나눠주고 있다. 위가 흐리니 아래가 더러워지는 것은 막을 도리가 없다.

③허류란 무엇인가? 전관(前官)이 아전의 포흠을 덮어둔 채

인계하여 모두가 허위 기록인데 나 또한 꺼려서 적발하지 않거나, 혹은 사정에 어두워 환곡 장부가 무엇이며, 관청의 물건을 사사로이 쓴 것이 어떤 것인지를 모른다. 철마다 감영에 보고하는 장부에는 분명히 남아 있는 곡식이 몇 석이라고 되어 있으나 창고 안은 텅 비어 아무것도 없다. 비변사(備邊司) 낭청(郎廳)이 부정을 적발하거나 감영의 비장과 아전이 이를 적발하더라도 이미 뇌물거래가 일반화되어있어, 허물을 잡아내지 않고 그대로 덮어두니 마침내 고질이 되었다. 여러 고을의 환곡 장부가 온통 허위 기록이어서 법대로 빗질해 가려내면 열 가운데 일고여덟은 모자랄 것이다. 나라 살림을 생각하면 참으로 통탄할 일이다. 법전에 "장부를 허위로 기록한 자는 도형 3년에 정배, 또는 금고(禁錮) 5년에 처하고, 후임자로서 전관의 부정을 덮어둔 자와 수령이 오랫동안 부임지를 떠나 있어 대신 다스린 이웃 고을의 수령도 도형과 정배에 처하며, 사면의 혜택을 받지 못한다"라고 되어 있다. 법이 있음에도 어기는 자가 계속 생기는 까닭은 일찍이 법대로 시행되지 않았기 때문이다. 근래에는 아전이 관청의 물건을 사사로이 쓴 것을 엄중히 적발하고는 뇌물을 받아먹고 덮어주는 수령이 많으니 장차 어찌할 것인가.

④입본이란 무엇인가? 혹 가을이 되면 돈을 손에 쥐고 그 이익을 먼저 훔치기도 하고, 혹 봄이 되어 돈을 지급한 다음에 그 이익을 거두기도 한다. 보리도 그렇게 하니, 이것이 바로 수령이 법을 어기지 않으면서 하는 요판(料販, 요령껏 운영하여 이익을 남기는 것)이다. 가을이 되어 돈을 거두는 데 있어서, 가령 갑

년(甲年)에 흉년이 들어 환조(還租) 1석에 시가가 2냥이면 벼 대신 돈으로 거두니 백성들 또한 좋아한다. 을년(乙年) 봄에 바야흐로 백성이 굶주리고 곤란하면, 관에서 "올 가을에 풍년이 들면 1석의 벼가 1냥에 지나지 않을 것이니, 너희는 지금 돈으로 받고 가을을 기다려 벼로 바치면 좋지 않겠느냐"라고 명령을 내리면 백성들도 좋아한다. 이러는 동안에 이익이 1냥이 되어, 만약 1000석을 가지고 있으면 이익이 1000냥이 되니, 이것이 이른바 입본이다. 관이 얻은 것은 비록 1냥에 그치지만, 백성이 잃은 것은 2냥이 된다. 왜 그런가? 갑년 가을에 쌀값이 2냥이면 을년 봄에는 값이 올라 으레 3냥에 이른다. 3냥일 때 1냥만 받았으니 2냥을 잃은 것이다. 분명 돈 2냥을 잃었는데도 가을이 되면 받은 돈을 기꺼이 바치고 봄이 되면 또한 기꺼이 받으니, 백성이란 참으로 가련하다. ○봄에 관에서 백성에게 돈을 나눠주는 경우, 봄에는 돈의 가치가 극히 낮고 창고의 곡식은 상태가 아주 나빠 백성이 받기를 싫어하므로, 관에서는 그것을 알고서 주어야 할 액수의 반만 백성들에게 나눠주고, 가을에 돈을 돌려받을 때에는 원래의 가격대로 거두어들이니 남는 것이 그 반이다. 그리하여 본래 상태가 나쁜 곡식이 또 창고 안에서 묵어 끝내는 흙처럼 되는데 그다음 해 봄이 되면 흙처럼 된 곡식을 나누어준다. ○보리 환곡은 마땅히 늦가을에 나눠주어 종자로 쓰게 하고, 또 마땅히 이른 봄에 나눠주어 궁핍을 덜어주어야 하는 것이다. 그런데 아전이 수령에게 말해 창고를 닫고 곡식을 방출하지 않은 채 보리농사를 보고 있다가 망종(芒種) 8~9일 전에 이르러 풍작과 흉작이 이미 가려지게 된 때에 만약 보리가 흉작이면 끝내 창고를 닫아두고 만약 풍작이면 그때 비로소 나누어준다. 백성은 이미 수확한 풋보리를 먹고 있으니 누가 창고의 보리를 받으려 하겠는가? 그러면 이에 관에서는 보리 장사를 하는데, 보리 1석마다 가격을 3전으로 결정하여 돈으로 나누어준다. 추곡이 흉작이라 보리 가격이 오르면 창고를 열어 보리를 내는데, 그 보리가 경기와 호서 지방에 나도니 이익이 몇 배나 된다. 만약 보리농사가 흉작이라 묵은 보리를 이미 봉해두었는데 새 보리가 또 들어오면, 묵은 보리를 적당히 종자로 나누어주고 새 보리는 저장해두었다가 장사를 도모한다. 봄에 정례대로 나눠줄 때에는 돈으로 하되, 1석의 값은 5전에 지나지 않는다. 여름이 되면 보리를 거두어 입본을 하는데, 이것은 모두 요즘 수령이 관례에 따라 응당하는 일로 되어 있다.

⑤증고란 무엇인가? 감사가 어떤 관아에 통상적인 비율에 따라〔詳定例〕돈으로 걷으라는〔作錢〕 공문을 보내왔다. 통상적인 비율이 쌀 1석에 3냥이고, 벼〔租〕는 1석에 1냥 2전인데 현재 그 고을의 시가가 쌀 1석이 5냥이고 벼 1석이 2냥이면, 시가로 백성에게 징수하고는 통상적인 비율대로 상급 관청에 바쳐 그 차익을 자기 주머니에 넣는다. 이를 증고라 한다. 그러나 감사가 통상적인 비율에 따라 돈을 걷는 일 또한 드무니, 매번 시가대로 돈을 걷어 감사가 이익을 차지하면, 수령은 그 이득에 끼지도 못한다. 혹 시가가 헐할 때라야 통상적인 비율에 따라 돈을 걷는다.

⑥가집이란 무엇인가? 앞에 살핀 바대로 어떤 관청의 곡식

에 대해 감사는 2000석만을 돈으로 걷도록 허가했는데, 수령이 2000석을 더하여 통틀어 4000석을 돈으로 대신 징수한다. 이미 통상적인 비율로 바친 데 따른 차액을 훔치고, 또 가집의 본전을 취하여 그 이듬해 봄에 3냥을 환곡으로 집집마다 나눠주고 가을을 기다려 쌀을 거두어 그것으로 입본하니, 1석마다 2냥이 또 남는다. 2000석을 추가로 징수하면 그 이익이 4000냥이다. ○감사가 공문을 띄워 감영의 모곡〔營耗米〕 1000석을 돈으로 걷으라고 하면, 수령이 이에 또 2000석을 더하여 통틀어 3000석을 돈으로 대신 징수하되 한결같이 시가에 따르고, 그다음 해 봄에 그 5분의 3을 백성에게 나눠주었다가 가을을 기다려 입본한다. 이와 같은 방법으로 그 차액을 훔치는 것이다. 이 또한 요즘 수령이 관례에 따라 응당 하는 것으로 되어 있다.

폐단이 이같이 극심하지만 수령이 구제할 수 있는 문제는 아니다. 그러나 수령이 출납의 숫자와 백성에게 나눠준 것과 창고에 남아 있는 것의 실제만이라도 잘 파악하고 있으면, 아전의 횡포가 그렇게 심하지 못할 것이다.

환곡 장부의 규식(規式)은 천 가지 만 갈래로 어지럽고 복잡해, 아전으로 늙은 자라도 분명하게 파악하기가 쉽지 않다. 필히 단속하는 일에 간편한 방법이 있어야만 그 대강이나마 다스릴 수 있다. 환곡의 명목이 비록 많으나 한 고을에서 저축하는 것은 대여섯 종류를 넘지 않으며, 환곡을 운영하는 관청은 많지만 환곡을 처분할 수 있는 권한을 가진 관청(句管)은 네댓을 넘지 않는다. 모법(耗法)이 아무리 어지러워도 구별을 분명히 하면 그 수량을 알 수 있고, 분류(分留)가 아무리 어지러워도 조목을 상세히 나열해놓으면 그 실제를 파악할 수 있다. 전총에 비하면 오히려 명백한 것이니 정신을 가다듬어 연구하고 살피면 저절로 분명해질 것이다. 자포자기하고 태만하여 살펴보지도 않으려고 해서는 안 될 것이다.

계절마다 마감한 환곡에 대한 감영의 결제 장부(回草成帖)는 그 사리를 상세히 알고 있어야 하므로 아전들의 손에 맡겨서는 안 된다.

무릇 상급 관청에서 마감한 것은 본 고을에서 마땅히 지켜야 할 실제 수치이다. 이미 나눠준 것이 몇 석이고 남겨둘 것이 몇 석이며, 장차 거두어들일 것이 몇 석인지 그 실제 수량을 알고 엄격히 원칙대로 지켜나가면, 아전의 농간이 지나치지는 못할 것이다.

영리(營吏)의 농간은 그 구멍이 더욱 크다. 늘 보면 창고를 열어 보리 환곡을 나눠주거나 가을 환곡을 나눠주는 때마다 여러 읍의 아전들이 돈 수백냥을 가지고 감영에 가 아주 싼 값으로 환곡을 사들이고, 시골집에 저장해두었다가 외촌에서 바쳐야 할 때를 기다려 환곡을 팔아먹는데, 때로는 그것이 4~5백석에 이른다. 해마다 그렇게 하는 것이 관례가 되었는데,

이는 곧 감사가 마땅히 살펴야 할 일이지 수령의 죄는 아니다. 은결이 매년 늘어나는 것은 영리가 팔아먹은 것이요, 환곡 장부가 날로 문란해지는 것은 영리가 팔아먹은 것이다. 한 도를 맡은 감사가 '지대체(持大體, 큰 규모만 파악한다)' 석 자를 벼슬살이하는 요결로 삼고 있으니, 아 어찌할 것인가?

환곡을 나눠주는 날에 규정에 따라 나눠줘야 할 액수[應分]와 창고에 남겨둬야 할 액수[應留]를 정밀하게 조사해야 한다. 모름지기 경위표를 작성해서 환히 살필 수 있게 할 것이다.

수령이 참으로 조리가 있고 명석하다면 그 분류의 실제 숫자를 감히 속이지 못할 것이요, 고을에는 수령이 계절마다 감사에게 보고하는 문서인 월보(月報)가 있고 감영에는 답변서[回草]가 있다. 그 분류의 장부가 공안(公案)으로 되어 있으니 속일 수는 없을 것이다. 그러나 내가 환곡을 나눠줄 때는 마땅히 간편한 법을 써야 한다. 모름지기 분류표(分留表)를 작성하여 1년간의 총수를 파악하고 나서야 막힘없이 행할 수 있을 것이다.

무릇 환자는 잘 거두어들인 후에야 비로소 잘 나누어줄 수 있는 것이다. 잘 거두어들이지 못하면 다음 해를 어지럽게 하여 구제할 방도가 없게 된다.

수령은 이날 저녁에 여러 창의 창감과 창리를 불러 다음과 같이 타이른다. "오늘의 일은 너희들이 본 바이니, 너희들은 각자의 창으로 돌아가 이것으로 준칙을 삼아라. 만약 곡품을 지나치게 정한 것을 요구하여 백성들의 원망을 사서 나에게까지 들리게 한다면 너희들에게 죄를 줄 것이요, 만약 곡품이 너무 거칠어서 내년 봄에 곡식을 나누어줄 때 너희들이 농간질을 하지 않았나 하는 의심이 난다면 너희들에게 죄를 줄 것이다. 간색미·낙정미·타섬미를 조금이라도 더 받으면 너희들에게 죄를 줄 것이며, 영자를 발급하지 않고 떨어진 곡식을 모두 창노의 전대에 들어가게 한다면 너희들에게 죄를 줄 것이다."

외창(外倉)이 없는 경우 수령은 마땅히 5일에 한 번씩 나와서 몸소 환곡을 받아야 하고, 외창이 있으면 오직 창고를 여는 날에 친히 거두어들이는 법식을 정해야 한다.

목민하는 길은 '고를 균(均)' 한 자가 있을 뿐이다. 늘 보면 수령은 고을의 창고만 살피고 외창은 불문에 부치는데, 이는 소만 보고 양을 잊은 것이고 닭은 잡고 오리는 놓친 것이니, 그 고르지 못함이 심하다. 만약 혜택을 고루 나눠주지 못하면 차라리 고통도 골고루 받게 할 것이지, 어찌 유독 읍의 창고만 살피는 것인가?
외창이 없는 경우에 수령은 장이 서는 날, 즉 5일에 한 번씩 창감이나 창리의 사무소에 나아가서 직접 받아야 한다. 동짓달 열흘이 넘은 후 창고를 봉해야 하는 날짜가 급하면 3일에 한 번씩 나가서 그 수납을 독촉한다.

외창이 있는 경우에는 수령은 내창이나 외창 모두에서 몸소 거두어들이지 말고, 별도로 염탐하여 어느 창고는 곡품(穀品)을 너무 따지고 곡량(穀量)은 너무 과도하며, 어느 창고는 간색미와 낙정미가 너무 많고, 어떤 날에 백성들이 항의하다가 창감에게 매를 맞았으며, 어떤 날에 백성들이 창노에게 뺨을 맞았는지 등을 눈으로 본 듯 그려내어 꾸짖고 벌주는 것을 강직하고 명백히 한다면, 비록 직접 수납하지 않더라도 백성들의 칭송이 길에 가득할 것이다.

자는 직접 받지는 않더라도 반드시 직접 나눠주는 것이 마땅하다. 조금이라도 향승이 대신 나눠주도록 해서는 안 된다.

외창이 있는 경우에는 직접 받으려 해도 불가능하다. 또 내가 나눠주는 것〔分給〕을 살피면 아전의 농간이 이뤄질 수 없지만, 받는 것〔收納〕만 살핀다면 앞서 들인 공력이 허사가 될 수 있으니 나눠주는 것만은 직접 거행해야 할 것이다. 비록 외창 5~6개가 사방에 흩어져 있어도 나눠주는 것은 직접 해야 한다.

한두 사족이 사사로이 창미(倉米)를 구걸하는 것을 별환(別

還)이라 하는데, 이를 허락해서는 안 된다.

 양식이 떨어진 양반이 재해를 당했다고 거짓말하거나, 도랑을 파거나 제방을 쌓는다고 거짓말하여 사사로이 창고의 곡식을 구걸하여 별도로 수십 석을 받았다가 세월이 오래되어도 납부하지 않고 또 다른 구실로 더욱 많이 받아낸다. 이것을 이름하여 유포(儒逋)라고 한다. 큰 기근이 들거나 나라에 큰 경사가 있어서 구환을 탕감해주는 경우 수령은 사사로운 정에 이끌려 이 양반이 빌린 것을 탕감해준다. 경기도와 충청도에 이런 폐단이 많다. 수령은 마땅히 자물쇠를 굳게 지켜 만약 여러 백성이 다 같이 받는 경우가 아니라면 창고를 열어서는 안된다.

4. 호적 戶籍

 호적이 문란하게 되어 전혀 기강이 없다. 큰 역량을 갖추지 않고서는 균평하게 하기 어렵다.

 수십 년 이래 수령 된 자가 전혀 일을 돌보지 않아 아전의 횡포와 농간이 끝 간 데를 모르게 되었다. 호적은 그중에서도 가장 심하다. 100가가 있는 마을에 초가지붕의 노란빛이 선명하고 굴뚝에서 푸른 연기가 오르면, 이는 부촌이다. 호적을 다시 작성하는 해마다 적리(籍吏)가 공문을 띄워 10호*를 증가시키겠다고 위협한다. 그러면 이 부촌의 우두머리 호민(豪民)이 이웃들을 불러 느릅나무 그늘에서 의논하기를 "이 10호는 형편상 면하기가 어렵다. 민고(民庫)와 사창(社倉)의 요역(徭役)이 번거로울 것이니, 10호의 1년 부담이 100냥이요, 3년의 부담은 300냥이 될 것이다. 그 3분의 1을 가지고서 이 일을 막아버리는 것이 좋지 않겠는가?"라고 하면, 모두들 "그렇고말고. 우리 마을의 일은 오직 자네만 믿겠네. 우리가 그 돈을 거두어줄 터이니 자네가 가서 성사시키게"하고, 마을 사람들은 돈 100냥을 모아준다. 그 호민은 그중 20냥은 몰래 제 주머니에 넣고, 80냥은 적리에게 뇌물로 주어 그 일을 그만두게 한다. 그러고는 그 호민이 적리에게 "내가 자네와 잘 지내는 사이인데, 어찌 가구 수를 늘리는 것만 막겠는가? 또한 줄일 수도 있으니, 특별히 5호를 줄여 우리 마을에 혜택을 베풀어주게"라고 말한다. 적리는 "금년에는 이 일이 어렵지만 자네가 말하는데 내 어찌 거절할 수가 있겠는가"라고 대답한다. 그러면 그 호민이 제 마을로 돌아가서는 늙은이 젊은이를 모아놓고 "5호를 줄이는 일은 내가 이미 약속을 받았으니, 속히 50냥을 만들라"라고 하면, 모두들 "거 참 잘되었다. 자네의 변통이 아니었다면 어떻게 5호를 줄일 수 있었겠는가"라고 한다. 그리하여 마침내 5호를 줄여서 다른 다섯 마을에 1호씩 배당한다. 다섯 마을은 제각기 크게 놀라 "우리 동네가 망하겠네. 예로부터 우리 동

---

* 여기서 호(戶)는 법제호(法制戶)라고 하는 것이다. 독립 가호 몇을 묶어서 호를 편성하게 된다. 이는 관에서 부역을 부과하는 단위가 된다.

네는 3가가 서로 의지하여 1호의 역(役)을 부담해왔어도 피가
마를 지경이었는데, 여기에 1호가 더 늘어나면 누가 감당하겠
는가?"라고 한다. 그러고는 송아지를 팔고 솥을 팔아 모은 돈
7냥을 가지고 바삐 호적청(戶籍廳)에 가서 "엎드려 청하건대
후한 덕으로 이 슬픈 고통을 살펴주소서. 예로부터 우리 동네
는 3가가 서로 의지하며 1호의 역을 지는 것도 피가 마를 지경
이었는데, 여기에 1호가 더 늘어난다면 그 누가 감당하겠습니
까? 약소한 돈이나마 애오라지 조그마한 정성을 표하는 것입
니다"라고 아뢴다. 적리는 하늘을 쳐다보고 허허 웃으며 "1호
를 면제하려면 으레 10냥은 바쳐야 하는데, 너희의 잔약함을
불쌍히 여겨 특별히 너희의 청을 들어주겠다"라고 말한다. 그
래서 이 1호를 또 다른 마을에 갖다 붙이면, 그 마을에서도 바
삐 달려와 아뢰기를 이 방법과 같이 한다. 이렇게 되어 부촌에
서는 돈 100~200냥을 바치고, 다음 마을에서는 70~80냥을 바
치며, 차례로 내려가서 3가에 불과한 마을까지 7~9냥을 바치
게 된다. 그러면 부촌에서 감해진 호수가 모래처럼 쌓이고 쑥
대같이 굴러다니며 구름과 안개처럼 변해서 요역을 지지 않는
곳에 붙게 된다. 첫째는 읍성(邑城)이요, 둘째는 향교가 있는
마을(校村)이며, 셋째는 군진(軍鎭)이 있는 마을(鎭村)이요, 넷
째는 역이 있는 마을(驛村)이며, 다섯째는 참(站)이 있는 마을
(站村)이요, 여섯째는 절 입구의 마을(寺村)이다.

　나라 안의 모든 고을이 이방을 제일 좋은 자리로 여기지만,
식년(式年)이 되면 호적을 처리하는 아전을 제일로 치니, 호적
을 담당하는 아전은 큰 고을에서는 넉넉히 1만 냥을 먹고, 작

은 고을이라도 3000냥 넘게 먹기 때문이다. 그 이익이 이와 같으니, 간사하고 교활한 아전은 호적을 다시 작성하기 전해의 겨울부터 가는 베와 좋은 비단, 진귀한 어포와 큰 전복 따위를 구하여 서울로 싣고 가서 선을 대어 단단히 부탁한다. 윗바람이 사나우니 아래의 불길 또한 뜨겁다. 고풍전(古風錢) 700~800냥을 내아에 바치고, 책방(冊房)에 바치고, 중방(中房)에 바치고, 수령이 좋아하는 기생에게까지 바친다. 그 겨울에 미리 임명장을 얻어내려고 머리가 터지도록 다투어 강한 자가 약한 자를 집어삼킨다.

5. 부역을 공평하게 함 平賦

부역을 공평히 하는 것[賦役均]은 '수령이 해야 할 일곱가지 일[守令七事]' 중에 긴요한 일이다. 무릇 공평하지 못한 부(賦)는 징수해서는 안 되니, 저울 한 눈금만큼이라도 공평하지 않으면 정치라고 할 수 없다.

옛날에 전세(田稅)는 9분의 1을 거두었고 부는 호산(戶産)에 근거하였다. 전세는 토지에서 나오고 부는 사람에게서 나오는 것으로, 두 가지가 서로 뒤섞이지 않았던 것이다.

우리나라에서도 본래 전세가 가벼웠는데 중세 이래 토지에서 부를 징수하여 드디어 관례가 되고 말았다. 대동(大同), 균역(均役), 삼수미(三手米), 모량미(毛糧米), 치계미(雉鷄米)는 토지에 부과하는 것이니, 이것들은 조정에서도 알고 있다. 경저미(京邸米), 영저미(營邸米), 삭선공가미(朔膳工價米), 공이각가미(公移脚價米), 신관쇄마전(新官刷馬錢), 구관쇄마전(舊官刷馬錢)도 토지에 부과하고 있다. 수령이 깨끗하지 않으니 아전도 따라 움직여, 서원고급조(書員考給租), 저졸근수조(邸卒勤受租)도 토지에 부과하고 있다. 환자의 폐단이 이미 막다른 데 이르러서 백성들이 곡식은 구경도 못하고 해마다 여러 섬의 곡식을 갖다 바치는데 이 몇 섬의 곡식도 토지에 부과되는 것이며, 외국 배가 표류해 닿으면 수만 전의 돈을 징수하게 되는데 이 수만 전의 돈도 토지에 부과하는 것이다. 그래서 농사짓는 사람들이 날로 곤궁해져서 쓰러져 진구렁을 메울 지경이 되었다.

그러나 부역의 정사는 취할 바가 따로 있는 것이 아니라, 공평함을 취해야 한다. 열 사람이 술추렴을 하더라도 거두는 돈을 고르게 해야 하고, 나그네 열 사람의 밥을 짓더라도 거두는 양식을 고르게 해야 한다. 하물며 만 사람이 같은 고을에 살면서 양곡과 사마(絲麻)를 내어서 윗사람을 섬길 때 그 심정이 공평하게 되기를 바라겠는가, 공평하게 되지 않기를 바라겠는가? 『시경(詩經)』에서 "나라 다스리는 것이 공평하니 이에 사방의 질서가 서네"라 하고, 또 "하늘이 공평치 않으사 이런 절박한 어려움을 내리는가"라 한 것은 불공평함을 풍자한 것이다. 오늘날 부역이 공평하지 않아, 1만 집이 있는 고을에 9000집은 부역을 도피하고, 오직 홀아비와 과부, 병들고 불구가 된 사람들만 부역에 응하고 있다. 백성의 수령 된 자로서 서서 보고만 있을 것인가.

'수령이 해야 할 일곱 가지 일'*은 누가 정한 것인지는 알 수 없지만, '농업과 잠업을 일으키는 것〔農桑盛〕'과 '가구 수를 늘리는 것〔戶口增〕'은 수령이 갑자기 힘을 써서 될 수 있는 일이 아니요, '학교를 일으키는 것〔學校興〕'과 '군정을 바로 하는 것〔軍政修〕'은 오히려 급한 일이 아니며, '송사를 간략히 하는 것〔詞訟簡〕'과 '간악하고 교활한 짓을 금지하는 것〔奸猾息〕'은 그 실상을 파악하기 어렵다. 오직 '부역을 공평히 하는 것〔賦役均〕'만은 날마다 내 손에 닿는 일이므로 마땅히 마음을 다해야 한다. 부역은 가볍게 해주는 것이 중요하니, 공용(公用)의 허실을 잘 살펴보면 거두어들이는 것을 가볍게 할 수 있을 것이고, 부역은 공평하게 하는 것이 좋으니, 호적에서 누락된 내용을 조사하면 거두어들이는 것이 고르게 될 것이다.

교묘하게 명목을 세워 수령의 주머니로 들어가는 것은 모두 없애야 한다. 여러 조목 중에서 과도하거나 허위로 만들어진 것은 다 삭제하여 백성의 부담을 가볍게 해주어야 할 것이다.

내가 우연히 몇 고을의 절목을 얻어서 보니, 그중에 과도하거나 허위로 만들어진 명목이 셀 수 없이 많았다. 연회 때 쓰는

---

* 수령칠사(守令七事) 지방관으로서 마땅히 수행해야 할 기본업무. 농상성·호구증·부역균·학교흥·군정수·사송간·간활식 7항목인데, 이는 수령을 평가하는 조목이 되기도 했다.

포장과 자리를 만드는 비용〔鋪陳價〕 300냥은 필시 다 소용되지 않을 것이요, 관리가 행차할 때 타는 두 필 말이 끄는 가마 비용〔雙轎價〕 200냥도 필시 다 소용되지 않을 것이요, 관의 말을 민간에 위탁하여 사육하는 비용〔分養馬價〕 150냥도 필시 다 소용되지 않을 것이요, 문서 수발을 맡은 아전에게 주는 비용〔傳關價〕 1200냥도 필시 다 소용되지 않을 것이다. 이런 따위들을 어찌 모두 손꼽을 수 있겠는가? 이전에 탐관이 있어 한번 함부로 징수하면, 이후의 수령들은 이를 구례로 핑계 대고 다시 삭제하지 않아서 이 지경에 이른 것이다. 그중에 아전의 주머니로 들어가는 것은 아전이 탐관을 만나 은밀히 뇌물로 꾀어서 역가(役價)를 늘려 영구한 이익으로 삼은 것이니, 가령 문서 수발을 맡은 아전에게 주는 비용이 1200냥이나 되는 따위가 그것이다. 감영에 올리는 문서보고가 아무리 자주 있다 하더라도 한 달에 사람을 보내는 횟수가 불과 5~6번뿐이다. 어떻게 매달 꼭 100냥씩이 들어간단 말인가? 애초에 각가를 증액시킬 때 뇌물을 바쳤음이 분명하다.

균역법 시행 이후 고기·소금·배에 대해 일정한 비율의 세금이 매겨졌는데, 법이 오래되면 폐단이 생기게 마련이라 아전이 농간을 부린다.

물고기·소금·배에 대한 세금은 이치상 마땅히 있어야 한다. 그런데 옛날에 정사를 의논하던 신하들의 역량이 넓지 못하고 의논이 맞지 않아서, 만들어놓은 것이 본래 각 도와 군읍에 있던 사사로운 관례들을 늘어놓은 것에 불과하여 일관성이 없고, 결국 모든 세율이 도마다 다르고 읍마다 다르게 되었던 것이다. 높고 낮고 오르고 내림이 본래 획일된 법이 없었던 것이다. 그 후 변하고 변해서 아랫사람을 통솔할 만한 방도가 없고 세월이 오래되어서 다시 조사하지도 못해 허실(虛實)이 서로 엇갈리고 농간과 속임수가 날로 심해졌다. 무릇 바닷가 고을의 수령으로 나온 사람은 삼정(三政) 외에 이 한 가지 큰 정사가 따로 있으니 반드시 유의해야 한다

노동력을 부담지우는 것(力役)은 신중히 하되 되도록 줄여야 한다. 백성들에게 이로운 일이 아니면 해서는 안 된다.

역역(力役)의 부과는 ①둑을 쌓는 일 ②도랑 파는 일 ③저수지를 준설하는 일 ④상여 메는 일 ⑤배를 끄는 일 ⑥목재를 운반하는 일 ⑦공물을 수송하는 일 ⑧말 모는 일 ⑨얼음을 저장하는 일 ⑩장사(葬事)를 돕는 일 ⑪가마를 메는 일 ⑫노임(路任)이며, 그 밖의 자질구레한 고통스러운 일은 낱낱이 들 수 없고, 성을 수축하거나 관청을 수리하는 따위는 이 안에 들어 있지도 않다.

6. 농사 권장勸農

옛날의 현명한 수령은 부지런히 농사를 권장하는 일을 자기
의 명성과 공적으로 삼았다. 농사를 권장하는 것은 수령의 으
뜸가는 책무이다.

수나라 공손경무(公孫景茂)가 개황(開皇) 연간(581~660)에
도주자사(道州刺史)가 되어 자기의 녹봉을 전부 털어 송아지·
닭·돼지를 사서 고단하고 빈약하여 생계를 꾸려나기 어려운
자들에게 나누어주었다. 그리고 혼자 말을 타고 순찰하기를 좋
아해서 집집마다 방문하여 백성의 살림살이를 두루 살펴보고
잘 꾸려가는 자가 있으면 사람들이 모일 때 표창을 하여 알리
고, 잘하지 못하는 자가 있으면 그때마다 훈계하여 가르쳤다.
이 때문에 남자들은 서로 농사일을 돕고 여자들은 서로 길쌈
을 도와서 수백 가구나 되는 큰 마을이 한집안처럼 협조했다.

농사를 권장하는 요체는 세를 덜어주고 가볍게 함으로써 그
근본을 배양하는 데 있다. 이렇게 하면 토지가 개간되고 넓혀
진다.

송나라 진정(陳靖)이 권농사(勸農使)가 되었다. 이에 앞서 그
가 임금에게 다음과 같이 건의하였다. "신이 평소에 사방으로
명을 받고 나가 백성들의 실정을 깊이 살펴본바, 보이느니 황

폐한 땅이고 기름진 땅도 그대로 묵어 있었습니다. 이런 지역에 여러 차례 조서를 내려 백성들이 자기의 생업에 복귀하도록 허용하고, 부세를 경감해주며 납입 기한도 여유를 주었습니다. 그럼에도 지방 말단에서는 백성들을 괴롭힘이 더욱 심했습니다. 한 집이 농사에 복귀하면 고발 때문에 아침에 땅 한 자를 갈면 저녁에 요역을 차출하는 장부에 올라 추서(追胥)가 붙잡아 끌어가려 합니다. 그래서 비록 정상적인 조세를 감해 받는다 하더라도 실지로는 아무 보탬이 되지 않습니다. 더구나 백성들이 떠도는 이유는 가난에 있습니다. 사채에 쪼들리거나 공곡(公穀)을 갚지 못해 도피한 것입니다. 도망치고 나면 향리에서 재산을 조사하는데, 가옥·집기·뽕나무·대추나무·재목 등에 이르기까지 모두 그 값을 계산해 향관(鄕官)이 밀린 세 대신에 가져가거나, 혹은 채권자가 떼인 돈을 받는다고 가져가버리니 살아갈 길이 막연하여 돌아가도 안주할 곳이 없습니다. 이 때문에 백성들은 떠돌아다니며 귀농할 뜻이 전혀 없습니다. 만일 신에게 이 임무를 맡기신다면 하릴없이 노니는 무리들을 널리 모집하여 비어 있는 전답을 경작하고 개간하도록 타이르겠습니다. 이들에게는 조세를 부과할 생각은 말고, 따로 호적과 도면을 마련하여 재량껏 일을 처리할 수 있도록 해주시기를 바랍니다. 그러면 농사짓고 누에치는 일 이외에도 잡목·채소·과일나무를 심게 하고, 양·개·닭·돼지를 기르게 하겠습니다. 뽕나무밭과 농토를 나눠주되, 정전(井田)을 모방하여 거처할 집을 짓고 마을의 자치조직(保伍)을 세우도록 하겠습니다. 살아 있는 사람을 잘 봉양하고 죽은 사람을 후히 장사 지낼 수 있는

기구와 경조사에 서로 부조하는 일에 이르기까지 그 재원을
별도로 마련하여 운용하게 하겠습니다. 아울러 조사(條司)로
하여금 3년이나 5년간 생계의 바탕이 성립되고 집과 땅에 애
착을 가지기를 기다렸다가, 호구를 헤아려서 공물을 내게 하고
토지를 헤아려서 전세를 바치게 하며, 사농(司農)에 새로 첨부
된 명부를 부(府)의 종래 수세대장에 합치도록 하겠습니다. 이
것이 근본을 돈독히 하고 사람을 순화시키는 큰 도량입니다.
백성들이 돈이 부족하면 관에서 돈을 빌려주어 양식을 사거나
농기구를 마련하도록 하고, 가을 추수가 끝나면 상환하도록 하
며 이를 창고에 납입하여 최종 숫자를 호부에 보고하도록 하
겠습니다." 이에 드디어 진정을 권농사로 임명했다.

농사는 식생활의 근본이고 양잠은 의생활의 근본이다. 그러
므로 백성들에게 뽕나무 심기를 권장하는 것은 수령의 중요
한 임무이다.

내가 서울의 명례방(明禮坊)에서 살 때 집에 뽕나무 20여 그
루가 있었다. 공무를 마치고 집으로 돌아와 몸소 잔가지를 잘
라주니 수년 내에 무성하게 커져서 비록 서울 안에 있었지만
집사람이 해마다 명주를 짤 수 있었다.
정승 이원익이 안주목사로 있을 때 평안도 지방에 대체로
양잠이 성했으나 안주 지역은 유독 뽕나무가 없었다. 토질이
적합하지 않기 때문이라고들 했다. 그가 각 방(坊)에 지시하여

소를 이용해 밭을 가는 풍경
김홍도 「논갈이」, 18세기,
지본담채, 27×22.7cm, 국립중앙박물관 소장.

집집마다 뽕나무 씨를 심게 하니 몇 해 지나지 않아서 뽕나무
가 줄을 지어 숲을 이루었다.

농기구와 베 짜는 기구들을 만들어 백성들이 도구를 편리하
게 쓸 수 있게 하고 백성들의 생활을 넉넉하게 하는 것이 수
령의 힘쓸 일이다.

후한의 최식(崔寔)이 오원태수(五原太守)로 있을 때, 그 지방
의 토질이 삼과 모시에 적합한데도 백성들이 길쌈할 줄을 모
르고, 가는 풀을 쌓아두고 그 속에 누워 있다가 관리를 보면 풀
을 걸치고 나오곤 했다. 최식이 부임하여 저축미를 처분하여
실 뽑고 베 짜는 기구를 만들어 가르치니, 백성들이 추위로 고
통받지 않게 되었다.

『유산필담(酉山筆談)』에서 말했다. "서광계(徐光啓)의 「농기
도보(農器圖譜)」에 열거된 농기구들은 모두 질박하여 만들기
쉽고, 별도로 톱니바퀴나 새기고 다듬는 기구가 없어도 되는
데, 우리나라 사람들은 배워 시행하려 하지 않는다. '사람 인
(人)'자 모양의 써레, 육독(磟碡, 흙덩이를 부수는 기구)·역역(礰
礋, 논의 흙덩이를 부수는 기구), 호종(瓠種), 누거(耬車)와 둔거(砘
車), 앙마(秧馬), 장참(長鑱), 예도(劋刀), 풍구 같은 것들은 모
두 만들기가 쉬우면서 용도는 지극히 요긴하다. 수령은 마땅히
「농기도보」를 살펴 기구를 만들어 백성들에게 주어 쓰도록 해
야 한다. 또 가래·호미·낫 등의 모양이 우리 것과 아주 다른데

편리한가의 여부를 시험한 후에 좋으면 옛날 것을 버리고 새 기술을 받아들이도록 하는 것이 마땅하다.

농사는 소로 짓는 것이니 실로 농사를 권장하려면 마땅히 도 살을 경계하고 목축을 장려할 일이다.

박제가(朴齊家)의 『북학의(北學議)』에 다음과 같이 쓰여 있 다. "중국의 풍속에 소는 코뚜레를 하지 않고, 다만 성질이 사 나운 남방의 물소만 코뚜레를 한다. 더러 회령이나 경원, 중강, 의주 같은 서북개시(西北開市)를 통해 들어온 소가 있는데, 우 리나라 토종 소는 콧마루가 낮아서 쉽게 구별할 수 있다. 처음 들어왔을 때에는 소의 뿔이 울퉁불퉁하여 고르지 않으나 휘어 서 바르게 할 수 있다. 털빛이 온통 푸른 소가 있다는데, 나는 아직 보지 못했다. 중국의 소들은 자주 씻겨주고 손질해주는데 우리나라 소들은 죽을 때까지 씻기지 않아 똥 찌꺼기가 말라 붙어 있어 아주 다르다. 당시(唐詩)에 '유벽거(油碧車) 가볍고 금송아지 살쪘네'라고 한 것은 소의 털빛이 윤택함을 표현한 것이다. 또한 중국에서도 소 잡는 것을 단속하고 있다. 북경은 돼지 푸줏간이 72개소, 염소 푸줏간이 70개소가 있어서 푸줏간 마다 하루에 돼지 300마리가 팔리고 염소도 마찬가지로 팔린 다. 고기를 이같이 먹는데도 소 푸줏간은 2개소뿐이다. 길에서 푸줏간 사람을 만나서 자세히 알아보았다. 우리나라는 하루에 잡는 소를 계산해보면 500마리가 된다. 나라의 제향(祭享) 때와 군사들을 위무하기 위해 잡는 것, 그리고 반촌과 서울 5부안의 24개소의 푸줏간에서 잡는 것에, 전국 300여 고을마다 관의 푸줏간에서 으레 소를 잡는다. 작은 고을에서는 날마다 소를 잡지는 않지만 큰 고을에서 여러 마리를 한꺼번에 잡는 것으로 상쇄되고, 또 서울과 지방에서 혼례와 기타 잔치·상사(喪事)·향사(鄕射) 때 그리고 법을 어기고 밀도살하는 것을 대강 따져보니 그 수가 500마리 정도가 되는 것이다. 소는 10달 만에 나서 3년은 지나야 새끼를 가질 수 있으니, 몇 년 만에 한 마리 낳는 것으로 하루 500마리씩 죽는 것을 당해내지 못함은 명백하다. 소가 날로 귀해지는 것이 당연하지 않은가? 그러므로 소를 소유한 농부가 극히 적어 항상 이웃에서 빌려 쓰는데, 하루하루씩 빌려다 쓰기 때문에 논갈이가 항상 늦다. 마땅히 소의 도살을 일체 금하면 수년 안에 농사가 때를 놓치게 되는 일이 없을 것이다. 어떤 사람은 '우리나라에는 다른 가축이 없기 때문에 소의 도살을 금하면 고기가 없어질 것이다'라고 말하지만, 그렇지 않다. 소의 도살을 금한 후에라야 백성이 비로소 다른 가축 기르기에 힘을 써 돼지와 염소가 번식할 것이다. 지금 돼지를 파는 것은 두 마리를 지고 가다가 서로 눌려서 죽으면 파는 정도인데도 오히려 밤을 넘긴 고기가 있으니, 이는 사람들이 돼지고기를 좋아하지 않는 것이 아니라 쇠고기가 특히 많기 때문이다. 또 어떤 사람은 '돼지고기나 염소고기는 사람들에게 익숙하지 못하기 때문에 탈이 날까 염려스럽다'라고 말하지만, 이 또한 그렇지 않다. 음식은 습성에 따라 맞추어지는 것이다. 중국 사람들이 어디 돼지고기 먹고 모두 탈이 났던

가? 율곡(栗谷)은 평생 쇠고기를 먹지 않고 '소의 힘으로 지은
곡식을 먹으면서, 쇠고기를 먹는 것이 옳겠는가?'라고 했다. 참
으로 당연한 이치이다."

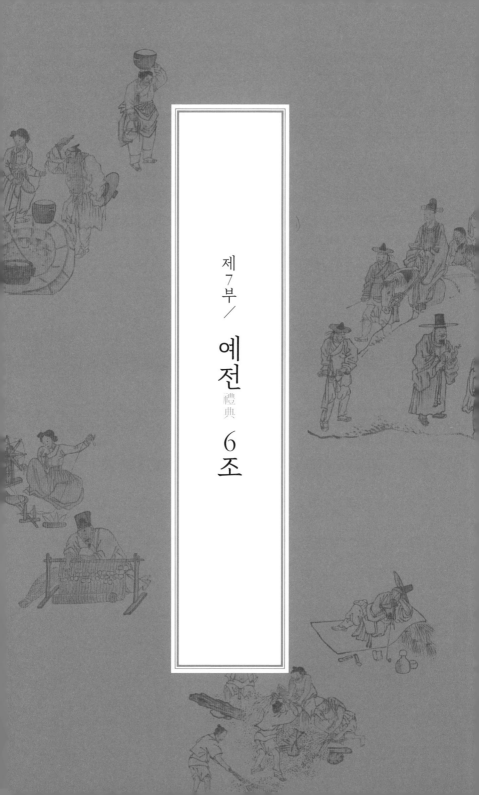

제 7 부 /

예전 禮典 6조

서당에서 글공부하는 모습

김홍도 「서당」, 18세기,
지본담채, 27×22.7cm, 국립중앙박물관 소장.

1. 제사祭祀

문묘(文廟)의 제사는 수령이 몸소 행하되, 목욕재계하고 경건하게 행하여 많은 선비들의 선도(先導)가 되어야 한다.

다른 제사에는 제사에 참여하는 사람이 많지 않기 때문에 난잡하지 않지만, 향교에서 지내는 석전(釋奠)에는 헌관(獻官)과 여러 집사(執事)들 외에도 관련도 없이 제사에 참여하는 자가 100명이 넘기도 한다. 논밭에서 막일을 하거나 시장판에 드나들던 무지하고 비천한 무리들이 섞여들어, 제사 지내는 사람이 먹지 말아야 할 술과 파, 마늘 냄새를 풍기는 등 추악하기 이를 데 없다. 시끄럽게 떠들고 난잡하게 굴며 법도를 따르지 않을 뿐 아니라 제사가 끝난 뒤에는 향교 전체가 떠나가도록 싸움질을 해대기도 하니, 이런 행동은 금하지 않을 수 없다.

제사 지내기 하루 전에 수령은 일찍 나가 제물로 바칠 짐승
〔犧牲〕과 기물을 살펴봐야 한다. 대성전(大成殿) 안으로 공손히
들어가 살펴보고, 그 좌우에 있는 선비들의 위패를 모신 전각
인 양무(兩廡)를 살피고, 제상(祭床), 제기, 제수 진열, 청소 상
태까지 두루 점검해야 할 것이다. 그래서 깨끗하고 정돈되어
잘못된 구석이 없게 하며, 주선하고 출입할 적에 위의를 신중
히 하여, 백성들이 우러러보도록 해야 한다. ○ 저녁에 목욕을
하고 당일 시간이 되면 일을 거행하되 공손하고 엄격하게 하
여, 위의에 어그러짐이 없도록 해야 할 것이다.

『경국대전』에 "제사를 직접 지내지 않는 수령, 더러운 그릇
을 쓰거나 남은 음식을 제수로 쓴 자, 향교를 수리하지 않는 자
에게는 죄를 준다"라고 규정되어 있다.

일식과 월식이 있을 때 그것이 사라지도록 비는 의식은 또한
마땅히 장엄하게 할 것이요 성의 없이 아무렇게나 해서는 안
된다.

해와 달이 서로 침식하는 현상은 본래 천체 운행의 도수에
따른 것으로 미리 그 시각을 알 수 있으니 처음부터 재변이 아
니다. 요순의 시대에 역법이 이미 밝혀졌으니 일식·월식을 알
지 못한 것이 아니라 단지 해와 달의 빛이 죽어져 사방이 어둡
고 불안하게 느껴지므로 북을 치고 희생을 바쳐서 하나의 변
고임을 보인 것일 따름이다. 지금 군현에서 일식과 월식에 비

는 법을 보면 중들을 잡아와 징을 울리고 판(板)을 치며 "일광
보살(日光菩薩), 월광보살(月光菩薩)"을 부르짖으며 펄쩍펄쩍
뛰게 한다. 이것은 재앙과 변고를 두려워하는 행위가 아니라
하늘을 업신여기는 행동으로, 크게 예법에 어긋난다.

2. 손님 접대 賓客

손님 접대는 오례(五禮)의 하나이다. 손님을 대접하는 데 희
뢰(餼牢)의 여러 물품이 너무 후하면 재물을 낭비하는 것이
요, 너무 박하면 환대하는 뜻을 잃는 것이다. 선왕(先王)은 이
것을 위해 절도에 맞게 예(禮)를 만들어 후한 경우는 지나치
지 않게 하고, 박한 경우는 줄이지 못하게 하였으니, 그 예를
만든 근본을 소급해보지 않을 수 없다.

다른 나라에 사신으로 가거나 다른 나라에서 사신이 왔을
때 접대받거나 접대하는 데 있어서 지위의 높고 낮음에 따라
각각 일정한 격식이 있다. 주인과 손님이 이를 정성껏 지켜서
혹시 조금이라도 넘는 일이 없도록 하는 것이 옛날의 본뜻이
다. 지금 감사가 관할 구역을 돌아볼 때 군현에서 하는 접대가
아무런 절제 없이 풍성하고 사치에만 힘쓰고 있다. 대개 『국조
오례의(國朝五禮儀)』에서 정한 것이 현실에 맞지 않게 너무 박
하고 검소하기 때문에 넘치고 허물어져 이 지경에 이르게 되

었다. 경솔하게 일시적인 법제를 세우는 경우 이와 같이 무너
지지 아니한 적이 없었다.

칙사를 접대하는 일을 지칙(支勅)이라고 이른다. 지칙은 서
로(西路)의 큰 정사이다.

칙사가 온다고 연락이 오는 것을 칙기(勅奇)라고 이른다. 칙
기가 한번 당도하면 여러 고을들이 소란스럽다. 일체 필요한
물건은 모두 부민에게 나누어 맡겨 사방에 보내서 주선하도록
한다.

3. 백성을 가르침敎民

목민의 직분은 백성을 가르치는 일일 뿐이다. 농지를 고르게
배분하는 것도 장차 백성을 가르치기 위함이요, 부세와 요역
을 고르게 하는 것도 장차 백성을 가르치기 위함이요, 고을을
설치하고 수령을 두는 것도 장차 백성을 가르치기 위함이요,
형벌을 밝히고 법규를 갖추는 것도 장차 백성을 가르치기 위
함이다. 모든 정사가 정비되지 않아 백성을 가르치는 일을 일
으킬 겨를이 없었으니 이 때문에 백대에 이르도록 좋은 정치
가 없었던 것이다.

주나라에서는 백성을 가르치는 일에, 매달 과제를 주고 때로 감독하여 그 덕행을 평가하듯이 등급을 매기고, 그 허물과 악을 자세히 따져 밝혔다. 오늘날 수령은 오래 있어야 3년이요 짧으면 1년이니, 수령이 과객에 불과하다. 30년이 지나야 인(仁)이 일어나고, 100년이 지나야 예악(禮樂)이 일어나는 법이다. 백성을 가르치는 일은 과객이 할 수 있는 것이 아니다. 그런데 이미 수령의 자리에 있으면서 백성이 오랑캐나 짐승의 지경으로 빠져들어가는 것을 서서 보기만 하고 구할 생각을 않는다면 이 또한 일일지책(一日之責)이 아니다. 예속을 권장하여 행하게 하고 힘써 향약을 닦는 일을 어찌 그만둘 수 있겠는가.

백성을 편성해서 향약(鄕約)을 실시하는 것 또한 옛날부터 내려온 것이다. 위엄과 은혜가 이미 두루 미쳤으면 이를 행하는 것이 좋다.

뜻은 높으나 능력이 부족한 수령은 으레 향약을 시행한다고 나서는데, 그런 경우 향약의 피해가 도둑보다 더 심하다. 향청의 일을 맡고 있는 가문과 토호 들이 권력을 제 마음대로 휘둘러 백성을 공갈하고 위협하여 술과 곡식을 빼앗아 먹는다. 이들의 요구는 끝이 없어 백성의 드러나지 않은 허물을 들춰내서 뇌물을 받고 보답을 요구하며, 가는 곳마다 술과 고기가 질

편하고 집에서는 송사를 처리한다고 소란스럽다. 부역을 어리석은 백성에게 떠맡기고 이들을 끌어다 농사일을 시킨다. 수령은 고소장을 약장 등에게 위임하여 그들로 하여금 조사해 보고하도록 하니, 세력을 믿고 저지르는 간교한 짓이 한이 없다. 전라도 보성군에는 교파(校派)와 약파(約派)가 있는데, 교파는 향교에 출입하는 자들이고 약파는 향약을 주관하는 자들이다. 이들이 편을 지어 서로 끊임없이 싸우고 모함하여 마침내 보성군은 풍속이 고약하기로 도내에서 으뜸이 되었다. 이를 보면 향약은 가볍게 논의할 수 없는 것이요, 깊이 강구하고 꼼꼼히 생각해야 시행할 수 있다.

『석담일기(石潭日記)』에 이렇게 쓰여 있다. "이이(李珥)가 임금께 '여러 신하들이 향약을 시행하자고 급히 청했기 때문에 전하께서 시행을 명하셨습니다. 신은 향약을 시행하는 것이 너무 빠르다고 생각합니다. 백성을 기르는 것이 먼저 할 일이요, 백성을 가르치는 것은 그 뒤에 할 일입니다. 지금 백성들의 생활이 너무 피폐하오니 서둘러 폐단을 없애고 백성들의 고통을 풀어준 다음에 향약을 시행하는 것이 옳습니다. 덕을 가르치는 것은 비유하자면 좋은 쌀과 고기와 같습니다. 뱃속이 심히 탈이 나서 죽도 삼키지 못하면 아무리 좋은 쌀밥과 고기인들 어떻게 먹을 수 있겠습니까?'라고 아뢰었다. 이에 유희춘(柳希春)도 '이이의 말이 옳습니다'라고 아뢰었다." ○ "허엽(許曄)이 이이를 보고 '어찌하여 향약의 시행을 중지하자고 권했습니까?' 하고 물었다. 이이는 '의식(衣食)이 충분한 뒤라야 예의를 안다고 하였소. 굶주리고 추위에 떠는 백성에게 예의를 행하도록 강요할 수는 없습니다'라고 대답하였다. 허엽은 탄식하며 '세상의 도가 일어나느냐 무너지느냐에 나라의 운명이 달려 있는 걸 어찌하겠소?'라고 했다. 이이는 '공(公)은 백성들이 극히 어렵고 괴롭더라도 향약만 시행하면 능히 교화가 베풀어져서 태평성대를 이룰 수 있다고 생각합니까? 예로부터 백성이 도탄에 빠져 있는데 예의범절이 갖추어져서 좋은 풍속을 이룬 일이 있었습니까? 아무리 가까운 아버지와 아들 사이라도 춥고 배고픈 것은 생각하지 않고 매일 때리고 닦달해서 공부를 하게 하면 필시 사이가 벌어질 겁니다. 하물며 백성에 대해서야 말할 것이 있겠습니까?'라고 말하였다. 허엽이 '요즘은 착한 사람이 많고 악한 사람이 적기 때문에 향약을 시행할 수 있을 것입니다'라고 하니, 이이가 웃으면서 '공은 마음이 착하기 때문에 남의 착한 것만 보이는 모양인데 나 같은 사람은 착하지 않은 사람이 많이 보이니, 필시 저의 마음이 착하지 못해서 그런가봅니다. 하지만 경전에 이르기를 몸으로 솔선하는 자에게는 따르고, 말로 가르치려 드는 자에게는 다툰다고 하였소. 오늘의 향약은 어찌 다툼이 일어나지 않겠습니까?'라고 말했다."

옛사람들의 훌륭한 언행을 권유하여 백성들의 귀와 눈에 익숙해지게 하면 또한 교화시키는 데 도움이 될 것이다.

『경국대전』에는 "『삼강행실도(三綱行實圖)』를 언문으로 번역하여 중앙과 지방의 양반, 집안 어른, 부로나 교수(教授)·훈도(訓導) 등으로 하여금 부녀자와 어린아이들에게 가르쳐 깨우치도록 한다. 만약에 대의를 깨닫고 행실이 뛰어난 자가 있으면 관찰사는 위에 보고하여 포상을 한다"라고 나와있다. 정조 21년(1797)에 『오륜행실도』를 증보하여 군현에 보급, 백성들을 가르치도록 하였다.

『오륜행실도』는 이미 언문으로 번역됐고 그림도 실려 있다. 이는 옛날 중국 고대의 태평성대 때 상형(象刑)·상교(象敎)가 끼친 뜻이므로, 어리석은 백성들은 이 내용에 깊이 감화를 받고 분발하게 될 것이다. 그런데 책자 하나를 수많은 집에 돌려보게 하면 한 달도 못 넘겨서 닳고 해어져 다시 쓸 수 없게 될 것이다. 응당 호구의 총수를 보아 100호마다 한 부씩 나누어주면 1000호의 고을은 10부, 1만 호의 고을은 100부를 나누어주어야 두루 미치게 될 것이다.

형제가 우애하지 않아 송사를 벌이고도 부끄러운 줄 모르는 자라도 우선 그를 가르치고 죽이지는 말아야 한다.

필선(弼善)을 지낸 윤전(尹烇)이 익산군수로 있을 때 어떤 형제간의 송사가 있었다. 윤전이 "너는 어찌해서 형을 소송하였느냐?"하고 꾸짖자, 동생이 "아버지의 재산을 저에게 나눠주지 않습니다"라고 대답하였다. 윤전이 형에게 "어찌하여 나눠주지 않느냐?"라고 묻자, 그 형이 "아버지의 명령이라 감히 어길 수 없습니다"라고 말하였다. 이에 윤전은 형을 책망하여

"너의 아우가 진실로 죄가 있다 하더라도, 네 아비가 그를 자식으로 여기지 않은 것은 잘못이다. 옛날 사람도 임종 때 정신이 혼미한 상태에서 한 유언은 난명(亂命)이라 하여 따르지 않는 법이 있었다. 비록 너의 재물일지라도 동생과 나누는 것이 옳다. 너희들에게 팔형(八刑)을 가하는 것이 마땅하지만, 가르치지 않고 죄를 주는 것은 내가 타당치 않게 여긴다"라고 하였다. 그러고는 인륜으로 타일러 돌려보내니, 이튿날 형제가 와서 재산을 나누기를 청하였다.

호태초가 이렇게 말하였다. "향촌에 널리 물어보아서 효도와 우애로 이름이 알려졌거나 행동과 의기가 뛰어난 자가 있으면 반드시 몸을 굽혀서 만나기를 청하거나 주연을 베풀어 초대하기도 하고, 그 집에 나아가서 부역과 조세를 감해주기도 하여, 사람들로 하여금 본받도록 해야 할 것이다. 형제끼리 재물로 송사를 벌이거나 친척끼리 서로 고발하는 자가 있으면 필히 간곡하게 타일러, 부끄러운 마음을 일깨워주고 거역하고 다투는 습성을 그치게 해야 한다. 그네들의 진정을 잘 들어주고, 지나치게 따지기를 일삼지 않으면 백성의 습속이 순후한 데로 돌아갈 것이다."

효자·열녀·충신·절사(節士)의 숨은 빛을 들추어내 그 행실을 세상에 널리 알리는 것 또한 목민관의 직무이다.

동진 사람 매색(梅賾)의 『고문상서전(古文尙書傳)』에는 "어질고 사특한 자의 집을 구별해 표시하고, 선은 드러내고 악은 억눌러서 교화를 세운다"라고 나와 있다. 당시에 지방관들이 효도와 의리를 구별해 세상에 알리는 일을 직무로 삼았기 때문이었다.

권적(權禰)이 강화유수로 있으면서 진강산(鎭江山)에 있는 이규보(李奎報)의 묘에 비석을 세우고 그 주위에서 나무를 베거나 소에게 풀 뜯기는 것을 금지했다.

과격한 행동이나 편협한 의리를 숭상하고 장려하는 등의 나쁜 풍속은 막아야 그 의리가 정밀한 것이다.

효도란 인륜의 지극한 것이다. 그런데 평소의 온화한 태도와 부드러운 낯빛으로 먼저 부모의 뜻을 받든다는 생각만 가지고는 부모에 대한 효행이 한 고을 밖으로 잘 드러나지 않는다 하여, 손가락을 자르거나 허벅지 살을 베는 등 참혹한 행동을 결행하는 자가 많다. 그 특출한 행위는 사람마다 따를 수 없는 일이기도 하지만 손가락을 자르고 허벅지 살을 베는 것은 순임금과 증자(曾子)와 같은 대성현이 행한 일이 아니요, 주공(周公)과 공자가 말씀한 바도 아니며 구경(九經)의 글을 통해서 고증할 수 있는 것도 아니다. 군자는 이런 일에 대해서는 실로 조심스러워 말하기 어렵게 여겼다. 참새가 저절로 줄에 걸리고 잉어가 얼음 밖으로 뛰어오르는 상서로운 일과, 죽순이 겨울에 솟아나고 잣나무가 까닭 없이 마르는 기적은 지성이 하

늘에 통한 것이라 천년에 한 번 있을까 말까 한데, 오늘날 집안
에서 서장(書狀)을 짓고 고을에서 첩문(牒文)을 지을 때 모두
이런 얘기가 들어 있으니, 나는 하늘이 기적을 내리는 일은 아
마도 이처럼 많지 않을 것이라고 생각한다. 그 가운데 아주 조
금이라도 허위를 감추고 있으면 지극히 선한 것을 차지하려고
도모한 일이 도리어 큰 죄악이 되는 결과를 만든다. 이 또한 사
람의 자식으로서는 응당 삼가야 할 일이다.

4. 교육을 진흥함 興學

옛날의 학교는 예(禮)와 음악을 익히는 곳이었다. 그런데 지
금은 예도 무너지고 음악도 무너져서 학교의 교육이 독서에
그칠 따름이다.

공자의 문하에서도 사람을 가르치는데 악기 연주와 노래 부
르기를 위주로 하였다. 그렇기에 자로(子路)가 비파를 탈 적에
승당(升堂)이니 입실(入室)이니 하는 말이 있었던 것이다. 승
당은 당상(堂上)의 음악이며 입실은 방중(房中)의 음악이다.
백어(伯魚)가 시를 공부할 적에 주남(周南)이니 소남(召南)이
니 하는 말이 있었는데, 이 주남과 소남은 노래를 부르고 악기
를 타는 것을 말하는 것이지, 시를 읽고 뜻만 아는 것이 아니
었다. 노래를 부르고 악기를 타는 것이 끊어지고 말았으니 학

교도 응당 폐지되어야 하겠지만, 중용의 덕을 강론하고 효도와 우애에 힘쓰며, 시를 낭송하고 글을 읽으며, 때때로 활쏘기를 익히고 유생들이 모여 향약을 읽고 술을 마시기도 하면, 역시 학문과 교육을 진작시키는 일이라 해도 좋을 것이다.

배움이란 스승에게 배우는 것이다. 스승이 있어야 배움이 있는 것이니, 학덕이 높은 사람을 초빙하여 스승으로 삼은 다음에야 학규(學規)를 논의할 수 있다.

중국의 주학(州學)에는 모두 교수가 있다. 우리나라 군현의 향교(鄕校)에도 역시 훈도가 있었는데 조선 중기 이후로 이 관직이 없어졌다. 지금 학생을 모아 공부를 시키려면 반드시 덕이 높고 학문이 큰 선비를 사표로 삼은 연후에야 할 수 있는 일인데 어렵게 되고 말았다!

황준량이 성주목사가 되어 문묘(文廟)를 중수하면서 전보다 규모를 크게 넓혔다. 마침 사문(斯文) 오건(吳健)이 성주의 교관이 되었는데, 서로 뜻이 같고 의논이 맞아 제자 약간 명을 뽑아 4등급으로 나누고 오건에게 교육을 주관, 감독하도록 하였다. 매월 한 번 제자들을 모아 강의하고 그동안 읽은 글을 돌아앉아 외우게 했으며, 이어서 의의(疑義)를 토론하게 했다. 그리하여 부지런하고 게으른 것을 살펴서 상벌의 순위를 매겼다. 고을 동쪽에 공곡(孔谷)이란 골짜기가 있는데, 거기에 서당을 세웠다. 또 팔거현(八莒縣)에는 녹봉정사(鹿峰精舍)를 세웠다.

황준량이 다방면에 걸쳐서 가르치고 인도하니 양성된 인재가
매우 많았다.

단아하고 품행이 방정한 사람을 향교의 장으로 뽑아서 모범
으로 삼고 예로써 대우하여 염치를 차리도록 해야 한다.

멀리 떨어진 변방에는 사족이란 극히 희소하고 토족(土族)
이 숲을 이루고 있기 때문에 사족은 이들과 어울리기를 싫어
하여 향교에 발길을 끊는다. 그런 탓에 토족이 향교를 독차지
하여 그들의 소굴이 되고 말았다. 이들 토족 무리는 대부분 배
운 것 없는 무식쟁이들로, 끼리끼리 모여 편을 만들어서 서로
알력이 있게 되면 남의 숨은 약점을 들추어내고, 이권을 다투
는데 마치 정권 다투듯이 한다. 간사한 아전과 결탁을 하여 감
사에게 헛소문이 들어가게 하며, 수령이 총애하는 기생을 통해
수령에게 뇌물을 바친다. 아전들과는 늘 스스럼없는 사이가 되
어 너나들이하면서 교제하며, 노상 술집에서 만나 아침저녁으
로 다툼을 일삼는다. 그들이 도모하는 짓은 부잣집 자식을 끌
어들여 교장이 되게 하여 뇌물을 받아 배불리는 것뿐이다. 수
령은 마땅히 이런 풍속을 알아서 단아한 선비를 골라 향교의
임원으로 삼아야 한다.

9월에 양로의 예를 행하여 노인을 노인으로 대접하는 도리를

가르치고, 10월에 향음(鄕飮)의 예를 행하여 어른을 어른으로
대하는 도리를 가르치며, 2월에는 향고(饗孤)의 예를 행하여
고아를 돌보는 도리를 가르쳐야 한다.

향례(鄕禮)는 경례(京禮)이다. 옛날에는 왕성(王城)을 9구로
나누었는데 그 모양이 정전(井田)과 같았다. 중앙에는 왕궁이
있고 왕궁 앞에는 조정이 있으며 뒤에는 저자가 있고, 좌우에
6향(鄕)이 양편으로 마주보고 있다. 이때 향(鄕)이란 향(嚮)이
다. 5당(黨)이 주(州)가 되고 5주가 향(鄕)이 되는데, 마치 우리
나라의 왕성 안에 몇 개의 리(里)를 묶어서 하나의 방(坊)이 되
고 몇 개의 방을 묶어서 한 부(部)가 되는 것과 같다. 향음주례
는 곧 경음주례(京飮酒禮)이며, 향사례(鄕射禮)는 경사례(京射
禮)이다. 요즘 사람들이 옛 제도를 잘 모르고 향을 야(野)로 알
아서 소위 향음례와 향사례를 지방의 군현에서만 거행하고 서
울에서는 거행하지 않으니 이 또한 한 가지 잘못이다.

5. 신분 구별 辨等

족(族)에는 귀천이 있으니 마땅히 등급을 구별해야 하고 세
력에는 강약이 있으니 마땅히 실상을 살펴야 한다. 이 두 가
지는 어느 하나도 없앨 수 없는 것이다.

옛날 천하 국가를 다스리는 일에 그 대의가 네 가지 있었으니, 첫째는 친족을 친애하며, 둘째는 존귀한 사람을 존귀하게 대우하며, 셋째는 어른을 어른으로 모시고, 넷째는 어진 이를 어질게 대접하는 것이다. 친족을 친애하는 것은 인(仁)이며, 존귀한 사람을 존귀하게 대우하는 것은 의(義)이며, 어른을 어른으로 모시는 것은 예(禮)이며, 어진 이를 어질게 대접하는 것은 지(知)이다. 친족 외에는 벼슬과 나이와 덕이 곧 삼달존(三達尊)이 되는데, 이것이 고금을 관통하는 원칙이다.

혹시 세도가나 대족(大族)이 한 고을을 누르고 살면서, 그중에 한두 사람이 못나고 불학무식한 데다가 잇속을 좇아 못된 짓만 해서 백성들을 못살게 굴어 떠나게 하고, 상투를 매달고 수염을 뽑으며 기왓장에 꿇어앉히기도 하고 발꿈치에다 불을 질러 지지는가 하면, 이자에 이자를 더하고 더해서 파산케 함으로써 백성들의 원수가 되는 자가 있다. 이들을 경계하고 억눌러서 뉘우쳐 고치도록 해야 한다. 그래도 여전히 방자한 자는 수령이 엄중히 징계하고, 신분의 구별만을 마음에 두어서는 안 된다. 향청의 관리와 몰락한 양반 중에는 몸소 농사지으면서 농사꾼과 어울려 무례하게 잡된 농지거리를 하고, 물가나 시장 거리에서 술에 취해 싸움질을 하며 서로 상스런 말을 주고받다가, 술이 깬 뒤에 유자(儒者)의 복장을 하고 와서 명분을 바로잡아달라고 호소하는 사례도 있다. 이런 경우 수령이 지나치게 엄히 다스리면 백성이 납득하지 않을 것이니, 역시 신분의 구별만 마음에 두어서는 안 된다. 요컨대 천한 자가 귀한 자를 능멸하는 것도 수령이 우려할 바이며, 강한 자가 약한 자를 침해하는 것도 수령이 우려할 바이다. 잘 요량해서 적절히 처리해야 할 것이니 말로 다 설명하기 어렵다. 윗사람이 실수가 없으면 아랫사람이 먼저 잘못하지 않을 것이다. 마땅히 선비의 행실로 거듭 타일러서 부끄러움을 알게 한 뒤에, 귀한 자를 능멸한 죄를 통쾌하게 다스리면 원망이 없을 것이다.

6. 과거공부를 힘쓰도록 함 課藝

과거공부는 사람의 마음씨를 흐트러뜨리는 것이지만, 관리를 선발하는 제도(選擧制)가 바뀌지 않는 한 이를 권장하지 않을 수 없는 일이다. 이를 과예라 한다.

수령이 해야 할 일곱 가지 일 가운데 세 번째가 '학교를 일으키는 것(學校興)'인데, 속된 관리는 '학교를 일으키는 것'이 무엇인지 몰라서 과거공부를 권장하는 것으로 학문을 진작하는 일을 대체하고 있다. 집에서 과거공부에 응하는 것을 순제(旬題)라 하고, 시험장에 나아가 실력을 겨루는 것을 백일장(白日場)이라 한다. 고을을 통틀어 집에서 과거에 응할 수 있는 자가, 문읍(文邑)이면 수십 명이고 질읍(質邑)이면 5~6명에 지나지 않는다.* 그런데 회수되는 시권(試券, 시험 답안)은 많으면

---

* 교육·문화가 발전한 고을을 '문읍', 그러지 못하고 소박한 상태의 고을을 '질읍'이라고 한다.

1000장이고 적어도 500장은 된다. 나무 하고 소 먹이는 글자
도 모르는 자까지 저마다 남의 글을 빌려 거짓으로 작성한 시
권을 제출한다. 수령은 공무가 번잡하여 시권을 세밀히 살피지
못하기 때문에, 수령의 자제와 빈객들이 곁에서 함부로 채점하
고 옆에서 시중드는 아이와 총애를 받는 기생이 합격을 날조
한다. 그러고서 합격한 자에게 잔치를 베푼다, 상을 내린다 하
니 분잡하고 질서가 없다. 이에 세상인심이 흐트러져 난리가
벌어지니, 흙덩이와 돌멩이가 날아오고 수령을 욕한다. 수령은
군교를 풀어 응시자들을 잡아들여 곡성이 하늘을 진동하고, 칼
을 쓰고 갇힌 자가 감옥에 넘쳐나니, 이는 조용한 세상에 어지
러움을 불러일으키는 일이 된다.

총명하고 기억력이 좋은 아이들을 따로 가려 뽑아서 가르쳐
야 한다.

문학의 지식과 성향은 모두 그 시작에 달려 있다. 8세에 입
학하여 천자문을 배울 때 '집 주(宙)'의 '집'을 '가(家)'로, '잘
숙(宿)'의 '잘'을 존다는 뜻으로 잘못 알면, 이는 선입견이 되
어 평생 고질로 골수에 박혀버린다. 여기서 나아가 『증씨사략
(曾氏史略)』, 『소미통감(少微通鑑)』, 『백련구(百聯句)』, 격몽시
(擊蒙詩)를 읽고, 이렇게 가다보면 고칠 약이 없다. 오직 12세
이하의 총기가 뛰어난 아이는 아직 고칠 여지가 있으니 거두
어 가르치고, 나이 든 사람은 마땅히 습속에 따라 이끌어야 한

다. 어린이는 참된 마음으로 바로잡아야 할 것이니, 조금이나마 어릴 때라야 성취할 가망이 있다. 수염이 나고 뼈가 굳어진 자는 아무리 손을 녹이고 머리가 탈 정도로 가르치더라도 미치지 못한다.

제 8 부 /

병전 兵典 6 조

말을 달리면서 활을 쏘는 시험이 치러지고 있는 무과시험장
한시각 「북새선은도권(北塞宣恩圖券)」 부분, 1664년, 견본채색,
57.9×674.1cm(전체), 국립중앙박물관 소장.

1. 병역 의무자 선정 簽丁

병역 의무자를 군안(軍案)에 올려 군포(軍布)를 거두는 법은 폐단이 크고 넓어 백성들의 뼈를 깎는 병이 되었다. 이 법을 고치지 않으면 백성들이 모두 죽어가고 말 것이다.

조선조 초기에는 호포(戶布)라는 것은 있었지만 군포라는 것은 없었다. 중종 때에 이르러 대사헌 양연(梁淵)이 군적수포법(軍籍收布法)을 제안해 시행했지만, 군적수포법은 가구〔戶〕단위로 부과하는 공포(貢布)라 불렸지 군적에 오른 개인에게 부과하는 번포(番布)는 아니었다. 그러므로 율곡이 "군졸이 공포를 상납하는 부담을 줄이려면 공포를 전결(田結)에 배정하는 쪽으로 바꿔야 한다"라고 상소하여 군적의 개혁을 청하였으니, 이것으로 알 만하다. 임진왜란 이후에는 오위(五衛)가

혁파되고 오영(五營)이 설치되었는데, ① 훈련도감(訓鍊都監), ② 어영청(御營廳) ③ 금위영(禁衛營) ④ 수어청(守禦廳) ⑤ 총융청(摠戎廳)이다. 이것이 이른바 오군문(五軍門)이라고 하는 것이다. 수어청과 총융청은 군졸을 경기도 지역에서 뽑았고, 훈련도감·어영청·금위영은 모든 도에서 군졸을 뽑고 군포를 거뒀다. 정군을 호수(戶首)라 하고 각 호수에는 2~3명의 보인(保人)이 딸려 있어 이들에게서 쌀과 베를 거두어 물자와 장비로 쓰게 했다. 1년에 쌀로 바칠 때는 12두, 베로 바칠 때는 2필, 돈으로 바칠 때는 4냥으로 하였다.

그러다가 영조 26년(1750)에 비로소 균역법이 실시되었다. 균역청(均役廳)을 세워 은결(隱結)을 찾아내고, 고기와 소금에 세금을 붙이는 어염세(魚鹽稅)를 거두고, 문반(文班)도 아니고 무반(武班)도 아니면서 군역의 부담을 지지 않는 자에게 군포를 거두는 유포제(遊布制)를 실시하고, 결전(結錢)을 거두어서 군포를 반으로 줄였다. 이에 백성들이 조금 힘을 펴게 되었다.

법에는 "백골징포(白骨徵布)를 하면 수령을 벌준다"라고 되어있으나 오늘날 백성의 실정은 오히려 모두 백골징포를 원하고 좋아하니 무엇 때문인가? 아비가 죽고 자식이 군역을 대신하는 경우에 물고채(物故債)·부표채(付標債)·사정채(査正債)·도안채(都案債)를 내게 한다. 군포를 납부하는 것은 종래와 같은데, 별도로 거두는 것이 이와 같으니 백성들은 백골징포가 차라리 편하다고 여기지 않겠는가? 이 법을 고치지 않으면 백성이 모두 죽어갈 것이다. 아! 애석하다. 영조께서는 지극한 정성으로 백성을 불쌍히 여겼는데, 신하들이 이를 잘 받들지 못하여 그 성과가 보잘것없고 구차하게 균역청을 세우는 데 그쳤다. 어찌 한스럽지 않은가.

「애절양(哀絶陽)」이라는 제목의 시가 있다.

갈밭마을 젊은 아낙 설리 설리 우는 소리
관문 앞으로 달려가며 곡성이 하늘에 닿는구나.
전장에 나간 남편 돌아오지 못하는 일 있을 수 있다지만,
사내가 제 양물을 잘랐단 말 예로부터 듣도 보도 못했다네.
시아버지 죽어서 삼년상 벌써 지났고 갓난아기 배냇물도 안 말랐거늘
이 집 3대의 이름이 모두 군적에 올랐구나.
관가에 가서 하소연하자 해도 호랑이 같은 문지기 지켜섰고,
이정은 으르렁대며 외양간의 소마저 끌어갔다오.
남편이 식칼 들고 방으로 들어가더니 선혈이 자리에 흥건히
스스로 부르짖길 "이 바로 자식 낳은 죄로다."
잠실궁형(蠶室宮刑)은 어찌 꼭 죄가 있어서던고?
민(閩) 땅의 어린애 거세하던 풍속 가엾은 일이었거든.
만물이 낳고 살아가는 이치 하늘이 내려주심이니
음양이 어울려서 아들이요 딸이로다.
말 돼지 거세하는 것도 슬프다 이르겠거늘
하물며 우리 인간 대 물리는 일 얼마나 소중하냐?
부잣집 일 년 내내 풍악 울리고 흥청망청

이네들은 한 톨 쌀 한 치 베 내다 바치는 일 없거니
다 같이 임금의 백성이거늘 이다지 불공평하다니
객창에 우두커니 앉아 시구편(鳲鳩篇)*을 외노라.

이 시는 계해년(1803) 가을 내가 강진에서 지은 것이다. 그
때 노전에 사는 백성이 아이를 낳은 지 사흘 만에 군보에 편입
하고는, 이정이 와서 못 바친 군포 대신 소를 빼앗아간 일이 있
었다. 그 백성이 칼을 뽑아 자기 성기를 자르면서 "내가 이 물
건 때문에 곤란을 겪는다"라고 말하였다. 그의 아내가 그 성기
를 가지고 관문에 나아갔을 때에도 피가 아직 뚝뚝 떨어지고
있었는데, 울면서 호소하였으나 문지기가 막아버렸다. 내가 이
이야기를 듣고 시를 지었다. ○ 백성의 수령 된 자가 백성의 실
정은 돌보지 않고 관례에 따라 군정을 행하니, 때때로 악에 받
친 백성이 이러한 변고를 일으키는 수가 있다. 실로 말할 수 없
이 불행한 일이요, 두려워할 일이 아닌가.

군포를 거두는 날에는 수령이 직접 받아야 할 것이다. 아전들
에게 맡겨두면 백성들의 부담이 배로 늘게 된다.

중앙의 군영에 군포를 상납하는 날에 영문의 하속(下屬)들
이 횡포하고 교활한 짓을 거리낌 없이 하여 연중 관례로 주는

---

* 백성을 고루 사랑해야 한다는 것을 뻐꾸기에 비유해 읊은 시.

것 외에 따로 또 뇌물을 토색질하는데, 이들의 무한한 욕심이
충족되지 않으면 퇴짜 놓기가 일쑤다. 또 중앙 각 군영의 아전
들이 시전의 면포 상인들과 혹은 형제처럼 혹은 인척처럼 짜
고 공모하기 마련이다. 지방에서 가지고 온 면포가 퇴짜를 맞
았으니, 시포(市布)를 구입할 수밖에 없다. 객지에서 시포를 구
입하려면 으레 두 배의 가격을 지불하게 된다. 시포로 이미 납
부하였으니 자기 고을에서 가져온 포는 반드시 팔아야 되는
데 객지에서 면포를 팔게 되면 으레 반값밖에 받지 못한다. 시
전 상인들은 두 배 가격으로 팔고 반값으로 사들이니 이중으
로 이익을 얻게 되며, 향리는 두 배의 가격으로 사들이고 반값
으로 팔게 되니 이중으로 손해를 보게 된다. 일이 억울하고 그
릇된 것이 이보다 더할 수 없다. 향리는 고을로 내려와서 그간
에 이중으로 당한 손해와 뇌물로 바친 인정전 및 잡비로 들어
간 것을 모두 백성들에게 거두어들인다. 많으면 1000냥이요 적
으면 500냥이다. 이 어찌 통탄할 노릇이 아닌가? 수령은 이러
한 실정을 깊이 염두에 두어야 한다. 군포를 상납하는 군리가
서울로 올라가는 날에 수령은 마땅히 돈 수십 냥을 자신이 따
로 마련하여 진귀한 물품을 사서 삼영문(三營門)의 대장과 병
조의 군색랑(軍色郎)에게 편지를 써서 보내는데, 그 내용은 이
렇게 할 것이다. "이번 군포는 수령인 내가 모두 직접 받고 직
접 자로 재어본 것으로 그 품질과 규격이 납품에 해당하는 것
이니, 바라옵건대 은념(恩念)을 내려서 부디 담당자들을 단속
하여 퇴짜 놓는 일이 없도록 해주시기 바랍니다. 백성들에게
피해가 없게 되면 다시없는 다행이겠습니다." 장신(將臣)과 낭

관(郞官)들은 이 청을 받으면 담당자들을 단속하지 않을 수 없어 순조롭게 수납이 이루어져 모든 일이 무사하게 될 것이다. 이는 서울에서 드러나지 않게 주선된 일이므로 백성들은 그 은혜를 모른다 하더라도 아전들의 칭송이 일어나고 원망이 있을 수 없을 것이다. 내가 곡산부사로 있을 때 매번 이 방법을 썼다.

족보를 위조하고 몰래 직첩(職牒, 벼슬아치의 임명장)을 사서 군역의 의무를 면하려는 자는 엄하게 다스려야 한다.

균역의 의무는 고통을 주는 독소가 되기 때문에 모든 백성이 죄를 범하면서까지 면하려 하고, 간사하고 교활한 자들은 이런 실정을 알아 자기 분수에 넘치는 일로 유도한다. 즉 양반들의 족보를 훔쳐서 후손이 없는 파를 택해 혈연이 닿지 않는 성씨에 이어붙임으로써 아버지를 바꾸고 할아버지를 바꾸니, 비단에 돗자리를 이어놓은 꼴이 된다. 공신 아무개 정승이 8대조가 된다고 칭하기도 하고, 임금의 사위 아무개가 9대조가 된다고도 하고, 경순왕의 후예가 된다고도 하고, 혹은 문성공(文成公) 안유(安裕)의 직계손이라고도 하며, 문익점(文益漸)의 자손이라고 하는가 하면 심지어는 거짓으로 왕족의 계보에 붙여 효령대군이 9대조가 된다거나 광평대군(廣平大君)이 8대조가 된다고도 한다.

2. 군사훈련練卒

병졸을 훈련시키는 것은 무비(武備)의 제일 중요한 일이다. '수비와 공격의 자세를 반복하여 익히는 것〔操演〕'과 '깃발의 명에 따르도록 훈련하는 것〔教旗〕'이다.

명나라의 모원의(茅元儀)는 이렇게 말하였다. "병사는 훈련하지 않으면 진(陣)을 칠 수 없고, 공격할 수 없고, 수비할 수 없고, 둔영(屯營)을 할 수 없다. 또한 전투할 수도 없고 수전(水戰)과 화공(火攻)의 이로움을 다할 수 없으며, 군마가 있어도 달릴 수 없으니 군량을 허비할 뿐이다. 무비를 말하는 이들은 훈련을 가장 중요한 일이라고 한다. 병사를 뽑지 않고는 훈련할 수 없으니, 병사를 뽑은 연후에 부대를 편성한다. 금령(禁令)의 조목을 반포한 연후에 나아가고 물러서는 절도를 가르치며, 눈은 깃발에 익숙하게 하고 귀는 종소리와 북소리에 익숙하게 해서, 백 번 변화하고 백 번 진퇴하는 데 그 눈과 귀로 익힌 바에 따라 한결같아야만 절도가 있는 군대라 할 수 있다. 훈련은 대개 다섯 단계인데, ① 병사를 뽑는 일〔選士〕② 대오를 편성하는 일〔編伍〕③ 명령을 내거는 일〔懸令〕④ 깃발로 지시하는 일〔教旗〕⑤ 무예를 가르치는 일〔教藝〕이 그것이다." 지금 군현에서 조련하는 것은 이른바 '깃발로 지시하는 일'의 법에 해당하는 것이다.

군대에서 수탈하는 행위에 대해서는 군율이 특히 지엄하다. 사사로이 연습할 때나 공적으로 훈련할 때 마땅히 이 폐단을 살펴야 할 것이다.

점고 10일 전에 "군중에서의 수탈은 당연히 군령을 적용하되 효시하는 대신 죽도록 엄하게 곤장을 칠 것이며, 준 자와 받은 자 모두 중벌을 받을 것이다"라고 하고 수차례 다짐을 받아야 한다. 그 다짐이 이처럼 엄하니 아마 자숙할 줄 알 것이다. 그러나 어리석은 백성들의 일이라 알 수 없으니 군사들이 모이는 날에 거듭거듭 타이르는 한편, 저녁에 심부름하는 아이 3~4명을 거리로 내보내어 개좌(開座)*하여 곤장 치는가를 살피게 하여, 만약 장물(臟物)을 잡으면 그 성명을 알아두고 나서 한 아이는 거기를 지키고 있고 다른 한 아이는 달려와서 보고하게 한다. 즉시 그들을 잡아들여 곤장 3~4대를 치고 또 그 허물을 적어두었다가 훈련이 끝난 후에 다짐한 대로 엄중히 다스릴 것이다. 그 범한 죄가 아주 무거운 자는 즉각 군적에서 제명하고 다짐한 대로 엄히 다스리며, 새로 군사를 뽑아 대원으로 충당한다. 제명된 자에 대해서는 북을 지고 화살을 꿰어 군중을 돌게 하면 일벌백계가 되어, 다시 범하는 일이 없어질 것이다.

---

* 관청의 장이 임석해서 사무를 보는 것. 이 경우는 공무를 빙자해서 사적으로 뜯어내는 것을 가리킴.

수군을 산간 지역에 배정하는 것은 본래 잘못된 일이다.

비변사(備邊司)에서 "수군과 육군을 바꾸어 배정하는 것은 바닷가 출신의 수군은 조금이라도 변란이 생기면 자기 마을을 염려하여 쉽게 달아나기 때문이니 먼 산골 사람을 수군으로 배정한 데에는 그만한 연유가 있는 것 같습니다. 그러나 배를 부리는 일에 익숙하지 못한 산골 백성을 하루아침에 배 부리는 곳에 배정하면, 제대로 일을 하지 못할 뿐 아니라 식량과 장비를 직접 갖추어 멀리 수자리 사는 노고가 다른 사람보다 배가 됩니다. 지난날 임금께서 해주에 가 있을 때 백성들에게 고통을 물었는데, 도민 전체가 이것을 가장 큰 폐단으로 들었습니다. 바닷가 사람을 수군으로 배정하고 산골 사람을 육군으로 배정하면 양편 다 편리할 것입니다. 다만 서로 바꾸어 배정할 때 각자가 원하는 바에 따라 바꾸어줍니다."

3. 병기 수선 修兵

병(兵)이란 글자는 병기를 뜻한다. 병기는 100년 동안 사용하지 않는다 해도 좋으나 하루라도 갖추어두지 않을 수 없는 것이다. 병기를 닦는 일은 땅을 지키는 신하의 직무이다.

군현에는 모두 군기고가 있어, 그 안에 활과 화살, 창과 칼, 조총, 화약과 탄환, 깃발, 갑옷, 활집과 화살통, 구리솥, 장막 등이 소장되어 있다. 이 밖에 소소한 잡물은 모두 중기(重記, 인수 인계 장부)에 적혀 있다. 이런 등속을 잘 살펴서 파손된 것은 수리하고 없어진 것은 채우는 것이 수령의 직무이다. 그럼에도 나의 생각은 다른 점이 있다. 무릇 천하의 물건은 사용하지 않으면 좀먹고, 사용하지 않으면 썩고, 사용하지 않으면 쥐가 갉아먹고, 사용하지 않으면 곰팡이가 생기는 법이다. 지금 태평한 세상에 처해서 매년 돈 1000만 전을 들여서 활과 화살, 창과 칼 등등을 만들어 창고에 보관해두면, 얼마 못 가서 습기가 차고 비가 스며들어 화살은 좀먹고 깃이 떨어지며, 쇠는 녹슬고 자루는 썩으며, 수놓은 것은 변색되고 포목은 썩으며, 염초(焰硝)와 화약은 모두 습기를 머금어 불을 붙여도 총이 나가지 않으며, 시위를 당기면 활이 먼저 부러진다. 금년에 모두 새롭게 보수해도 내년이면 다시 그렇게 되어, 불행한 사태가 일어나더라도 군기고에 소장된 것들은 백에 하나도 쓸모가 없게 된다. 무릇 성인은 무익한 비용을 아까워하였고, 지혜로운 자는 실속 없는 일을 혐오하였다. 아무리 상관이 허물을 따지고 어사가 죄를 논하여도 실제로 성심으로 병기를 보수하는 자는 찾아볼 수 없는 지경이다. 옛사람들은 사물의 기틀을 깊이 살피고 미리 조짐을 보아서 전쟁에 대한 준비를 갖추고 뜻하지 않은 변란에 대비하여 병기를 보수하였다. 조야(朝野)가 태평하여 염려가 조금도 없는데 병기를 보수하는 것은 재물만 허비할 따름이다. 그러면 어떻게 할 것인가? 구리 1000근, 100번 담금질한 빈철(鑌鐵) 3000~4000근, 흑각(黑角) 300~400근, 길고 흠이 없는 쇠뿔 300~400근, 부레풀 100근, 화살대 1만 개, 가사목(榢木) 3000~4000매, 화피(樺皮)·꿩깃 등속 50~60근, 염초·화약 재료 600~700근, 유황(硫黃)·비황(砒黃)·자분(磁粉)·사기가루〔磩砂〕·송진·역청(瀝靑) 등 신연독화(神煙毒火)의 재료 100~200근 등의 물품을 창고에 보관해두는 것이 또한 옳지 않겠는가. 위험의 조짐이 나타나면, 한쪽에서는 두드려 만들고 다른 쪽에서는 조제하며, 칼날을 세우고 활줄에 아교를 먹이며, 유황과 송진은 가마에 끓이면 되지 않겠는가? 진실로 나라를 생각하는 사람이라면 응당 이 뜻을 알고 힘이 닿는 대로 준비하여, 병기를 보수하지 못한 죄를 속죄하도록 해야만 조금이나마 부끄러움이 없게 될 것이다.

4. 무예 권장 勸武

우리나라는 습속이 유하고 소극적이어서 무예를 좋아하지 않는다. 연습하는 것은 활쏘기뿐인데, 요즘은 활쏘기도 힘쓰지 않는다. 무예를 권장하는 일은 오늘날의 급선무이다.

활과 화살, 창과 방패는 모두 태곳적의 무기이다. 우리나라의 풍속은 창과 방패가 무엇인지도 모르고 활과 화살만을 무기로 삼아왔다. 그러나 활을 만들 때 활줄은 약한데 아교만 두

껍게 발랐기 때문에 처음에는 강하다가 뒤에는 약하고 겨울에는 강하나 여름에는 약하며 맑은 날씨에는 강하나 습한 날씨에는 약하다. 매번 활고자가 벗겨지고 활 끝이 뒤틀려서 한 번 쏘고서는 불에 말리고 한 번 당기고서는 도지개로 바로잡아야 한다. 시위를 당기기 힘들고 부러질까 걱정되니 각궁(角弓)은 활이라 할 수도 없는 것이다. 화살을 만들 때 시누대의 껍질을 벗기고 불에 쪼여서 습기에 약한데다가 박두(樸頭)만 있고 촉이 없으니 활쏘기 내기에나 쓰인다. 쇠촉이라는 것도 사람이 상할까 염려하여 만든 것처럼 끝이 날카롭지 않아 물건을 뚫기 어렵다. 나라 안에 있는 화살은 대부분 이런 따위들이며, 관청의 창고에는 혹 날카로운 화살이 있지만 만에 하나도 못 된다. 난리라도 나게 되면 모두가 맨손이요 잡을 무기가 없다. 그리고 100여 년 이래로 무과시험의 폐단이 점차 심해져서 마침내 온 나라에 활을 잡고 나서는 사람이 하나도 없는 지경이 되었으며, 오늘날에 와서는 막다른 상태에 이르렀다.

식년마다 치르는 향시(鄕試)는 모집 인원이 25명이며, 이를 좌도와 우도로 나누면 한쪽이 12명이다. 정원의 숫자가 이처럼 적은데도 응시하러 오는 자가 5~6명에 불과해서 이 정원도 충당할 도리가 없다. 그 5~6명도 시험 보이는 고을의 군교들을 억지로 합격시켜서 허명으로 순서를 매겨 충원한다. 폐단이 여기에 이르렀으니 또한 깊이 생각해볼 문제이다. 수령이 무예를 권장하려 한들 무엇으로 할 수 있겠는가.

호령하고 기거동작하는 법, 치고 찌르는 자세 등은 모름지기 외침의 우환이 있을 것을 대비해서 연습해야 할 일이다.

태상(太常) 조군(刁君)이 양주(揚州)를 지키고 있을 때 관부의 서북쪽으로 한곳을 지정하여 무성한 풀을 베고 다듬은 다음, 성을 잇대어 담장을 쌓고 담장과 나란히 해자를 팠는데, 그 둘레가 600보였다. 대나무 1만 주를 심어 그 위를 덮이게 하니 높은 정자가 담장 위로 서게 되었다. 또 동남쪽으로 담을 따라 30궤(軌)쯤에 당(堂)을 세우니, 당의 남북향으로 길이가 8연(筵)이요 넓이가 8연이다. 그 정북방으로는 활터를 만들어 나무 800그루를 줄지어 심으니, 옆으로 날개처럼 펼쳐졌다. 그리고 또 서쪽으로 12궤쯤에 누정을 세워 이무정(肄武亭)이라 하였는데, 남북으로 길이가 4연이요 넓이도 같았다. 이 누정에도 당과 같이 활터를 만들고 같은 방향으로 나무를 둘러 심었다. 이곳에서 계절에 따라 군사들을 훈련시켜 싸우고 활 쏘고 동작하는 법 등을 가르쳤다.

진릉(晉陵) 장공(張公)이 신주(信州)를 다스릴 때, 주의 서북쪽으로 지세가 높은 자리에 새로 병영을 세우고 주둔한 군대를 이곳에 옮겼다. 때에 따라 군사들에게 찌르고 치고 움직이는 법을 훈련시켰다. 실로 전에 없던 일이었다.

5. 변란에 대응하는 법 應變

수령은 군무를 맡은 관원이다. 기밀에 속한 일 가운데는 미처 생각지 못한 변고가 많으므로 대응 방법을 미리 강구해야 한다.

인품의 대소는 그 사람의 국량에 달려 있다. 국량이 얕고 좁은 자는 조그마한 일에 낙담하기도 하고 허튼 소문에 마음이 동요되기도 하여, 마침내 뭇사람의 마음을 어지럽게 만들고 뭇사람의 비웃음을 한 몸에 받게 되지만, 국량이 깊고 넓은 사람이 큰일을 만나면 태연히 웃고 이야기하며 대처할 것이다. 모름지기 평소에 지난 역사를 두루 살펴서 옛사람들이 일을 처리한 사례들을 모아 읽고 마음 깊이 젖어들게 하면 일을 당해서 두려움이 없이 바르게 처리할 수 있을 것이다.

유언비어는 아무 근거 없이 생기기도 하고 무슨 기미가 있어서 생기기도 하는 것이니, 수령은 조용히 진정시키기도 하고 묵묵히 관찰하기도 해야 한다.

요즘 부세가 과중하고 관리들이 탐학을 일삼아서 백성들이 살아가기 어려운 지경에 이르러 다들 난리가 나기를 바라고 있다. 이에 요망한 말들이 동쪽에서 일어나고 서쪽에서 호응하니, 이런 것들을 잡아서 다 법대로 살육한다면 살아남을 자가 하나도 없을 것이다. "유언비어가 거두어져서 보리 뿌리로 들어간다"라는 속담이 있는데 보리가 익을 철이 되어 농사일로 바빠지면 백성들이 오고가고 할 겨를이 없기 때문에 유언비어가 저절로 가라앉는다는 뜻이다. 유언비어는 들어도 못 들은 척하여 조용히 잠재우는 것이 옳다. 혹 흉악한 무리들이 뜻을 잃고 나라를 원망해서 음모를 꾸며 난리를 일으키려 하면 필시 먼저 유언비어를 퍼뜨려 백성들의 마음을 뒤흔든다. 영조 4년(1728)에 역적 이인좌(李麟佐) 등이 반란을 일으켰는데 그 2년 전부터 유언비어가 크게 일어났으며, 순조 12년(1812)에 홍경래 등 토적(土賊)이 변란을 일으켰는데 이때도 그 2년 전부터 유언비어가 크게 일어났다. 이들은 모두 이미 겪어본바 뚜렷한 증거이다. 이런 때에 당해서 수령이 귀가 막힌 듯 듣지 않고 신경 쓰지 않다가는 충청도 청주에서 병사가 죽임을 당하고 평안도 가산에서 군수가 죽임을 당하는 꼴이 되기 십상이다.

무릇 괘서(掛書, 이름을 밝히지 않고 내건 글)와 투서는 혹은 불살라 없애거나, 혹은 조용히 살펴봐야 할 것이다.

무릇 괘서와 투서가 반역에 속하여 놀라운 기미가 있는 경우 문제가 큰 건은 수령이 영문에 직접 달려가 감사와 의논할 일이요 작은 건은 수리나 수향(首鄕)을 보내 감사에게 보고할 일이다. 혹 고을 사람들이 서로 무함하거나 아전들이 서로 무

고하고 날조하여 사사로운 원한을 갚으려고 하는 따위는 즉각
불태워 함부로 전파되지 않도록 해야 할 것이다. 그런 중에 혹
사사로운 원한에서 나왔더라도 실질적인 근거가 있고 중요한
일에 관계된 문제는 조용히 살펴서 그 싹과 기맥을 찾아내야
한다.

이속들이 서로 무함하면서 숨겨진 일을 고발하는데 혹은 재
결(災結)을 훔쳐 먹었다, 혹은 창고의 곡식을 바꿔치기했다, 혹
은 첨정(簽丁)할 때 뇌물을 먹었다, 혹은 백성의 재산을 가로
챘다고 한다. 이런 따위는 대부분 실상에 속하는 것이요 거짓
으로 무고하는 것이 아니기 십상이다. 마땅히 몰래 사람을 시
켜 염탐해서 실제의 부정을 찾아 죄악을 징계하기를 도모해야
할 것이요, 투서자가 마음이 바르지 못하다 하여 그냥 덮어두
어서는 안 된다. 대체로 투서를 당하는 자는 수리나 유력한 아
전이다. 유력한 아전이란 아침저녁으로 수령의 곁에서 가까이
모시고 있는 사람이어서 동료들이 감히 그의 부정을 직언하지
못하기에 밀고하는 것이다. 그대로 덮어두어서 되겠는가.

변란이 일어나면 놀라 동요하지 말고 조용히 생각하며 사태
의 추이에 따라 대응해야 할 것이다.

익위(翊衛) 박인(朴璘)이 평강(平康)현령으로 있을 때의 일
이다. 임진왜란이 일어났는데 마침 그때 지봉(芝峰) 이수광(李
晬光)이 종사관(從事官)으로 평강을 지나가게 되었다. 이수광

은 적과 싸우는 가운데 왕의 지령에 따라 분주하게 다니느라 마음이 안정되지 않았는데, 박인의 얼굴은 한가하고 단아하기가 평상시와 다름없었다. 이수광은 마음속으로 기이하게 생각하여 후일에 그의 묘지(墓誌)를 지을 때 이 일을 기록하였다.

권준(權晙)이 순조 11년(1811)에 연안부사가 되었는데, 그때 가산의 역적 홍경래가 바야흐로 험한 곳에 웅거하여 나오지 않으니 인심이 흉흉하였다. 전임 부사가 아전과 군교, 관노 등을 동원하여 밤낮으로 쉬지 않고 관아를 지키게 하니 이들이 심히 괴롭게 여겼다. 권준은 부임하자마자 바로 수비를 풀고 여느 때와 같이 성문을 활짝 열어놓았다. 관내 백성들이 아주 좋아했다.

6. 외침을 막아내기 禦寇

외침으로 인한 전란을 만나면 지방을 맡은 신하는 의당 경내를 지켜야 할 것이니, 방어의 책임은 도성을 지키는 장수와 마찬가지이다.

고려 박서(朴犀)가 서북면병마사(西北面兵馬使)로 있을 때의 일이다. 몽고의 원수 살례탑(撒禮塔)이 철주(鐵州)를 도륙하고 구주(龜州)에 이르러 성을 에워싸고 30일 동안 온갖 꾀를 써서 공격했다. 박서가 기민하게 상황 변화에 대응하여 굳게 지키니, 몽고군이 이기지 못하고 물러갔다. 당시 몽고 장수 중에 나이가 70세에 가까운 자가 성 아래 이르러 성루와 기계들을 둘러보고 탄식하기를 "내가 성인이 되어 종군한 이래 천하의 성지(城池)와 공방의 상태를 두루 보았으되, 일찍이 이처럼 공격을 받고도 끝내 항복하지 않는 사례는 보지 못했다. 성중의 여러 장수들이 후일에 필시 높은 장수와 재상이 될 것이다"라고 말했다. 후에 박서는 과연 문하평장사에 이르렀다.

고려 김경손(金慶孫)이 정주(靜州) 분도장군(分道將軍)으로 있을 때의 일이다. 몽고군이 압록강을 건너 쳐들어와 정주에 이르렀다. 김경손은 죽음을 내건 용사 12명을 거느리고 성문을 열고 나가 힘껏 싸워 적병을 물리쳤다. 후에 몽고군이 다시 쳐들어와서 20여 일 동안 크게 싸웠는데, 김경손이 상황에 따라 방비를 하여 대처하는 것이 귀신같았다. 몽고인들이 "이 성은 이소적대(以小敵大)로 맞서니 하늘이 돕는 것이지 사람 힘이 아니다"라고 하고 마침내 포위를 풀고 물러갔다. 김경손은 곧이어 대장군에 임명되었다.

지키기만 하고 공격하지 않아 적으로 하여금 경내를 통과하도록 내버려두는 것은 임금을 저버리는 일이다. 어찌 추격을 하지 않을 수 있겠는가?

정경달(丁景達)이 경상도 선산부사로 있을 때의 일이다. 임진왜란을 당하여 적군이 고을을 점령하여 물러가지 않았다. 그는 달아나 산골에 숨었다가 고을 백성과 장교와 아전들을 불러 모아 의논하여 네 곳에 채(寨)를 설치했는데 낙동강 동쪽에 둘, 서쪽에 둘이었다. 그러나 적이 중간을 차지해 있고 또 강물이 불어서 강 동쪽의 두 채에 명령이 통하지 못했다. 정경달은 경내를 넷으로 나누어 네 개의 도청(都廳)을 세우고 각기 장령(將領) 1명, 향소(鄕所) 1명, 복병장(伏兵將) 6명, 유격장(遊擊將) 18명을 두어 각각 군사를 거느리고 있으면서 적이 쳐들어오면 피하고 돌아가면 다시 진을 쳐서 논밭의 곡식을 거두어들이기도 하고, 낙오한 적을 잡아 베기도 하여 노획한 물자가 많았다. 적군이 정경달을 기필코 사로잡으려 했으나 끝내 잡히지 않았다. 충무공이 순천 수영에 있을 때 그가 장수로서 지략이 있는 줄을 알고 불러서 종사관으로 삼았다.

정충신(鄭忠信)이 안주목사로 있을 때의 일이다. 이괄(李适)이 반란을 일으키자 정충신이 도원수 장만(張晩)에게 달려갔다. 장만은 정충신에게 이괄이 어떻게 나올 계책인지를 물었다. 정충신이 대답하기를 "적이 만약 새로 일으킨 날카로운 기세를 타서 곧바로 한강을 건너 승여(乘輿)를 핍박한다면 안위를 예측하기 어려우니 이것이 저들에게 상책입니다. 다음은 평안도와 황해도 지방을 점거하고 서쪽으로 모장(毛將)과 결탁해서 기세를 높이면 조정이 쉽사리 제어할 수 없을 것이니 이것이 저들에게 중책입니다. 그리고 사잇길로 재빨리 서울로 올라가 빈 성을 지키고 있는 것이 저들에게 하책이지요. 이괄은 사람이 날카롭지만 꾀는 없기 때문에 필시 하책을 쓸 것입니다"라고 했다. 도원수가 그를 선봉장으로 삼아 장차 출병하려는데 이날 어떤 사람이 직성칠살(直星七殺)은 병가에서 꺼리는 날이라고 하자, 그는 "어찌 부모의 병환 소식을 듣고 날짜를 택하여 갈 것인가?"라고 말했다. 그가 서울 지경에 당도해서 "먼저 북쪽 산을 차지하는 자가 이긴다. 지금 우리가 안현(鞍峴)을 점거하여 진을 치고서 성을 내려다보며 북풍을 이용하여 공격하면 적군이 크게 무너질 것이다"라고했다. 이튿날 드디어 역적을 사로잡았다. ○국왕 행차가 공주로부터 올라오자 서도의 수령들이 모두 나와서 한강 머리에서 임금을 맞이했다. 정충신은 "수토지신(守土之臣)은 직분이 마땅히 자기 고을을 지키는 데 있다. 적이 이미 평정되었으니 의당 고을로 돌아가야 할 것이요, 강 머리에서 임금을 맞이하는 일은 직분이 아니다"라고 말하고 곧바로 안주로 돌아갔다.

굳센 충절로 사졸을 격려해서 약간의 공이라도 세우는 것이 으뜸이고, 형세가 불리하고 힘이 다한 나머지 죽음으로써 삼강오륜을 부지하는 것 또한 본분이다.

고려 최춘명(崔椿命)이 자주(慈州)의 부사(副使)로 있을 때의 일이다. 몽고 군대가 들어와서 포위하였는데 그가 힘껏 지켜 함락되지 않았다. 임금이 몽고 장수 살례탑이 힐책할 것을 걱정하여 사람을 보내 항복하라고 달래었으나 그는 성문을 닫고 응답하지 않았다. 삼군의 장수들이 왕명으로 항복함에 이르러, 회안공(淮安公) 왕정(王侹)이 대집성(大集成)을 보내서 항복하라고 권유했다. 최춘명은 성루에 앉아서 사람을 시켜 "성 안에서는 회안공이 있는 줄 알지 못한다"라고 대답했다. 대집성이 성으로 들어오려 하자 그는 좌우를 시켜 활을 쏘았다. 대집성이 도망가 최이(崔怡)에게 고자질을 하여 최춘명이 곧 죽게 되었으나 얼굴빛은 조금도 변함이 없었다. 몽고 사람이 이를 보고 "이 사람은 우리에게는 명을 거역한 자이지만 너희에게는 충신이다. 우리들도 죽이지 않는데 너희들에게는 성을 지킨 충신을 죽이는 것이 옳은가?" 하고 굳이 청하여 최춘명을 석방하였다. 후에 공을 논함에 1등이 되었다.

정발(鄭撥)이 부산진 절제사(節制使)가 되어서 떠나려 할 때 어머께 울면서 하직하기를 "자식이 벼슬을 구한 것은 본래 어버이를 봉양하기 위해서인데 기왕 임금의 신하가 되었으니 또한 마땅히 나라를 위해 죽어야합니다. 충과 효 두 가지 모두를 온전히 할 수 없으니 어머니께서는 이 자식을 걱정하지 마옵소서"라고 하니 어머니도 눈물을 감추고 등을 어루만지며 "떠나거라. 네가 충신이 되면 내가 무슨 유감이 있겠느냐"라고 했다. 그는 무릎을 꿇고 말씀을 들은 다음, 아내를 돌아보고 "어머님 섬기기를 내가 있을 때와 같이 하시오"라고 말하니 좌우에서 모두 눈물을 흘렸다. 그가 부산진에 부임해서 이른 아침부터 밤늦게까지 온갖 준비를 하여 사수할 계책을 세웠다. 그의 아들 정흔(鄭昕)이 아버지의 임지에 따라와 있었다. 임진년 4월 초3일에 망해루(望海樓)에서 잔치를 열고 술이 반쯤 돌았을 때 이 아들을 불러서 "오늘 내가 너와 영결을 해야겠다. 네가 만약 천천히 가다가는 필시 화가 미칠 것이다. 지금 곧 떠나거라"라고 경계하였다. 아들이 울면서 "어찌 차마 혼자 돌아가겠습니까"라고 했으나, 그는 "부자가 함께 죽는 것은 이익될 것이 없다. 너는 돌아가서 나의 어머니와 너의 어머니를 봉양하라" 하고 종자를 꾸짖어 말에 부축해 태워서 떠나보냈다. 그달 13일에 그가 급히 배를 타고 바다로 나가니 적선이 이미 바다에 가득해 있었다. 그는 겨우 전함 3척으로 싸우면서 후퇴하여 성으로 돌아와서 성 밖의 인가를 모두 불 질러 싸움에 편리하도록 하고 샛길로 사람을 보내 구원을 청했다. 이날 밤하늘에 구름 한 점 없이 달빛이 낮과 같이 밝았다. 그가 성루에서 칼을 기대고 앉아 소경으로 하여금 퉁소를 불게 했더니 평일처럼 한가롭게 보여서 군사와 백성들이 진정되어 동요하지 않았다. 이튿날 새벽에 적이 육박하여 성에 기어올라오자 칼 기운이 하늘에 뻗치고 포성이 땅을 흔들었다. 그는 장졸들을 거느리고 성을 순시하며 사기를 북돋우니 활을 쏘아 죽인 적의 숫자가 무수하여 시체가 산처럼 쌓였다. 정오 무렵 성안에 화살이 떨어졌다. 한 측근이 "성을 빠져나가서 원병을 기다립시다"라고 했지만, 그는 "나는 마땅히 이 성의 귀신이 되겠다. 또 성을 버리라고 말하는 자는 참할 것이다"라고 하고 군중에 명령을 내려 "떠나고 싶은 자는 떠나라" 하니 사졸들이 모두 눈물을 흘리며 감히 자기 위치를 떠나지 않았다. 이윽고 그는 탄환을 맞았고 성도 드디어 함락되었다.

김천일·최경회·황진이 진주성에서 죽음에 임해 시를 지었다. "촉석루 아래 세 장사 술 한 잔 들고 웃으며 강물을 가리킨다. 강물은 유구한 세월에 도도히 흐르니 물결이 마르지 않듯

혼도 죽지 않으리라." 그 후 신유한(申維翰)이 시를 지어 붙이기를 "천지간에 임금을 보답한 세 장사라, 강산에 나그네 발길을 멈추게 하는 누각이로다"라고 했다.

전란의 화가 미치지 않는 지역에서는 백성을 잘 보살펴 물자를 비축하고 농사를 권장해서 군수(軍需)를 넉넉하게 하는 일도 나라를 지키는 직분이다.

전란이 나면 그 서슬이 아무리 날카롭더라도 대개 어느 한 지역에서 충돌이 일어나지, 온 국토가 전화에 휩싸이는 것은 아니다. 전란이 닿지 않는 곳에서는 백성을 안정시키기에 힘써야 한다. 미리 겁을 내서 물고기가 숨고 짐승이 달아나듯 백성들이 뿔뿔이 흩어지도록 내버려두고, 거두고 보살피는 일을 하지 않으면 전란에 직접 노출된 지역은 어디에서 힘을 얻을 것인가? 수령은 의당 주민들을 불러 이해(利害)로 타일러서 각자 안도하도록 하고, 농사를 지어 재물을 비축, 능히 필요한 공급을 하여 백성을 편안하게 하고 나라를 방어하면, 전장에 나가 화살과 총알을 무릅쓴 자보다 공이 못하지 않을 것이다. 만약 그때의 형세상 눈앞에 전란이 닥치게 되면 아무쪼록 성곽을 공고히 하고 해자를 파며, 병기와 갑옷을 수선하여 방어할 도리를 차려야 할 것이다. 또 만약에 읍성이 너무 낮거나 터져 있어서 적의 공격을 막아낼 수 없으면, 지형을 헤아리고 하천을 살펴서 요새가 될 만한 곳을 택해 보루를 많이 설치하고, 나무와 돌을 다량으로 쌓아두고 양곡을 저장해놓은 다음, 적군이 이용하지 못하도록 들판을 비우고서 기다릴 것이다. 그리고 나서 한편으로 주민들로 하여금 틈틈이 요새에서 내려가 농사를 짓고, 다른 한편으로 멀리 척후를 세워두면 적이 쳐들어오더라도 충분히 방어할 수 있다. 쳐들어오지 않으면 각자 돌아가서 살 것이니 어느 쪽이건 무방하다. 향토를 버리고 산으로 숨고 바다로 달아나는 자들은 대개 다 낭패하여 입지를 잃고 길에서 죽고 말 것이다. 의당 이러한 뜻을 거듭거듭 백성들에게 설명하여 경솔하게 움직이지 말도록 해야 한다.

제 9 부 /

형전 刑典

6조

관리가 행차하는 모습

김홍도 「관인원행(官人遠行)」,
1795년, 지본담채, 100.6×34.8cm,
국립중앙박물관 소장.

1. 송사를 심리하기 聽訟

송사를 심리하는 근본은 성의(誠意)에 있고, 성의의 근본은 혼자 있을 때 마음가짐과 행동을 바르게 하는[愼獨] 데 있다.

『중용』에서는 『시경』을 인용하여 "'무언(無言)의 교화에 백성이 감동하면, 다툼이 없어진다'라고 하였으니, 군자가 상을 주지 않아도 백성들은 서로 착한 일을 권하며, 벌을 주지 않아도 백성들은 작두와 도끼 같은 형구보다 두려워한다"라고 하였다. 『대학』에서는 공자의 말을 인용하여, "송사를 심리하는 일은 나도 다른 사람과 다르지 않지만, 나는 근본적으로 쟁송이 일어나지 않도록 할 것이로다"라고 하였다. 송사를 심리하는 것과 아예 쟁송이 없게 하는 것은 그 차이가 실로 크다. 송사를 심리하는 것은 말과 표정으로 백성을 교화하는 일이다.

쟁송이 없게 한다는 것은 "내가 밝은 덕으로 교화하여, 소리를 지르거나 표정을 드러내지 않는다"라는 취지이다. 성인은 언제나 마음가짐과 행동을 바르게 갖고 성의를 간직하여 몸을 닦는 것을 먼저 생각하므로, 자연히 백성들이 우러러보고 두려워하여 감히 사실이 아닌 말을 진술하지 못하는 것이다. 이는 백성을 교화하는 지극한 효과이다. 천하의 만민은 빽빽하고 총총하여 집집마다 타이르고 달래는 것도 불가능하며, 입과 혀로 다 따지고 가르칠 수는 없는 노릇이다. 그러므로 성인의 도는 통치자가 정성을 극진히 하고 공경을 돈독히 하면 천하가 저절로 평온해지는 데 있다. 이 모두가 근본적으로 쟁송이 일어나지 않도록 한다는 뜻이다.

송사의 심리를 물 흐르듯 거침없이 하는 것은 타고난 재능이 있어야만 가능하기에 위험한 일이다. 송사의 심리는 필히 마음을 다해서 정확히 따져야 확실한 법이다. 그러므로 송사를 줄이고자 하면 심리를 세밀하게 해야 하니 더뎌지기 마련이다. 그렇게 하면 한번 판결이 내려진 후에는 그런 소송이 다시 제기되지 않게 된다.

수령 중에 참을성이 없는 자는 으레 소장(訴狀)을 접수하면 그 사건의 근원부터 파고들어 밝히려 하지 않고 눈앞에 대하는 소장의 문면(文面)만 의거해서 판단한다. 더듬고 찾아도 얽혀 있어서 옳은 것도 같고 틀린 것도 같은데 급히 판결문을 적고 나서 아전과 졸개들에게 소리쳐 물러가게 한다. 그리하여 당장 일이 끝난 것만을 다행으로 여기는 것이다. 이 일이 수령에게는 비록 자질구레한 것일지라도 백성에게는 실로 큰 문제이다. 판결을 명백히 내려 한쪽이 이기고 한쪽이 지게 된 다음에야 비로소 일이 끝난다. 수령의 위엄으로 비록 여러 번 번거롭게 하기는 어렵다 치더라도 소송에 얽힌 감정이 어찌 쉽게 저절로 가라앉을 수 있겠는가. 풀을 제거하되 뿌리를 남겨두면 해마다 다시 살아나는 법이니, 한 가지 일로 서로 다투는 것이 다섯 차례, 열 차례에 이르고 보면 소송이 날로 번거로워지는 원인이 되어 마침내 가려낼 도리가 없게 된다.

막혀서 소통이 되지 못하면 민정(民情)은 그 때문에 답답해할 것이다. 호소하고 싶은 백성들이 마치 자기 부모의 집에 오는 것 같이 한다면 이야말로 훌륭한 수령이라고 할 수 있다.

자하산인(紫霞山人)은 말하였다. "어린아이의 병을 의서에서는 벙어리과(啞科)라고도 부른다. 아프거나 가려워도 스스로 말할 수가 없기 때문이다. 항시 보면 촌백성들이 원통함을 호소하고 싶어도, 권세 있는 아전이나 간악한 좌수 등과 관련된 일이면 이들의 노여움을 건드릴까 두려워 감히 드러내 말하지 못한다. 그런 까닭에 백성의 하는 말이 우물쭈물하여 하나같이 사리에 어긋난 듯 보인다. 이것이 그들이 벙어리처럼 되는 첫 번째 이유이다. 또한 백성들은 법도 모르고 문자도 모르므로 서당의 훈장에게 부탁해서 대신 소장을 쓰게 된다. 이들은 글이 형편없는 수준인데 어떻게 공문서에 쓰는 이두식 문체를 알 것인가? 그렇기에 사건에 대한 확실한 증거는 빠뜨리고 중요하지 않은 부분만을 늘어놓게 된다. 본래 사리로 보아 정당한 일임에도 소장의 표현이 사리에 어긋난 듯이 되고 만다. 이것이 그들이 벙어리처럼 되는 두 번째 이유이다. 백성은 관정에 나가더라도 상하의 관졸들이 좌우에서 매질을 해대니 마음과 혼이 나가서 말이 나오지 못하거늘, 소송 상대방은 간사한 아전이나 간교한 호민이라 말솜씨가 대쪽을 쪼개는 것처럼 듣기에도 시원하다. 이자가 한번 크게 웃으며 공갈을 치면 백성은 억눌려서 말이 막히기 마련이다. 이것이 그들이 벙어리가 되는 세 번째 이유이다. 내가 전에 지방관으로 있으면서 매양 보면 관장이 엎드리라고만 해도 어리석은 백성은 매를 맞을 듯 양다리를 뻗고 엎드려 마치 두꺼비가 물 위에 떠 있는 형상을 하고 있다. 불쌍해서 차마 매를 칠 수가 없었다. 요컨대 수령은 백성들의 송사 듣기를 마치 어린아이의 병을 살펴보듯 해야지 위엄과 억압으로 해서는 결코 일이 되지 않는다."

『다산필담』에서 이렇게 말했다. "수령 된 자는 성질이 번거로움을 싫어하고 일에 밝지 못해, 일단 소장을 대하면 으레 '조사해 보고하라〔查稟〕'는 말을 급한 일을 넘기는 수단으로 삼고 있다. 그래서 이 일이 향청이나 담당 아전, 혹은 향갑이나 전감(田監)에게 맡겨진다. 백성들이 하소연하는 내용이 대부분이 무리들의 농간으로 어지럽게 얽힌 문제인 줄을 모르는 것이다. 비록 백성의 소장 안에 이들 몇 사람의 이름이 들어 있

지 않다 하더라도, 일의 줄거리를 파헤치면 모두가 이 무리들
과 닿아 있다. 백성들은 이들의 위세가 겁이 나서 감히 드러내
말을 못할 뿐이다. 수령이 직접 나서서 조사해 밝히면, 반드시
이 무리들 가운데 응당 가볍게 곤장을 몇 대 때릴 자가 있고,
곤장을 수십 대 때릴 자도 있으며, 돈을 토해내야 할 자도 있을
터인데, 도리어 이 무리들로 하여금 그 일을 조사해 보고하라
고 하다니, 그 얼마나 억울한 노릇인가? 어린애가 호랑이에게
쫓겨 부모의 품속으로 뛰어드는 것을 부모가 도리어 어린애를
호랑이 입속으로 내던지는 꼴이다. 누가 이 사람을 자애롭다
할 것이랴! '조사하여 보고하라'는 수령의 말이 이와 무엇이
다른가?"

무릇 급하게 달려와서 송사를 제출하는 자가 있으면, 그의 말
만 믿지 말고 느긋하게 대응하여 서서히 그 실상을 살필 것
이다.

무릇 소송을 제기하는 사람의 말이 제아무리 굉장히 놀랄
만한 일이라도 한쪽 편의 말만을 그대로 믿어서는 안 된다. 잘
잘못을 일체 따지지 말고, "양쪽의 소장을 받고 나서 대질하여
처리할 것이다. 여기에 한 글자라도 더 보태서는 안 된다"라고
만 쓴다. 항시 보면 수령으로서 세련되지 못한 자는 갑이 제소
하면 갑이 옳다고 장황하게 논단하여 을을 간사한 자로 만들
고, 을이 제소하면 을이 옳다고 하여 갑의 주장을 완전히 뒤집

어 갑을 거짓말쟁이로 만든다. 두세 번 뒤집어엎고 아침저녁으로 바뀌는 것이 '무두질한 사슴 가죽 같고 성난 두꺼비의 씨름 같다〔熟鹿之皮 怒蟾之觝〕'고 조롱하는 소리가 온 고을에 넘칠 것이다. 이는 크게 조심할 일이다.

정선은 말하였다. "소송을 판결하는 기한은 되도록 늦춰 잡는 것이 좋다. 어떤 자가 한때 화가 나서 소장을 제출하려 하다가도 날짜가 조금 지나면 성이 풀리고 사건도 가라앉아 서로 화해하여 관아에 오지 않는 경우가 허다하다. 이 또한 송사를 처리하는 한 방법이다."

인륜의 소송은 천륜에 관계되니 마땅히 분명하게 판결해야 할 일이다.

한나라 황패(黃霸)가 영천(潁川)태수로 있을 때의 일이다. 어떤 부잣집에 형제가 함께 살고 있었는데, 아랫동서와 맏동서가 같은 시기에 임신을 하였다. 맏동서가 유산을 했는데 이 사실을 숨기고 있다가, 아랫동서가 아들을 낳자 그 아이를 자기 아들이라고 우겼다. 그리하여 쟁송이 3년을 끌어오고 있었다. 황패가 사람을 시켜 그 아이를 안아 관정으로 데려와, 두 동서로 하여금 다투어 데려가도록 했다. 맏동서는 힘을 다 써서 거칠게 끌어당기는데 아랫동서는 혹시라도 다칠까 싶어 조심하는 모양이 심히 안타까워 보였다. 황패는 맏동서를 꾸짖어 "너는 집안의 재산을 탐내어 이 아이를 차지하고자 하니, 다칠까

봐 걱정하겠느냐"라고 하였다. 만동서는 처벌을 받게 되었다.

골육끼리 쟁송을 벌여 의를 저버리고 재물에 목숨을 건 자는
마땅히 엄하게 징계하여 다스려야 할 것이다.

장영이 항주(杭州)를 다스릴 때의 일이다. 어떤 부호가 병이
들어 장차 죽게 되었는데 아들은 겨우 세 살이었다. 이에 그 사
위에게 재산을 맡게 하고 유서에 쓰기를 "재산을 분배하게 되
거든 10분의 3을 아들에게 주고 10분의 7을 사위에게 주라"라
고 하였다. 아들이 장성하자 재산 문제로 소송을 제기했다. 사
위가 그 유서를 관부에 제출하고 원래 약속대로 해야 한다고
주장했다. 장영은 술을 따라 땅에 부어 신을 부르는 의식을 거
행하고 "너의 장인은 지혜로운 사람이다. 그때에 아들이 어렸
으므로 이 유서를 너에게 주었던 것이다. 그렇지 하지 않았으
면 어린 아들은 네 손에 죽었을 것이다" 하고는 명하여 재산의
10분의 3을 사위에게 주고 10분의 7을 아들이 차지하도록 판결
했다. 둘 다 울면서 사례하고 물러갔다.『경국대전』 분재(分財)
의 법에 토지·가옥·노비의 분배에 대한 비율이 모두 일정하게
정해져 있다. 무릇 이런 소송을 만나면 응당 국법에 따라 판결
해야 한다.

고려의 손변(孫抃)은 성품이 굳센데다가 행정 실무에 능하
였다. 일찍이 경상도 안찰사로 나갔는데, 동생과 누이가 서로
송사하여 다투었다. 누이가 "아비가 임종할 때에 가산을 모두

나에게 주었으며, 동생에게 준 것은 옷과 모자 한 벌과 신발 한 켤레, 종이 한 권입니다. 문서가 모두 있습니다"라고 하여, 여러 해 동안 결말이 나지 않았다. 손변이 두 사람을 불러서 물었다. "너희 아비가 죽을 때 너희의 나이는 각각 몇 살이었으며 너희 어미는 어디에 있었더냐?" "어미는 먼저 죽었으며, 저는 이미 시집갔고 동생은 이빨을 갈 나이였습니다." 손변이 "부모의 마음이 어찌 아들과 딸에 대해 후하고 박함이 있겠느냐. 그런데 이 아이가 의지할 곳은 누이뿐이었다. 만약 재산을 똑같이 나누어주면 아마도 아이의 양육이 온전하지 못했을 것이다. 아이가 장성하게 되면 이 종이를 가지고 소장을 만들고 이 옷과 모자를 착용하고 이 신발 신고서 관에 가서 고소하라는 의미다. 그러면 제대로 판결해줄 이가 있을 것으로 기대한 것이다. 하필 네 가지 물건을 남겨 놓은 뜻이다" 하고는, 드디어 가산을 절반씩 나누어 갖도록 했다. 남매는 감격하여 울면서 물러갔다.

소와 말에 관련한 소송에서는 명성이 드러난다. 옛사람들이 아름다운 본보기를 남겼으니 대체로 본받을 만하다.

당나라 장윤제(張允濟)가 무양령(武陽令)으로 있을 때의 일이다. 이웃 고을인 원무현(元武縣)에서 암소를 가지고 처가에 의탁해 사는 자가 있었다. 8~9년 사이에 암소가 송아지를 낳아 소가 10여 마리나 되었는데 따로 나가 살게 되자 처가에서는 소를 주지 않았다. 그 고을에 여러 번 소송했으나 판결을 얻지 못하여, 사위는 경계를 넘어 무양현으로 와서 고소했다. 장윤제가 "너의 고을에 수령이 있는데 어찌하여 이곳으로 왔는가?"하니 그는 눈물을 흘리며 돌아가려 하지 않고 이유를 아뢰었다. 장윤제는 부하들로 하여금 그 사람을 묶고 옷을 머리에 뒤집어씌워 얼굴을 가린 다음, 그의 처가 마을로 가 소도둑을 잡았다고 했다. 그러고는 그 마을의 소들이 어디에서 왔는지를 조사했다. 처가에서는 까닭을 모르고 그 일에 연루될까 겁이 나, "이 소들은 사위 집의 소입니다"라고 대답하였다. 장윤제는 사위에게 뒤집어씌운 베적삼을 벗기게 하고는, "이 사람이 사위이니, 마땅히 소를 돌려주라"라고 하였다.

고려의 이보림(李寶林)이 경산부(京山府) 수령으로 있을 때의 일이다. 어떤 자가 와서 이웃 사람이 자기 집 소의 혀를 잘랐다고 고소하였는데 이웃 사람은 불복하였다. 이보림은 그 소를 목마르게 하고는, 물에 간장을 타 동네 사람들을 모아놓고 "차례차례 소에게 그 물을 먹이게 하되 소가 물을 마시려 하거든 곧 중지시키라"라고 말하였다. 동네 사람들이 그 명령대로 하는데, 고소당한 자의 차례가 되자 소가 놀라서 달아났다. 그자를 심문하니, 과연 "소가 내 벼를 뜯어먹어서 그 혀를 잘랐습니다"라고 자백하는 것이었다. 또 어떤 사람의 말이 달아나 다른 사람의 보리를 거의 다 뜯어먹었다. 말 주인이 보릿가을이 되면 변상하겠다고 약속하고는, 여름이 되자 보리 이삭이 다시 나서 수확을 할 수 있게 되었다며 물어줄 생각을 하지 않는 것이었다. 그래서 보리밭 주인이 고소하였다. 이보림은 말 주인은 앉고 보리밭 주인은 서게 하고는, "둘 다 달음질을 치되 따라가지 못하는 자에게 벌을 주겠다"라고 말하였다. 말 주인이 따라가지 못하자 이보림이 그를 꾸짖었다. 말 주인은 "저 사람은 서 있고 나는 앉아 있었는데, 어떻게 따라갈 수 있겠습니까?"라고 하였다. 이에 이보림이 "보리 또한 마찬가지다. 보리가 말에게 뜯어 먹히고 나면 어떻게 제대로 자라 익을 수 있겠느냐?"라고 말하고는 곧 말 주인에게 곤장을 치고 보리값을 물어주게 하였다.

투명한 마음으로 사물을 비춰보고 어진 뜻이 미물에까지 미치게 된다면, 특이한 소문이 널리 퍼지고 훌륭한 명성이 후세에 전해질 것이다.

당나라의 온창(溫彰)이 경조윤(京兆尹)으로 있을 때 하루는 방울을 울리는 소리가 들려서 살펴보니 까마귀였다. 그는 '이는 필시 사람이 그 새끼를 잡았기 때문에 호소하는 짓이다'라고 생각하고는, 아전에게 명해 알아보도록 하니 과연 새끼를 잡은 자가 있었다.

송나라 장차산(張次山)이 태산수(泰山守)가 되어 고을을 다스릴 때의 일이다. 일찍이 황새가 계석(戒石) 앞에 모여 앉은 것이 마치 무엇을 하소연하는 듯하였다. 그는 황새들을 먼저 날려 보내고 군관으로 하여금 그 뒤를 따라가게 했다. 황새가 어떤 큰 나무 위로 날아가 앉았는데 그 근처 이웃집에 새끼 두 마리를 잡은 자가 있었다. 장차산이 그 죄를 다스리자 황새가 날아갔다. ○위의 두 가지 일은 신기하거나 이상한 일이 아니다. 제비가 사람 집 안에 집을 짓는 것은 사람에게 의지함으로써 해를 멀리하려는 뜻이요, 참새가 기와지붕에서 지저귀는 것은 사람에게 호소하여 환난을 제거하려는 뜻이다. 새나 짐승이 하소연하는 것은 흔히 있는 일인데, 다만 어리석은 인간은 알아채지 못하고, 유독 밝은 자만이 깨달아 아는 것이다.

묘지에 관한 송사는 지금 고질이 되었다. 싸우고 구타하여 살상하는 사건의 절반이 이 때문에 일어나며, 남의 묘를 파내는 범행을 스스로 효도하는 일이라 생각하고 있다. 이 문제의 판결은 분명히 하지 않으면 안 된다.

정선(鄭瑄)이 말하였다. "세상 사람들이 진나라 곽박(郭璞)의 풍수설에 미혹하여 좋은 자리를 탐내 구하느라 몇 년이 가도록 어버이를 장사 지내지 않는 자가 있다. 또 이미 장사 지낸 묏자리가 불길하다 하여 한 번 파서 옮기는 데 그치지 않고 서너 차례나 옮기는 자도 있다. 묏자리를 다투느라 송사를 벌여 어버이 시신이 땅에 들어가기도 전에 집안이 쑥밭이 되는 일도 있고, 형제간에 각기 화복이 다르다는 풍수쟁이의 말에 빠져 심지어는 혈육 간에 서로 원수가 되는 일도 있다."

빌린 곡식이나 돈에 대한 송사는 응당 융통성이 있어야 한다. 때로는 엄중하게 빚을 독촉하기도 하고 때로는 은혜롭게 빚을 덜어주기도 해야지, 원칙만 고집할 일이 아니다.

『경국대전』에 나와 있다. "사채의 이자를 지나치게 많이 받는 자는 장(杖) 80대에 처한다." 이 규정의 주에는 "10분(分) 비율로 한 달에 1분을 받을 것이니 10되를 빌려줬을 때 1되를 이자로 받으며, 1년에 5분을 받을 것이니 10되를 빌려줬을 때 5되를 받는다. 시일이 많이 지났더라도 이자는 본전의 배를 넘지 못한다"라고 되어 있다.

「형전」에서는 부채가 여러 해 된 것은 갑절의 이자를 받는 것을 허락하고, 「호전」에서는 10년이 되었더라도 10분 2를 받도록 하였다. 빌려준 사람은 형전을 따르려 하고 수령의 판결은 호전의 규정을 따르게 된다. 그런데 「형전」의 법규는 『경국대전』이요, 「호전」의 법규는 『속대전』이다. 조선조 초기에는 돈을 사용하지 않아 사채의 폐단이 심하지 않았으므로 법규가 조금 너그러워서, 어긴 자에 대한 벌도 장 80대에 지나지 않았다. 숙종 이래 돈이 널리 유통됨에 따라 사채의 폐단이 날로 증대하여 백성들이 많이 몰락하게 되었다. 그래서 법이 엄해져 어기는 자의 처벌이 유배형 2년이 되었다. 지금 공사 간의 모든 법이 다 옛것을 버리고 새것을 따르는 터이다. 『경국대전』과 『속대전』의 규정이 동일하지 않으면 『속대전』을 따르고, 『속대전』과 『대전통편』의 규정이 동일하지 않으면 『대전통편』을 따른다. 어찌 빚을 받는 일에서만 새것을 버리고 옛것을 취하겠는가. 이는 쉽게 분별할 수 있는 일이다.

2. 형사 사건의 판결 斷獄

옥에 갇힌 죄수의 죄를 판결하는 일의 요체는 밝게 살피고 신중히 생각하는 데 있다. 사람의 생사가 나 한 사람의 살핌에 달려 있거늘 어찌 밝게 살피지 않아서 되겠으며, 사람의 생사가 나 한 사람의 생각에 달려 있거늘 어찌 신중하게 처리하지 않아서 되겠는가?

『주역』에 "밝게 살피고 신중히 생각해서 형벌을 행하되 죄수를 옥에 붙들어두지 않는다"라고 되어 있다. 옥에 갇힌 죄수를 판결하는 일의 요체는 밝게 살피고 신중하게 생각하는 데 있을 뿐이다. 밝게 살피기만 하고 신중히 생각하지 않으면 착오가 생겨 뜻하지 않게 억울하게 되는 수가 많을 것이요, 신중히 생각하기만 하고 밝게 살피지 못하면 일이 지체되어 곤란해지기 마련이다. 능히 밝게 살피고 신중히 생각해야만 옥사에 능하다는 말을 들을 것이다.

제갈공명(諸葛孔明)은 글을 써서 이렇게 말했다. "옥사를 판결하고 형벌을 줄 적에는 공평하지 않을까를 깊이 우려해야 한다. 그대는 옥사를 다룰 때, 그 사람의 들어오고 물러가는 동작을 유심히 살피며, 말하는 소리나 눈 돌리는 것도 듣고 눈여겨보아야 할 것이다. 얼굴에 두려운 빛이 있고 말소리가 애달 프며 들어오는 걸음은 빠르고 나가는 걸음은 더디며 뒤돌아보고 한숨을 짓는 것 등은 원망하고 괴로워하는 태도이니 응당 그런 사람은 불쌍히 여겨야 한다. 반면에 고개를 숙이고 훔쳐보거나 곁눈질을 하고 뒷걸음질을 치거나 숨을 헐떡이고 몰래 엿듣는 것 같거나 말을 더듬거리고 속으로 셈을 하는 것 같고 말이 조리를 잃거나 들어올 땐 더디고 나갈 땐 빠르거나 감히 돌아보지 못하는 태도는 죄를 지은 자가 빠져나가려 하는 태도이다."

착각하여 그릇 판결한 잘못을 깨달은 경우 그 과오를 얼버무리지 않아야 군자의 행실이다.

다른 일은 잘못을 그대로 두면 자기 한 사람의 허물이 될 뿐이지만, 옥사는 잘못을 그대로 두면 남의 생명을 해칠 수 있다. 필시 하늘의 재앙이 있을 터이니, 이런 일은 마땅히 특별히 살펴야 할 것이다.

송나라 범여규(范如奎)가 무안군절도추관(武安軍節度推官)으로 처음 부임했을 때의 일이다. 절도사가 사람을 처형하려는데, 범여규가 그 판단이 잘못되었음을 밝히자, 절도사는 이미 결재했기 때문에 변경할 수 없다고 하였다. 범여규가 정색을 하고 "절도사께서는 어찌 '바꿀 역(易)' 한 글자만을 중히 여기고, 여러 사람의 생명은 가볍게 여깁니까?"라고 말했다.

이에 절도사는 깜짝 놀라 그의 말을 따랐다. 이로부터 부중(府中)의 크고 작은 일을 모두 그에게 자문하였다.

인명에 관한 옥사는 그 다스리는 방법이 옛날에는 소홀했으나 오늘날에는 치밀하니 전문(專門)의 학으로 마땅히 힘써야 할 일이다.

연평군(延平君) 이귀(李貴)의 상소에 나와 있는 말이다. "옛날에 석사(石奢)가 초나라 소왕(昭王)의 승상으로 있을 때, 그의 부친이 살인죄를 저질렀다. 석사는 자기 부친을 풀어주고 스스로 묶어서 죽음에 임했다. 소왕이 그의 죄를 사면하고 일을 계속 보도록 했으나, 석사는 '법을 어기고 죄인을 놓아주는 것은 충성이 아닙니다'라고 말하고 스스로 목매달아 죽었다. 이리(李離)가 진나라 문공(文公)의 대리(大理, 법관)로 있을 때 사실을 오판하여 사람을 잘못 죽였다. 이에 스스로 결박하고 죽여주기를 청했다. 문공은 '관직에는 귀천이 있고 하급 관리에게 과오가 있으니 그대의 죄가 아니오'라고 했다. 이리는 '신이 벼슬살이하면서 봉록을 하급 관리와 나눈 적이 없거늘 이제 사람을 잘못 죽여놓고 하급 관리에게 죄를 전가하는 일은 일찍이 들어본 바 없습니다'라고 대답하고 스스로 칼에 엎어져 죽었다." 이 상소는 대개 살인에 대한 법이 지극히 엄중하다는 것을 강조한 뜻이다.

무고(誣告)하여 옥사를 일으키는 것을 도뢰(圖賴)라고 한다. 이런 일은 엄히 다스려 용서하지 말고 법에 비추어 반좌율(反坐律)을 적용할 것이다.

스스로 물에 빠져 죽은 것을 빠뜨려 죽였다 하고, 스스로 목매 죽은 것을 강제로 목 졸라 죽였다 하고, 스스로 찌른 것을 남이 찔렀다 하고, 스스로 독약을 마신 것을 맞아 죽었다 하고, 스스로 병이 든 것을 구타를 당해 속이 상했다 하는 등 이런 일들이 많다. 이런 일들은 법서(法書)를 보면 그 형태와 증상이 각기 달라 판별하기 어렵지 않다. 그러나 판별이 끝나 옥사가 일단락이 되면 수령은 그만 해이해져서 악을 징계할 생각은 하지 않고 대강 곤장 몇 대를 치고서 다 석방해버리고 만다. 백성들이 어찌 두려워하겠는가? 무릇 무고한 자는 법률상 모두 반좌율에 해당하는 것이다. 사형에 해당될 죄로 다른 사람을 무고하는 경우는 그 무고한 사람의 죄가 응당 사형이다. 비록 그렇게는 못하더라도 유배조차 면해주니 소홀하지 않은가? 이는 악을 미워하는 마음이 절실하지 못하기 때문이다. 마땅히 상급 관청에 알려 반드시 죄를 물어 용서하지 말아야 한다.

3. 형벌을 신중하게 씀_{愼刑}

형벌은 백성을 바로잡는 데 있어 최후의 수단이다. 수령이 스스로 자신을 가다듬고 법을 제대로 지키면서 엄정히 임하면 백성은 저절로 죄를 범하지 않게 된다. 이렇게 된다면 형벌은 폐기해도 좋을 것이다.

나라를 다스리는 일은 가정을 다스리는 일과 마찬가지이다. 하물며 한 고을을 다스리는 것이야 말해서 무엇하랴! 집안 다스리기를 사례로 들어보자. 어떤 집의 어른이 날마다 소리 지르고 화내면서 아이들과 노비들을 때리고, 돈 한 푼 훔친 것도 용서하지 않고, 국 한 그릇 엎지른 실수도 용서하는 법이 없이, 심하면 철퇴로 어깨를 치고 다듬잇방망이로 넓적다리를 후려친다. 아무리 그래도 아이들의 눈속임은 더 심해지고, 노비들의 훔쳐내는 버릇도 더 방자해진다. 온 집안이 모여서 어른을 헐뜯고 오직 들킬까봐 두려워하며, 위아래가 다 합심하여 눈가림하고 어른을 속이려고만 든다. 슬프게도 이 집 어른은 외톨이가 되고, 집안의 법도는 도리어 어그러져서 문란 속으로 빠져들어 마침내 법도 있는 집안의 모양을 이룰 가망이 없게 된다.

다른 한 집안의 예를 들어보자. 이 집 어른은 새벽에 일찍 일어나 세수하고 머리 빗고 의관을 정제한 다음 단정하고 엄숙하게 앉아 아침 문안을 받고, 할 일을 나누어 맡겨 각기 맡은 일을 하도록 한다. 따르지 않는 자가 있으면 순순히 타일러 스스로 깨닫게 하고, 부끄러운 일을 한 경우 숨겨두고 드러내지 않다가 조용한 틈에 그를 따로 불러서 차근차근 꾸짖고 경계한다. 어른이 먼저 부지런함으로 모범을 보이니 집안사람들이 부지런히 하지 않을 수 없고, 어른이 몸소 검소하고 꾸밈없이 하니 집안사람들이 검소하고 꾸밈없이 하지 않을 수 없고, 어른이 먼저 공손하고 청렴함을 실행하여 표준이 이미 바르니 모든 것이 순조롭게 되지 않을 수 없다. 자제들은 모두 행실이 깔끔하고 바르며 노복들은 모두 순박하고 선량하여, 속이는 것이 무엇이고 훔치는 것이 무엇인지 알지 못한다. 1년 내내 뜰에는 매질하는 소리가 없어, 그 집에 들어서면 화목한 분위기가 가득해 봄바람이 스며드는 것 같다. 거문고와 서책이 아름답게 정돈되어 있으며, 초목도 보기 좋고 가축도 살쪘으니 물어보지 않아도 법도 있는 군자의 집인 줄 알 수 있다는 말이 여기에 맞다고 하겠다. 이러한 일로 살피건대, 말소리와 얼굴빛으로 백성을 교화하는 것은 말단의 방법이며, 형벌로써 사람을 바르게 하는 것도 말단의 방법이다. 수령 자신이 바르면 백성이 바르게 되고, 수령 자신이 바르지 않으면 아무리 형벌을 가하더라도 바르게 되지는 않을 것이다. 천지가 생긴 이래로 이 이치는 언제고 그러했던 것이다. 어찌 잡설로써 어지럽힐 것인가.

정선은 말했다. "가시에 손이 찔리고 가시덩굴에 발이 다쳐도 온몸이 아픈 법인데 형장이야 고통은 이보다 백배나 더하다. 수령이 자기의 감정으로 벌을 시행해서 되겠는가? 호랑이와 표범이 앞에 막아섰고 뒤에 깊은 함정이 있으면 부르짖으며 구원을 청할 터이다. 옥사의 험악한 고통은 이와 얼마나 다르겠는가? 무고한 백성이 형벌을 받도록 해서 되겠는가."○정선은 또 말했다. "무릇 조금이라도 자신이 노여운 감정이 있는 줄 느껴지거든 결코 형벌을 시행해서는 안 된다. 형벌을 잠깐 정지하고 심기가 가라앉기를 기다려서 처음부터 다시 문초하는 것이 옳다. 다른 사람의 잘못을 다스리기에 앞서 응당 자신의 분을 가라앉혀야 할 것이다. 일찍이 사람들을 보니 누구에게 노여운 감정이 있는 것으로 해서 드디어 엄한 형벌을 가해 자기의 분을 풀려고 한다. 아아, 저희 부모로부터 물려받은 몸을 해쳐서 나의 일시적인 분을 풀려고 하다니. 그러고서도 나의 자손의 잘되기를 바란다면 될 법한 일인가?"

한때의 분한 마음으로 형장을 함부로 시행하는 것은 큰 죄다.

숙종 18년에 팔도 감사에게 유시(諭示)한 말이다. "임금은 우레 벽력 같은 위엄을 지니고, 살리고 죽이는 권한을 쥐고 있다. 하지만 무릇 사람을 벌하고 죽임에 당해서는 함부로 사사로운 감정을 따르지 않고, 살리고 죽이는 것을 하나같이 공론에 부치고 있다. 이제 사람을 죽이거나 관인(官印)을 위조하는 행위는 반드시 목을 베야 할 중죄요 용서할 수 없는 죄악이다. 그럼에도 공경 대신들을 모아 재삼 자세히 따지고 법조문을 인용하여 결정함에 있어 아무리 살리려고 해도 죽일 수밖에 없고, 정상과 죄상 모두 용서할 수 없으며, 여러 대부들이 모두

'죽여야 한다'라고 한 연후에 그를 죽이는 것은 인명을 지극히 중하게 여기는 때문이 아니겠는가. 그런데 크고 작은 주현의 수령들이 임금의 긍휼히 여기는 이 뜻은 생각지 않고, 형벌을 결정함에 법대로 시행하지 않는 사례가 허다하다. 혹은 티끌같이 조그만 혐의로, 혹은 일시적인 노여움에서 촉발되어 큰 곤장을 가지고 마음대로 사람을 때려죽이기도 한다. 사람의 목숨을 지푸라기처럼 가벼이 여기는 것이다. 며칠 전에 세초(歲抄)를 보니 여러 도의 수령 중에 이런 일을 범하여 견책을 당한 자가 한둘이 아니었다. 이런 자들은 하나라도 이끌어 다시 등용시키지 않음으로써 각자 반성하고 조심할 줄 알도록 해야 할 것이다."

부녀자에게는 큰 죄가 아니면 형벌을 주지 않는 것이 마땅하다. 심문에 장형을 쓸 수 있겠으나 매로 볼기를 치는 것은 추행에 속한다.

부녀자에 대해서는 살인죄를 범했다 하더라도 임신 여부를 살핀 후에 매를 치는 법이니, 다른 죄는 말할 필요가 없다. 부녀자의 볼기를 칠 때에 고쟁이를 벗기고 월경대를 제거하고 물을 부어 옷이 피부에 달라붙게 만드는데 이 역시 법정에 있어서 보기에 좋지 않다. 요즘 관장들은 볼기를 드러내게 하는가 하면 곤장을 쓰는 등 갖가지 해괴하고 놀라운 일이 벌어져서 차마 듣지 못할 정도이다. 어느 고을의 관장이 볼기를 드러내도록 명하자, 그 부인은 옷을 여미고 일어나 관장을 향해 꾸 짖으며 그 어미와 할미를 들먹이면서 추악한 욕설을 퍼부었다. 관장은 난처해져서 여자를 미치광이라고 둘러대며 관정에서 쫓아냈다. 윗사람이 할 도리를 잃으면 아랫사람이 업신여겨 무 례한 말을 한다. 이를 장차 어찌할 것인가? 수령은 삼가 예법 을 지켜 후회되는 일이 없게 해야 할 것이다.

양인의 처에 대해서는 의당 그 남편을 대신 다스려야 하며, 관비의 경우 큰 죄는 의당 장을 사용하되 작은 죄는 회초리를 쓸 것이다. 이속의 처는 관정으로 잡아들이는 것은 마땅치 않 으며, 만약 잡아 가두려면 곧장 옥에 들어가도록 하고 따로 믿 을 만한 사람을 보내 조사하게 한다.

『대명률』에 나와 있다. "무릇 부인의 범죄는 간음죄나 살 인죄로 구금하는 경우를 제외한 나머지 잡범에 해당하는 죄 는 그 남편에게 책임 지워 단속하며, 남편이 없는 자는 친족 들에게 책임을 지운다." ○만약 여자가 임신한 경우에는 산후 100일을 기다려 고문을 한다. 해산하기 전에 고문을 하다가 낙 태, 치사케 한 경우 장 100대에 도 3년을 처한다.

4. 죄수를 불쌍히 여김 恤囚

감옥은 이승의 지옥이다. 죄수로 갇힌 사람의 고통을 어진 사 람들이라면 의당 살펴야 한다.

옥중에서 겪는 온갖 고통은 이루 다 말할 수 없지만, 그중에서 큰 고통을 들면 다섯 가지이다. 첫째는 형틀의 고통이요, 둘째는 토색질당하는 고통이요, 셋째는 질병의 고통이요, 넷째는 춥고 배고픈 고통이요, 다섯째는 오래 갇혀 있는 고통이다. 이 다섯 가지 고통이 줄기가 되어 천만 가지 고통이 생겨난다. 사형수는 장차 죽을 텐데도 먼저 이 고통을 당해야 하니 그 정상이 불쌍하며, 가벼운 죄수는 지은 죄가 무겁지 않은데도 똑같이 이 고통을 당해야 하고, 억울한 죄수는 모함에 잘못 걸려 이 고통을 당해야 한다. 세 경우 모두 비참한 일이다. 백성의 수령된 사람으로서 어찌 살피지 않겠는가.

질병의 고통은 자기 집에서 편히 지낼 때에도 견디기 어렵거늘, 옥중에서는 더 말할 필요도 없다.

『대명률』에 규정되어 있다. "옥에 갇힌 죄수가 병이 들어 응당 칼과 수갑을 벗겨야 함에도 벗기지 않았거나, 보석하여 밖으로 내보내야 함에도 그렇게 하지 않았을 경우에는 옥관과 옥졸을 태 50대에 처한다." ○『속대전』에 규정되어 있다. "옥이란 곳은 죄지은 자를 징계하는 곳이지 사람을 죽이는 곳은 아니다. 그럼에도 간혹 혹독한 추위와 혹심한 더위, 동상과 굶주림과 질병으로 죽어나는 경우가 허다하다. 안과 밖의 관리들에게 명하여 옥을 청소하게 하고 질병을 치료케 하며, 가족의 보호와 부양을 받을 수 없는 자에게는 관에서 옷과 양식을 지급하도록 하라. 만약 태만하여 이를 행하지 않는 자가 있으면 엄히 다스릴 것이다."

유배 온 사람은 집을 떠나 멀리 귀양살이 하고 있으니 그 정상이 안타깝고 측은하다. 집과 곡식을 주어 편히 정착하게 하는 것이 수령의 임무이다.

죄가 사형에 이르지 않았기 때문에 유배를 당한 것이다. 그러니 능멸하고 핍박하는 것은 어진 사람의 정사가 아니다. 유배에는 대략 네 등급이 있다. 첫째는 공경대부를 안치(安置)하는 형태의 귀양이요, 둘째는 죄인의 친족을 연좌시켜 보내는 귀양이요, 셋째는 탐관오리를 법에 따라 도류(徒流)시키는 것이요, 넷째는 천류(賤流)와 잡범을 추방하는 것이다. 정국이 한 번 변하여 대세가 기울면 비록 의정부의 정승이라도 능멸과 모욕을 받게 되는데, 대부와 선비 이하의 사람들이야 더 말할 것도 없다. 그래도 뒤바뀔 가망이 있는 처지에 대해서는 수령이 은밀히 먹을 것을 보내고 아전들이 몰래 충성을 바치겠지만, 근본이 외롭고 변변찮아 앞길이 보이지 않는 자가 받는 모욕과 학대는 이루 말할 수 없다. 나의 시구에 "조금 궁하면 불쌍히 여기는 사람이 있지만 크게 궁하면 동정하는 사람도 없네"라고 한 것은 이런 경우를 두고 읊은 것이다.

무릇 사족(士族)으로 유배지에 와 있는 자는 점고를 향승과 형리로 하여금 밖에 앉아서 살펴보게 하고, 수개월에 한 번씩 직접 살펴볼 것이다. 사족의 부인이 귀양 온 첫날은 얼굴을 가리고 관아에 들어오게 하되, 수령은 방문을 닫고 내다보지 않으며 대신 관비를 차출하여 호송케 해야 한다. 또 그 부인이 거주하는 마을에 엄중하게 당부하여, 남자들이 왕래하거나 엿보지 못하도록 단속하고 예로써 대우해야 할 것이다. 수령이 처음 점검한 후에는 다시 직접 살펴보지 말고, 매월 초와 보름마다 관비를 파견하여 보살피도록 하며, 명절에는 쌀과 고기를 보내도록 한다. 친척이 아니라도 사리로 보아 이렇게 하는 것이 옳다. ○유배 온 부녀자가 어렵게 지킨 절개나 아름다운 행실로 표창해서 빛내야 마땅한 경우에도 그 가문이 이미 전복되어 아무도 칭송해줄 사람이 없으니 얼마나 슬픈 일인가. 귀양 올 당시 처자였던 여자가 백발이 이마를 덮었음에도 아직 머리를 땋아 늘인 모양으로, 60년을 문을 꼭 닫고 혼자 지내서 그 얼굴을 본 사람이 없다. 또 혹은 능멸하는 말이 성적 희롱〔屑慢〕에 가까워서 목을 매거나 독약을 먹고 자결하여 몸을 더럽히지 않는 여성이 앞뒤로 이어져 있다. 나는 홍사(紅史) 한 부를 지어 그 숨겨진 빛을 밝히고자 했으나 아직 이루지 못했다. 수령은 의당 이런 사실을 알아서 항상 측은한 마음을 가지고 능멸하거나 학대하는 일이 없도록 주의해야 할 것이다.

5. 백성들 사이의 폭력을 금함^{禁暴}

횡포와 난동을 금지하는 것은 백성을 편안케 하는 일이다. 유
력자를 억누르고 벌열이나 세력가에 가까운 자들을 거리껴
하지 않는 것 또한 수령으로서 지켜야 할 태도이다.

유력자의 부류는 모두 일곱 종류가 있다. ①임금의 친척〔貴
戚〕 ②권력있는 가문〔權門〕 ③임금의 호위무관〔禁軍〕 ④내시
〔內臣〕 ⑤토호(土豪) ⑥간사한 아전〔奸吏〕 ⑦무뢰배〔游俠〕가
그것이다. 무릇 이들에 대해서는 단속하기에 힘써 백성을 편
안케 해야 한다. 『시경』에 "중산보(仲山甫)는 강해도 뱉지 않고
부드러워도 삼키지 않네"라고 했으니 예로부터 전해온 올곧은
자세이다. 사람들이 유력자를 두려워하지 않게 된 후에라야 홀
아비나 과부 같은 힘없는 사람을 업신여기지 않게 될 것이다.
횡포를 금하는 것은 어진 정사이다.

토호의 무단적인 행위는 백성들에게 승냥이나 호랑이 같은
것이다. 해독을 제거하여 양 같은 백성을 살려야만 목민관이
라 할 수 있다.

류운룡(柳雲龍)이 인동(仁同)현감으로 있을 때의 일이다. 처
음 부임해서 보니 몇몇 호족들이 양반을 빙자하여 향권(鄉權)
을 잡고 함부로 비행을 저지르고 있었다. 전임 수령들은 이들

을 주객의 예로 대하여 감히 뜻을 거역하지 못하였는데, 류운룡은 이들을 법으로 다스리고 조금도 사정을 봐주지 않았다. 이들이 비방하는 말을 만들어 퍼뜨려서 민심이 흉흉하였다. 그가 더욱 엄한 태도를 견지하자 민심이 가라앉아 조용해졌다.

협잡과 음란을 일삼고 창기와 놀아나며 동침하는 행위는 금해야 한다.

관리가 창녀를 끼고 노는 행위에 대해서는 법률이 지극히 엄했다. 그러나 기강이 해이해지고 문란해져서 습속으로 굳어진 지 이미 오래되었다. 이제 갑자기 이를 금하는 것은 공연히 소동만 일으키는 길이 된다. 그러나 산에 가서 놀거나 물가에서 놀 때에 기생을 거느리고 풍악을 잡히는 등은 아전과 군교로서 감히 할 짓이 아니므로, 수령은 부임하여 한 달쯤 지나서 다음과 같이 엄하게 약조를 정해 단속해야 할 것이다. "아전과 군교로서 감히 기생을 끼고 놀아나는 자는 즉시 법에 따라 엄히 다스리고 영구히 제적시키며, 기생집에서 소란을 피워 싸우고 송사를 일으키는 자는 가중 처벌하여 절대 용서하지 않을 것이다."

장터에서 술주정하며 장사하는 물건을 빼앗거나, 길거리에서 술주정하며 나이 많은 어른을 욕하는 행위는 엄금한다.

장터에는 으레 행패부리는 자가 한두 명 있다. 상인들에게 승냥이와 호랑이 같은 짓을 하는데, 이들은 마치 중국에서 소패왕(小霸王)*이란 별호로 일컬어지는 자와 비슷하다. 이자들은 말질하는 권한을 조종하며 저울과 자로 농간을 부린다. 또한 창녀를 사서 술청에 앉혀놓고, 소를 밀도살하여 고기를 판매한다. 술에 잔뜩 취하여 주정을 부린다든가 남의 재물을 겁탈한다. 붉은 낯짝에 흰 눈창을 번득이며 남의 독을 차고 동이를 깨도 아무도 말을 못한다. 수령은 응당 별도로 염탐, 조사하여 이들을 잡아다가 큰 몽둥이로 살점이 떨어지도록 치고 큰칼을 목이 보이지 않게 씌워, 혼쭐이 쑥 빠지도록 혼을 내서 죽을 때까지 다시는 그런 짓을 못하게 해야 한다. 그러면 상인들은 길에서 노래하고 백성들이 마을에서 좋아하여 칭송이 사방에 울려 퍼질 것이다. ○큰 마을로 사람이 많이 모여 사는 곳에는 으레 장날이면 술주정을 하여 노인을 욕하고 양반을 능멸하는 등 마을에 해를 입히는 자가 있다. 수령은 마땅히 별도로 살피고 조사하여 이런 자는 대장(大杖) 60대를 때리고 엄하게 징계해야 한다. 그런 중에 어쩌다 술에 취해 실수한 자는 벌을 가볍게 해서 토목공사가 있을 때 사흘이나 닷새 혹은 이레 동안 부역을 시켜도 족히 징계가 될 것이다.

---

* 중국 삼국시대 오나라의 손책(孫策)에 대한 칭호. 그가 용맹하여 붙은 별호인데, 후세에는 폭력배를 지칭하는 말로 쓰였음.

6. 도적에 의한 피해를 제거함除害

도적이 발생하는 이유는 세 가지가 있다. 위에서 위의를 바르게 가지지 않고, 중간에서 명령을 받들지 않으며, 아래에서 법을 두려워하지 않는 것으로, 이것이 고쳐지지 않으면 아무리 도적을 없애려고 해도 없어지지 않는다.

위에서 위의를 바르게 가지지 않는다는 것은 사신이나 수령들이 탐욕과 불법을 자행한다는 말이다. 그래서 일산(日傘) 밑을 가리켜 큰 도둑이라고들 한다. 위의가 이미 바르지 못하니 그림자가 어떻게 곧을 수 있겠는가. 도둑들조차도 "지위가 저렇게 높고 기대하는 바가 저렇게 무거우며 나라의 은혜를 저렇게 받으면서도 오히려 도둑질을 하는데, 우리 따위 소인들이야 아침에 저녁 일이 어떻게 될지도 모르는 판국에 그 누가 쓸쓸히 메마르게 지낸단 말인가"라며 저희들끼리 수군거린다. 도둑들이 모여 늘 하는 말이 이렇거늘 어떻게 도적을 금할 수 있겠는가.

『하산냉담(霞山冷談)』에 이런 이야기가 있다. "갈의거사(葛衣居士)*는 남쪽 지방의 호걸이었다. 일찍이 쌍교(雙橋) 장터를 지나다가 군관이 도둑 하나를 잡아서 붉은 포승으로 결박하고 종이 고깔을 씌우고 손을 뒤로 묶어서 끌고 가는 것을 만났다.

---

* 성명과 생존시기는 분명치 않은데 대개 조선 후기 호남 지역에서 활동했던 의적.

갈의거사는 느닷없이 앞으로 나서서 도둑의 팔을 잡고는 목을
놓아 통곡하고 눈물을 주룩주룩 흘리면서 한편 위로하고 한편
'원통하다 그대여! 어찌하다 욕을 당하기가 이 지경에 이르렀
는가!' 하고 넋두리하니, 온 장터 사람들이 크게 놀라며 겹겹이
둘러서서 구경하는 것이었다. 군관이 깜짝 놀라 포졸에게 명
하여 갈의거사도 함께 결박 짓게 하였다. 갈의거사는 '네가 나
를 결박하는 것은 무엇 때문인가? 내가 이 도둑과 한편이라고
해서인가? 내 말을 들어보고 나서 결박하든지 놓아주든지 마
음대로 하라'라고 말했다. 군관이 무엇이냐고 물으니, 갈의거
사는 이렇게 말하였다. '지금 온갖 도둑이 땅 위에 가득하다.
토지에서는 재결(災結)을 도둑질하고, 호구(戶口)에서는 부세
를 도둑질하고, 기민 구제에서는 그 양곡을 도둑질하고, 환자
(還子) 창고에서는 그 이익을 도둑질하고, 송사에서는 그 뇌물
을 도둑질하고, 도둑에게서는 장물을 도둑질한다. 그런데도 감
사와 병사·수사들은 도둑질하는 자들과 한패거리가 되어 숨겨
주고 들추어내지 않는다. 지위가 높을수록 도둑질하는 힘 또한
더욱 강해지고, 녹봉이 후할수록 도둑질의 욕심 또한 더욱 커
진다. 그러고서도 행차할 적이면 깃발을 세우고 머무를 적에는
장막을 드리우며 푸른 도포에 붉은 실띠의 치장도 선명하게
하여 종신토록 향락하여도 누가 감히 무어라고 말하지 못한다.
그런데 유독 이 굶고 또 굶은 끝에 좀도둑질을 한 사람은 이
런 큰 욕을 당하게 되니 또한 슬프지 아니한가. 내가 이래서 통
곡을 하는 것이지 다른 연고가 있는 것이 아니다.' 군관은 '허!
선생의 말씀이 옳습니다' 하고는 술을 대접하고 풀어 보냈다."

진영(鎭營)이나 병영의 토포군관이란 자들은 모두 양산박(梁山泊)의 두령 같은 자들이다. 수령은 마땅히 이런 실정을 잘 알아서 민간에서 도둑맞았다고 고발하는 자가 있으면 토포군관들을 은밀히 타일러 물건을 찾아 돌려주도록 해야 할 것이다. ○군관에게 은밀히 이렇게 말한다. "도적의 정황은 관가에서 환히 다 알고 있는 바이다. 너희가 알지 못하는 도둑이 어디에 있느냐? 네가 훔쳐간 물건을 찾아서 돌려주지 않으면 나는 너를 곤장을 쳐서 다스릴 것이다. 네가 그래도 뉘우치지 않으면 나는 너를 죽일 것이다." 그리고 기어코 찾아내고야 말겠다는 태도를 보이고 반드시 처벌하고야 말겠다는 뜻을 가지면 열흘을 넘기고 한 달을 넘길 자가 있지 않을 것이다. 필히 죽이겠다는 태도를 보이고 그냥 넘기지 않고 주력하는 자세를 견지하면 군관은 여러 도적들에게 알릴 것이요, 여러 도적들은 자연히 도망치고 흩어져서 지방관 6년의 임기 안에 다시는 도적이 들었다고 고발하는 일이 없게 될 것이다.

내가 곡산부사로 부임했을 때의 일이다. 도둑이 사람을 죽이고 소를 빼앗은 사건이 있었는데 달포가 지나서야 알려지게 되었다. 모두들 "이미 멀리 달아났을 것이다"라고 했으나 내가 반드시 찾아내고야 말겠다는 기색을 보이며 반드시 처벌하고야 말겠다는 신념을 가졌더니 7일 만에 범인이 잡혔다.

간악한 무리와 유력자들이 결합하여 행패를 부리고 고칠 줄 모르면 과단성 있게 제거해서 일반 백성들을 편안하게 하는 것이 그다음의 대책이다.

박정(朴炡)이 남원부사로 있을 때의 일이다. 고을에 도적 무리가 있었는데 그 근거지가 견고해서 도적들의 출몰이 잇따라도 관에서는 감히 어쩌지를 못하였다. 박정이 은밀히 고을 사람 중에서 일을 부탁할 만한 사람을 얻어 정보를 파악하고 계략을 세웠다. 도적들이 모여서 술을 마시고 있는 틈을 엿보아 덮쳐서 붙잡았다. 저희들끼리 서로 끌어들이고 고발을 하므로 대질을 시켜 자복을 받아서 처형을 당한 자가 수십 수백 명이 되었다. 그리하여 호남 영남 수백 리 사이의 백성들이 비로소 안심하고 살아갈 수 있게 되었다. 박정은 그 공로로 가선대부(嘉善大夫)에 오르고 금주군(錦州君)으로 봉을 받았다. 도적 중에 도망을 친 자가 있었는데 밤중에 창문을 뚫고 들어와 박정의 머리를 겨누어 찔렀다. 다행이 발만 다치고 무사했는데, 박정이 미리 경계를 하여 베개를 반대로 놓고 방향을 바꾸어 잤기 때문에 도둑의 칼에 맞지 않았던 것이다. 이 일이 임금께 알려져서 더욱 그를 아껴 조정으로 불러들였다. 남원을 떠날 때 고을 사람들이 군사를 출동시켜 호위하기를 청하였으나 박정은 이를 중지시켰다. 도적들 또한 감히 더 움직이지 못하였다.

상여로 위장하여 장물을 운반하는 것은 교활한 도적들이 늘 쓰는 수법이다. 위장 상여는 상인들이 슬퍼하는지 여부를 살피는 것이 도적을 염탐하는 조그만 술수이다.

무신년(1728)의 난리에 역적 이인좌(李麟佐) 등이 병기를 상여 속에 감추고 저물녘에 청주(淸州)를 지나 동쪽 수풀 속에 잠복해 있다가 그날 밤으로 병마사(兵馬使)를 습격하여 살해했다.

평민을 잘못 잡아다가 두들겨서 억지로 도둑을 만드는 수가 있으니, 그의 억울한 누명을 벗겨 양민으로 만들어주면 이야말로 어진 수령이라 할 것이다.

고려의 김황원(金黃元)이 성주(星州)를 맡아 다스릴 때의 일이다. 어떤 아전이 살인강도를 잡아왔는데, 찬찬히 살펴보고는 "도적이 아니다"라고 말하며 빨리 놓아주라고 하였다. 판관 이사강(李思絳)이 "이 도적이 이미 자복하였습니다"라고 강력히 주장하였지만, 그는 듣지 않았다. 나중에 다른 도적을 잡고 보니 과연 전날의 살인강도였다. 아전과 백성들이 그의 신명함에 탄복하였다.

제10부 /

공전 工典 6조

대장간에서 도구를 만드는 공인들

김홍도 「금속벼리기(鍛冶)」, 19세기,
지본담채, 27×24cm, 국립중앙박물관 소장.

1. 산림 山林

나라에서 쓰기 위해 나무의 벌채를 금한 봉산(封山)의 소나무에 대해서는 엄중한 금령이 있으니 지켜야 하고, 농간하는 작폐가 있으면 마땅히 세밀히 살펴야 할 것이다.

『속대전』에 나와 있다. "황장목(黃腸木)을 키우는 각 도의 봉산에 경차관(敬差官)을 파견하는데 경상도와 전라도에는 10년에 한 번 벌채하고 강원도에는 5년에 한 번 벌채하여 왕과 왕비 등의 관(棺)을 만들 재목감을 골라낸다."

다른 여러 종의 나무를 심도록 한 정사 또한 한낱 법조문에 지나지 않는 것이다. 그 고을에 오래 있을 것으로 생각되면 의당 법 규정을 따르도록 하며, 곧 교체될 것으로 생각되면 스스로 수고할 필요가 없다.

『다산록(茶山錄)』에서 말했다. "오동나무를 심는 것은 우리나라의 급선무이다. 중국은 모두 유회(油灰)를 사용해 배의 물 새는 틈을 봉합하는데, 이 유회를 만드는 데 오동나무 기름이 쓰인다. 공용과 사용을 막론하고 전선(戰船)과 조선(漕船) 등 모든 배에 소요되는 오동나무 기름은 수천 근이 될 것이다. 한 고을의 오동나무 30그루로 어디다 쓰겠는가? 필히 고을마다 3000그루를 여러 마을에 나누어 심어야 소요되는 오동나무 기름을 얻을 수 있다. 단지 그루 수만 보고하게 하고, 그 기름을 자기가 쓰든 내다 팔든 관이 절대로 간섭해서는 안 되며, 관에서 쓰고자 하면 값을 주고 사고 강제로 거두어들여서는 안 된다. 그렇게 해야 백성들이 오동나무 심기에 힘쓸 것이다. 이같이 하지 않으면 날마다 채찍질하여 오동나무를 심으라고 강요해도 백성들은 심지 않을 것이다."

『귤사(橘史)』에서 말했다. "남쪽 해변의 6~7고을에는 모두 귤과 유자가 생산되고 거기에 딸린 여러 섬에서 생산되는 것이 더욱 풍성하더니, 최근 수십 년 동안에 날마다 줄고 달마다 줄고 하여 지금은 오직 부유한 사람들 집에나 혹 한 그루 있고, 섬에는 다만 관장이 직접 관리하는 4~5그루가 있을 뿐이다. 그 연유를 물었더니 다음과 같이 말했다. 해마다 추석이면 저졸(邸卒)*이 대장을 가지고 와 과일의 개수를 세고 나무에 표시를 해두고 갔다가 과일이 누렇게 익으면 와서 따 가는데,

혹 바람 때문에 몇 개 떨어진 것이 있으면 곧 추궁해서 채워놓게 하고 채워놓지 못할 것 같으면 돈으로 받아간다. 광주리째 가지고 가면서 돈 한 푼도 주지 않고 저졸을 대접하기 위해 닭을 잡고 돼지를 잡느라 비용이 많이 들게 되니, 사방 이웃이 못 살겠다 하며 다들 이 집에 원망을 하고 들어간 비용을 이 집에서 받아낸다. 그래서 대장에서 빼기 위해 몰래 그 나무에 구멍을 뚫고 호초(胡椒)를 집어넣어 나무가 저절로 말라 죽게 만들고, 그루터기에서 움이 돋아나면 잘라버리고, 씨가 떨어져 싹이 나는 족족 뽑아버린다. 이것이 곧 감귤과 유자가 다 없어지는 까닭이라는 것이었다. 요새 들으니 제주 또한 이 같은 폐단이 있다고 한다. 이런 일이 그치지 않으면 몇십 년 가지 않아서 우리나라에 감귤과 유자가 없어질 것이다. 나라의 제사에 이것을 올리지 못하면 장차 어떻게 할 것인가? 대체로 법을 만든 당초에 좋지 않은 점이 있었기 때문에 그 말단의 폐해가 이 지경에 이르고 말았다. 하늘이 낳고 땅이 기르며 봄바람과 비와 이슬을 받고 자연히 무성해지는 법이거늘, 사람을 보내서 지키는 것도 좋은 계책이 아니고 관원을 보내서 감시하는 것도 좋은 계책이 아니다. 단지 심는 일만 독려하고 절대 간섭하지 말며, 과일이 익으면 값을 후하게 쳐주고 빼앗아가는 것을 금하면 자연히 번성하게 될 것이다. 무엇을 금지하는 법조항이 세밀할수록 백성들의 고통은 더욱 심해지는데 어느 누가 심고 가꾸기를 즐겨 하겠는가?"

---

* 지방 군현과 서울 혹은 감영 사이의 연락 업무를 맡는 경저(京邸)나 영저(營邸)에 속한 졸개.

산기슭에 경작을 금하는 법은 의당 현지의 실상을 측정해보 아야 한다. 마음대로 하게 풀어주어서도 안 되고 융통성 없이 지켜서도 안 된다.

『손암사의(巽菴私議)』에서 말했다. "화전(火田)의 폐해에 대해 옛사람의 말이 ①산골짜기에 나무가 없어져서 산사태를 막을 수 없고, ②산사태가 나서 논밭을 덮어 소출이 날로 줄어들며, ③산이 벌거숭이가 되어서 보화가 나오지 않고, ④새와 짐승이 깃들지 못하여 사대교린(事大交隣)에 소요되는 피물 등속을 잇기 어렵고, ⑤호랑이와 표범이 멀리 도주해서 사냥하는 사람들이 병기를 쓰지 않게 되어 나라의 습속이 날로 나약해지며, ⑥목재가 고갈되어 백성들이 이용하는 자재가 날로 궁색하게 된다. 비록 일체 금지할 수는 없다 하더라도 산허리 이상에서는 화전을 하지 못하도록 해야 한다."

2. 수리사업 川澤

수리사업은 농사의 근본이라, 수리에 관한 업무는 성왕도 중히 여겼다.

수령의 직무는 농사를 권장하는 일보다 더 급한 것이 없으

며, 농사에 힘쓰는 일의 근본은 물을 다스리는 일보다 더 급한
것이 없다. 그러므로 우왕(禹王)과 후직(后稷)은 몸소 농사일
을 함에 있어서 먼저 수로를 다스렸으며, 사기(史起)와 이회(李
悝)는 오로지 수리(水利)를 다스렸다. 지난 역사를 두루 살펴
보니, 훌륭한 관리의 빼어난 업적은 모두 수리에 있다. 오늘날
의 수령은 이 일에 대하여 자기와는 상관없는 남의 일처럼 보
고 있다. 이 어찌 된 일인가.

내물이 고을을 지나가면 수로를 파서 물을 끌어 논에 대고,
아울러 공전(公田)을 개간하여 백성의 요역을 덜어주는 것이
야말로 선정이다.

성호 이익 선생은 이렇게 말했다. "천하에 가장 아까운 것은
유용한 것을 무용한 것으로 돌려버리는 일이다. 무릇 사방의
들이 마르고 곡식이 시드는데, 강물을 바다로 흘려보내 버리니
어찌 애석하지 않은가? 오늘날 물을 막아 농지에 대려는 사람
들은 항시 물은 낮고 논이 높고 물살이 세서 제방이 쉽게 무너
진다고 걱정한다. 이 모두 힘을 쓰지 않았기 때문이다. 물은 산
에서 내려오는 것이며 그 근원은 반드시 높은 곳에 있는데, 오
래되고 보면 땅이 쓸리고 파여서 물길이 낮아진다. 만약에 오
랜 시일을 두고 돌을 쌓아 구덩이를 메워 점차 물의 흐름을 막
으면, 모래와 흙이 침전되어 물길 역시 점차 높아질 것이다. 물
길이 높아지는 데 따라 둑을 더 올려 쌓으면 어찌 물을 끌어댈

수 없겠는가?"

우리나라에는 유명한 호수가 7~8곳이 있고 나머지는 모두
작고 좁은데, 그나마도 잡초가 우거지고 오래 보수를 하지 않
았다.

반계(磻溪) 유형원(柳馨遠)이 말하였다. "김제의 벽골제(碧
骨堤), 고부의 눌제(訥堤), 익산과 전주 사이의 황등제(黃登堤)
는 큰 저수지로 그 지역에 큰 이득이 되었다. 옛날에 온 나라
의 힘을 다하여 축조한 것인데, 오늘날 둑이 황폐하고 무너져
있다. 무너진 둑이 불과 몇 길에 불과하여 수축할 일을 계산해
보면 1000명이 10일 동안 작업하면 되는데, 이는 처음 수축할
때의 1만분의 1에 지나지 않는다. 그럼에도 이 일을 건의하는
사람이 아무도 없으니 매우 안타깝다. 만약 이 세 곳이 1000경
에 물을 댈 수 있는 저수지가 된다면 노령(蘆嶺) 이북은 영원
히 흉년이 없을 것이다." ○우리나라의 큰 저수지로는 또 함창
의 공골제(空骨堤), 제천의 의림지(義林池), 덕산의 합덕지(合德
池), 광주의 경양지(景陽池), 연안의 남대지(南大池)가 있다. 이
들 또한 지금 모두가 흙과 돌이 쌓이고 막혀버렸으니 이는 수
령의 책임이다.
『다산필담』에서 말하였다. "저수지에는 귀중하게 여겨지는
연꽃이며 마름, 미름 등속이 아름답게 어울려 비치고, 방어(魴
魚)·잉어·붕어·가물치가 노닐며 뛰어오르고, 그럴듯한 정자와

누각이 물가에 다다라 서 있고, 보기 좋게 꾸민 배들이 갈대와 버드나무 사이로 떠다닌다. 오로지 논에 물을 대서 생기는 이로움만 있는 것은 아니다. 우리나라 저수지는 모두 넓은 들판 가운데 있고 사방 몇 리(里) 안에는 도무지 사람이 살지 않아, 대체로 돌보지 않은 채 버려져 있다. 얕은 곳에는 연꽃 하나 보이지 않고, 깊은 곳에는 세치 정도의 물고기도 놀지 않는다. 무릇 저수지가 있는 곳에 정사(精舍) 5~6칸을 세워 서당으로 삼아, 청렴하고 유능한 선비를 찾아 훈장으로 모시고 근방의 청소년 10여 명을 뽑아 글공부를 시키면서, 아울러 저수지를 지키게 하는 한편 연꽃을 심고 물고기를 기르게도 한다. 저수지에서 나는 연밥과 물고기는 관에서 가격을 정하고 민간에 판매할 때 모두 그 값을 받고 팔아서 서당의 비용으로 쓰고, 남는 것은 저축하여 저수지를 준설하고 수축하는 비용으로 쓴다. 혹 몰래 물고기를 잡아 사사로이 제 한 몸만 살찌게 하는 자는 잡아서 엄히 다스린다. 이렇게 하면 호수와 산의 아름다움이 묻혀서 사라질 지경에 이르지 않을 것이다. 수령이 때때로 그곳에 나가 노닐며 시를 읊고 글을 지으면 그 또한 명사의 풍류일 것이다."

바닷가에 조수를 방지하는 제방을 쌓고 안에 기름진 농토를 만들면 이를 해언(海堰)이라 한다.

『다산록』에서 말하였다. "제방을 쌓는 방법은 반드시 기중

기를 사용하여 큰 돌을 운반해야 한다. 또 조수를 막는 한대(捍
臺)를 만들어서 조수의 물머리를 감쇄시켜야 한다. 대개 조수
의 기세는 멀리 큰 바다로부터 밀려와서 제방을 정면으로 치
면 큰 성이라도 무너질 터인데 자갈과 진흙으로 쌓은 것이야
말할 게 있겠는가. 무릇 제방을 쌓고자 하면, 먼저 제방의 허리
를 정하고 이 허리에서 5~6보(步) 떨어져서 조수가 들어오는
입구에 맞추어 먼저 한대를 구축한다.

강과 내의 유역에 해마다 홍수가 나서 백성들에게 큰 우환이
되면 제방을 만들어 백성들의 거처를 안정시켜야 한다.

이적(李積)이 영덕(盈德)현령으로 있을 때의 일이다. 읍내가
냇물에 잠겨 수몰의 우려가 있었다. 그는 제방을 쌓아서 물의 충
격을 막고 별도로 물길을 내어 물이 빠지게 하니 공사가 한 달
남짓에 끝났다. 이로 말미암아 수재의 걱정이 영구히 없어졌다.

3. 관아 건물 수리 繕廨

관아의 건물이 기울고 무너져서 위로 비가 새고 옆으로 바람
이 들이치는데, 수리하지 않고 방치해두면 이 또한 수령의 큰
허물이다.

수령 가운데 어질지 못한 자는 뜻이 돈을 버는 데 있고 계책이 벼슬자리를 유지하는 데 있다. 그래서 위로는 임금을 사랑하지 않고 아래로는 백성을 사랑하지 않는다. 이런 까닭에 백 가지 법도가 무너지고 부서져도 바로잡을 생각을 하지 않는다. 이것이 관아의 건물이 늘 퇴락해 있어도 고쳐지지 않는 이유이다. 어쩌다가 한 수령이 수리하는 일이 있으면 으레 공(公)를 빙자해 사리를 도모하여 자재와 경비를 부풀려 책정하고는, 감영에 구걸하고 창곡(倉穀)을 농간질하고 백성들의 고혈을 짜내서 아전들과 공모하고 남은 것을 착복한다. 그러다 오래지 않아 들통나서 법망에 걸리게 된다. 이처럼 관아의 건물을 수리하는 일은 죄에 빠져드는 구덩이 같아, 수령이 아무리 청렴하고 유능해도 서로 조심하고 서로 두려워하여 임기를 조용히 마치는 것이 좋은 줄로 안다. 적당히 임시방편으로 몇 해를 넘기고 떠나가면 후임 수령 또한 그렇게 한다. 관아의 건물은 바로 우리 임금님이 보낸 목민관이 거처하는 곳이요, 보내시는 사신을 영접하는 곳임을 생각할 줄 모른다. 서까래 하나라도 내려앉으면 그 허물이 신하된 이 몸에 있는데, 어찌 감히 이렇게 한단 말인가.

옛날 퇴계(退溪) 선생이 단양(丹陽)군수로 있다가 떠난 뒤에 아전과 향임들이 관아를 수리하려고 하니, 방안의 벽지까지 깨끗하여 새것과 다름없어 한 군데도 얼룩지거나 더럽혀진 흔적이 없었다. 그들 모두 크게 기뻐하였다. 도대체 지금 사람들은 어찌하여 본받지 않는단 말인가? 비록 극히 사소한 일이지만 그 마음 씀에 공사의 분변이 명백함을 알 수 있다.

재목을 모으고 장인을 모집하는 일은 전체적으로 헤아려야 한다. 폐단이 생길 소지를 미리 막아야 하고 들어가는 노력과 비용의 절감을 생각하지 않을 수 없다.

『상산부의 정당(政堂)을 재건축하는 일정〔象山府政堂改建日曆〕』에서 말했다. "정당을 짓는 데 중요한 일은, 1)합당한 사람을 얻어 일을 주관케 하는 것, 2)사람을 얻어서 분담을 시키는 것, 3)장인 선발, 4)비용 염출, 5)재목 모으기, 6)흙 취하기, 7)용수 확보, 8)석재 채취, 9)기와 굽기, 10)철물 구입, 11)장정 선발, 12)장부 기록 등이다. 이 일들을 모두 올바르게 처리해야만 일을 잘했다는 말을 듣게 될 것이다."

마땅한 사람을 얻는 것은 어떻게 해야 하는가? 유능한 자는 속이는 수가 많고, 속일 줄 모르는 자는 어리석은 자가 많으니, 일을 주관하는 자를 얻기가 가장 어렵다. 촌사람은 양반이나 향청의 임원이라도 대체로 아전의 농간을 자세히 밝히기 어렵다. 필히 읍내의 퇴직 아전이나 노련한 군교 가운데 우뚝 빼어난 자를 뽑아 도감(都監)으로 임명하여, 그와 함께 일을 의논한 연후에 성실한가 그렇지 못한가를 살피고 충성과 근면을 다하도록 해야만 효과가 날 것이다. ○적임자 약간 명을 얻게 되면 철물·목재·물·흙 등의 일을 나눠 맡기고 오로지 한 가지 일만 책임을 지워 다른 일과 뒤섞이지 않게 해야 할 것이다. 맡

기와집을 짓는 모습
김홍도 「기와 이기[葺瓦]」, 18세기,
지본담채, 27×22.7cm, 국립중앙박물관 소장.

은 일을 잘하고 못한 데 대해 상과 벌을 주어 경계하고 격려하여 저마다 분발해서 재능과 기술을 겨루도록 해야 효과를 볼 수 있을 것이다. ○좋은 재목 얻기는 어렵지 않으나 좋은 솜씨의 장인을 얻기는 참으로 어렵다. 적합한 장인을 얻으면 일을 요량하는 데 착오가 없고 재목을 사용하는 데 낭비가 없으며, 노력은 덜어지고 비용은 적게 든다. 적합한 장인을 얻지 못하면 자귀질하는 자와 톱질하는 자가 명령을 제대로 받지 못하여 곧은 나무와 굽은 나무가 알맞게 쓰이지 못하고, 일꾼들이 노는 수가 많고 기일이 지체되며, 일을 처리하는 데도 법도가 없고 경비가 손실된다. 필히 삼경(三京)에서 국수(國手)로 손꼽히는 자를 도편수로 삼아야 효과가 있을 것이다. 주변 사람이 사적으로 좋아하는 자를 천거해서 헛되이 추켜세우는 것을 그대로 믿어서는 안 된다.

장부 기록은 무엇보다도 자세하고 신중히 해야 한다. 재물이 들어온 것과 경비를 지출한 것을 낱낱이 기록할 것이다. 도장을 찍고 서명하여 상급 관청에 보고하고 후일의 증거로 삼아 말썽거리가 생기지 않게 하는 것이 옳다.

4. 성의 수축과 보수 修城

성을 수축하고 해자를 파서 국방을 튼튼히 하고 백성을 보호하는 일도 수령의 직분이다.

『예기(禮記)·월령(月令)』에 "초가을에는 담장이 헐어진 곳을 수리하고 성곽을 보수하며, 중추(仲秋)에는 성곽을 수축하고 창고를 수리하며, 초겨울에는 성곽을 증축하고 마을 어귀에 경계를 강화한다"라고 하였다. 『춘추(春秋)』를 보면 성을 쌓는 역사가 해마다 끊이지 않고 기록되어 있다. 옛 법에 때에 따라 수축하는 것이 성곽의 일이라고 하였다. 지금 각 군현의 성은 한 번 쌓으면 여러 해가 지나도 돌 하나 올리지 않고 기와 한 조각 쌓지 않다가 100년이 흘러 성벽이 허물어지고 해자가 메워진 연후에야 비로소 개축할 것을 의논한다. 실로 때를 놓치지 않고 수축하고 보완하였다면 어찌 이 지경이 되겠는가? 성을 수축하는 일은 수령의 급선무이다.

전란이 일어나 적병이 쳐들어오는 급박한 때를 당하여 성을 쌓을 경우에는 마땅히 지세를 헤아리고 민정에 따라야 한다.

학봉(鶴峯) 김성일(金誠一)이 경상우도(右道) 감사로 진주에 있으면서 촉석성(矗石城)을 수축하고 포대를 많이 설치하였으므로 적이 성을 깨뜨리지 못하였다. 성은 본래 사면이 험준한 위치에 의거해 있었는데 임진년(1592)에 동쪽으로 이동하여 평지로 내려갔다. 그러자 적이 성 안을 살필 수 있는 비루(飛樓)를 8개 만들고 큰 대나무 발을 둘러쳐서 화살과 돌을 막고 그 안에서 성 안을 내려다보며 조총을 비 오듯 쏘아대니 성 안의 사람들은 감히 머리를 내밀지 못했다. 8일 만에 성이 함락되었다.

평상시에 성곽을 수축하여 여행자의 구경거리가 되게 하는 경우는 의당 종래대로 따라 석재로 보수할 것이다.

선왕(先王)께서 수원성을 쌓을 때 처음에는 다른 산의 돌을 구해오려 했으나 임금님의 영감이 통하여 마침내 앵봉(鸎峯)을 파보니 온 산이 돌이었다. 앵봉의 돌을 쓰자 쌓음에 여유가 있었다. 이것으로 징험을 삼을 수 있다. 부득이하여 먼 곳에서 구해올 경우에는 마땅히 기중기를 만들어서 돌을 들어 올리면 편리할 것이요, 작은 유형거(游衡車)를 만들어서 돌을 운반하면 편리할 것이다."

5. 도로 道路

도로를 잘 정비해서 행인이 이 도로로 다니기를 원하게 만드는 것도 훌륭한 수령의 치적이다.

『유산필담(酉山筆談)』에서 이렇게 말하였다. "옛날의 역사를 쭉 훑어보니 귀융(歸融)이 검각(劍閣)을 개통한 일과 진요좌(陳堯佐)가 태항산(太行山)을 개통한 일 모두 험지를 파고 뚫어 그야말로 파천황의 노력으로 평탄하게 만든 것이었다. 우리 나라는 서울 5부 안의 애오개는 서강으로 나가는 길목이고, 약현(藥峴)은 용산으로 나가는 길목인데, 양곡을 운반할 때 수레가 서로 부딪치고 사람의 어깨가 비벼지는 곳이지만 돌 하나 뽑아내지 않았고 물구덩이 한 곳 빠져 나가게 하지 않아서 울퉁불퉁하여 발붙일 땅도 없고, 가뭄에도 항시 질척거려서 한번 이 두 고개를 넘고 나면 발이 온통 빠지고 옷이 다 더럽혀진다. 서울이 이 모양인데 지방의 도로야 더 말해 무엇하랴! 높은 고개와 가파른 벼랑이 본디 하늘이 만든 그대로이거늘, 매양 '우리나라의 지세는 험준해서 수레가 다닐 수 없다'라고 하니, 이 어찌 안타깝지 않은가? 또 혹자는 '관방(關防) 지대는 깎아서 평평하게 평탄하게 만들 수 없다'라고 하니, 이 또한 실정에 먼 말이다. 관방이란 성이나 보루를 쌓아서 요충지를 지키는 것이지, 도로를 험악한 상태로 놓아두어서 방어가 되도록 한다는 말은 들어본 적이 없다. 임진왜란 당시 왜적은 모두 조령(鳥嶺)을 넘었는데, 그 험악함이 부족해서 그렇게 되었던 것이겠는가? 수레와 말이 통행하지 못하고 상인이 다니지 않아 물화가 정체되고 물건의 교역이 이루어지지 못하는 것은 모두 도로를 닦지 않은 때문이다."

교량은 사람을 건너다니게 하는 시설이다. 날씨가 추워지면 의당 즉시 설치해야 한다.

춘추시대 자산(子産)이 정나라의 정치를 맡았을 때, 자기의 수레로 사람들이 진수(溱水)와 유수(洧水)를 건너게 하였다. 맹자는 이를 두고 "은혜롭기 하지만 정치는 알지 못하고 있다. 11월에 도보 다리가 이루어지고 12월에 수레가 다닐 수 있는 다리가 이루어지면 백성들이 건너다니는 데 걱정할 것이 없다"라고 말하였다.

김서구(金敍九)가 해남현감으로 있을 때의 일이다. 고을에 큰 냇물이 있어 해마다 백성들은 수해가 날까 걱정하였다. 그가 백성을 위해 돌을 쌓아 제방을 만들고 돌다리를 놓았는데 다리 모양을 무지개처럼 만들었더니 견고하고 보기에도 좋아 고을 사람들이 즐거워하였다. 다리를 놓을 때 그가 평상복을 입고 종일 다리 주변에 앉아서 친히 공사를 독려하니, 백성들이 감히 조금도 게으름을 피우지 못하였다.

여점(旅店)에는 간사한 자들을 숨기지 않고 원(院)에는 방탕한 짓이 벌어지지 않아야만 백성들이 마음을 맑게 가질 수 있을 것이다.

『다산필담』에서 말하였다. "나는 오랫동안 민간에 있으면서 백성들의 실정이며 허위를 더러 알게 되었다. 무릇 도둑이 숨는 곳은 모두 여점이다. 실로 조촐한 곳이나 한적한 마을에는 발을 붙이기 어렵다. 낯선 얼굴이 한번 나타나면 서로 이야기하고 손가락질하기 때문에 아침에 숨어도 저녁이면 드러나서 접근할 수 없다. 오직 여점은 사방의 사람들이 모이고 아무도 오래 머물지 않기 때문에 몸을 숨기기에 편리하다. 여점마다 간사한 자를 숨겨두고 천릿길이 고리처럼 이어져 있는 게 도둑 무리의 관행이다. 한 군데서 도둑이 잡히게 되면 누라(嘍囉)와 졸개들이 밤중에 나는 듯이 달려가서 도피하도록 만든다. 더구나 여점의 점주와 아낙네치고 와굴(窩窟)이 아닌 자가 없고, 고을과 감영의 군교도 모두 연결되어 있어 핏줄이 통하듯 막힘이 없으니 어떻게 탐문하고 체포할 수 있으리오. 수령은 마땅히 이를 알아서 각 여점마다 방문을 붙이고 타일러 감히 간사한 자를 숨기지 못하게 해야 한다. 나중에 어느 여점에서 도둑을 잡게 되면 점주는 도둑과 한패거리인 것이 명백하니 엄중하게 캐물어야 한다. 근원이 분명하지 못하고 행동거지가 바르지 못한 자는 절대 머물지 못하게 하면 도둑에 대한 우환이 조금은 줄어들 것이다.” ○역참이나 원이 있는 마을에서는 간혹 부유한 자가 돼지 잡고 술을 빚어 음란하고 방탕한 짓을 자행하는데, 노름판을 벌이고 사당패·초란이패를 불러들여 노래하고 소리 질러 습속이 고약해진다. 수령은 마땅히 이 점을 알아서 엄중히 금하고, 어기는 자는 용서하지 말아야 할 것이다.

6. 기물 제작 匠作

기물 제작을 번거롭게 하면서 기교를 집중하게 하는 처사는 탐욕이 두드러지는 일이다. 온갖 장인이 다 있어도 단 하나도 제작하는 것이 없는 곳이야말로 청렴한 관부(官府)이다.

이수일(李守一)이 통제사(統制使)로 있을 때의 일이다. 그의 전후로 이 직을 맡은 사람들이 날마다 관아의 장인들을 부려 신기한 물건을 제작해 권력자들을 섬기니 그 비용이 매달 1000냥을 헤아렸다. 이수일은 그 일체를 폐하였으며, 명목만 있고 실제가 없는 군향미(軍餉米) 전부를 역마를 보내 급히 조정에 보고하여 면제케 하자 여러 고을이 편하게 여겼다. 또한 그는 빚을 지고 내려온 무관들이 뇌물 바치는 것이 습속을 이루고 있는 것을 일찍이 혐오하여 끝내 돈 1전(錢), 비단 한 자도 권력자들에게 선물로 바치는 법이 없었다. 야사에 이런 이야기가 있다. "충무공 이순신은 통제사로 있을 때 날마다 장인을 시켜 인두며 가위, 장도 따위를 제조하게 해서 권력자들에게 선물로 보냈다 한다. 대개 본뜻이 자리를 유지해서 왜적을 평정하는 임무를 완수하려는 데 있었고 아첨하는 데 있지 않았다." 그런데 후세에는 이를 관례로 삼아 지금까지도 그렇게 하고 있다. 충무공의 본뜻을 알아보면 한 차원 높으니 일상으로 따를 수는 없는 것이다.

김효성은 고을살이가 청백하였다. 그의 부인 이씨(李氏) 또한 언제고 고을살이에서 물러나 돌아올 적에는 비복들을 주의시켜 관부에서 가져다가 쓴 기물들을 모두 돌려주게 하였다. 자기 집에 돌아와서, 아전이 행주(行廚)에서 쓰다 남은 것들을 바치자 물리치며 "이는 사또의 뜻이 아니다"라고 말하며 받지

않았다. 김효상이 세상을 떠난 뒤에 아들이 여러 고을의 관장
으로 부임하게 되자 이씨도 아들을 따라 임지에 가기도 했다.
이때에도 늘 낡은 농 두 짝만 휴대했는데, 농을 그만 바꾸자고
청했다. "나는 남편을 따라 여러 고을을 30년이나 다녔으나 몸
에 딸린 것은 농짝 두 개뿐이었다. 지금은 이 물건과 함께 사람
도 늙었거늘 어찌 버리겠는가?"라고 대답했다.

제조하는 일을 시키더라도 욕심과 더러운 속셈이 기물에까
지 미치게 되어서는 안 된다.

『다산필담』에서 말하였다. "내가 예전의 놋그릇을 보니 쇠가
아주 얇았고, 예전의 책을 보니 종이가 무척 얇았다. 요즘에는
탐욕의 풍조가 날로 심해져서 놋그릇의 무게가 옛날보다 세
배나 되고, 책 종이의 두께는 예전보다 두 배나 되었다. 이렇게
된 까닭을 물어보았더니, '뒷날 곤궁해질 때 내다 팔면 무겁
고 두꺼워 값이 필시 많이 나갈 것이다'라고 하였다. 아, 심보
가 이러고서야 어떻게 길이 복을 받겠는가. 이 두 가지 일은 내
가 심히 부끄럽게 여기는 바이다." ○또 말하였다. "접는 부채
와 편지지가 옛날보다 엄청나게 커진 것이 또 하나의 폐단이
다. 내가 옛날 서첩(書帖)을 보니 부채의 그림을 옮겨 붙인 것
이, 접은 주름이 10겹에 불과하여 길이와 너비가 작은 서첩에
도 들어갈 수 있었다. 지금 중국식 부채와 같다. 옛날의 서첩을
보니 편지 용지의 길이가 1주척(周尺) 정도에 불과하고 그 너

비는 배의 비율이었지만, 그 사연이 간략하면서도 돈후하고 충
실한 느낌이 글에 넘쳐흘렀다. 요즘의 부채는 길이가 팔 길이
만 하고 부챗살이 50개나 된다. 편지지는 길이가 전보다 배나
되고 두께도 소가죽 같으며 계란빛이 났다. 거기에 써진 글씨
를 보면 붓이 미끄러져 넘어지고 먹물이 흘러 획이 제대로 되
지 않아 칡덩굴이 엉킨 듯한데, 호기를 멋대로 부려서 온후한
기색이라고는 도무지 찾아볼 수 없다. 이 모두 비루한 습속이
므로 마땅히 고쳐야 할 일이다."

농기구를 만들어 백성들의 농사를 권장하고, 베틀을 만들어
부녀자의 길쌈을 권장하는 것은 수령의 직무이다.

옛날 한나라의 조과(趙過)는 파종용 수레(耬車)와 종자를 담
는 깔때기(耬斗)를 만들어 파종법을 가르쳐서 백성의 노력이
크게 줄었다. 명나라의 진유학(陳幼學)은 확산현을 맡아 다스
릴 때 물레(紡車) 800여 량(輛)을 제조하여 가난한 부녀자들에
게 나누어주었다. 이런 일은 옛사람들의 꽃다운 업적이다. 더
구나 지금은 각종 기구가 뒤에 나온 것일수록 더 정교한데, 유
독 우리나라의 백성들은 막연히 알지 못하고 있다. 수령은 정
사하는 여가에 이치를 궁구하고 생각을 짜내서 농기구나 베
틀 등을 만들어 보급해서 백성의 노동력을 줄여주는 것이 또
한 좋지 않겠는가. 이용후생(利用厚生)은 정덕(正德)의 다음에
놓인 것으로 천지간의 세 가지 큰일이어서 성인은 그 요체를

알았던 것이다. 용미(龍尾)·옥형(玉衡)·홍흡(虹吸)·학음(鶴飲)과 같은, 물을 끌어올리는 방법이 시행되면 가뭄에 물을 퍼 올리느라 종일 팔목이 아픈 고생이 덜어질 것이다. 맷돌을 굴리고 물방아를 돌리는 법이 시행되면 밀을 갈고 쌀을 찧느라 온 집안이 숨을 헐떡이는 노고가 사라질 것이다. 바람으로 돌리고 바퀴가 물려 들어가게 하는 방법이 강구되면 물을 나르고 퍼 올리는 일이 어렵지 않을 것이요, 풍구와 교거(攪車, 씨아)의 제도가 강구되면 티끌을 제거하고 목화씨를 제거하는 일이 어렵지 않을 것이다. 줄을 끌어서 쟁기질을 대신하는 방법이 강구되면 소가 역병으로 죽는 일도 크게 두려워할 것이 못 된다. 이 모두 수령의 직책이므로 소홀히 해서는 안 된다.

전거(田車)를 만들어 농사를 권장하고 병선(兵船)을 만들어 전쟁에 대비하는 일 또한 수령의 직무이다.

전거는 간소한 것이어서 만들기 어렵지 않은데, 백성들이 아직 그것을 본 적이 없다. 전거를 써서 풀을 운반하고, 거름을 운반하고, 볏단이나 나락을 운반할 수 있다. 전거 한 대에 싣는 양이 소 네 마리의 힘을 대적할 수 있으니 이 어찌 노동력을 크게 절감하는 것이 아니겠는가. 수레를 만들기 어려운 것은 바큇살과 바퀴통 때문이다. 횡판(橫板) 하나와 나뭇가지 둘을 세워 스물 입(卄) 자 모양을 만들고, 그 가운데에 축을 꿰고 둘레를 보완하여 바퀴를 만들면, 돈을 반전(半錢)도 들이지 않고 수레 한 대를 만들 수 있다. 여기에 끌채를 대고 차체를 붙여 전거를 만들면 또한 좋지 않겠는가.

이민수(李民秀)가 해남수군사(海南水軍使)로 있을 때, 차륜선(車輪船)을 만들어 비변사에 올려보내 이 제조법을 각 도에 반포할 것을 청하였으나 아무런 답이 없었다. 그의 조상 충무공 이순신은 거북선을 제작하여 왜적을 방어하였는데 그는 과연 충무공의 후손이라 할 만하다.

벽돌 굽는 법을 강구하고 이어서 기와도 구워서 읍성 안을 모두 기와집으로 만드는 것 또한 선정이라 할 것이다.

당나라 위단(韋丹)이 홍주자사로 있을 때에 처음 사람들에게 기와집을 짓도록 했다. 도공(陶工)을 불러 백성들에게 기와를 굽도록 하고, 만든 기와를 한 장소에 모아놓고 비용을 따져서 판매하되 이익을 남기지 않게 하고, 아울러 그들의 부역을 반으로 줄여주었다. 그리고 도망을 가서 아직 돌아오지 않은 자에게는 관에서 더불어 짓게 하고, 가난하여 할 수 없는 자에게도 물자를 대주었다. 한편으로 먹을 것, 마실 것을 싣고 직접 가서 권하였다. 그렇게 하여 기와집 3700호가 들어찼고, 이층으로 만든 것이 4700채였다. 백성들은 화재 걱정이 없게 되었고 덥거나 습하면 위층으로 올라갔다.

제11부 /

진황 賑荒 6조

나라에서 빈민들에게 쌀을 나눠주는 모습

작자미상 「홍화문사미도(弘化門賜米圖)」, 1798년,
지본담채, 24.1×16.8cm, 고려대학교박물관 소장.

1. 구휼 물자 준비 備資

흉년에 백성을 구휼하는 정사(荒政)는 선왕들이 마음을 쏟았던 일이다. 목민하는 능력은 여기서 볼 수 있다. 이 일이 잘되어야 목민관이 임무가 끝나는 것이다.

『동국문헌비고(東國文獻備考)』에는 선조 26년(1593) 경성(京城)에 큰 기근이 들었는데 임금이 마침 의주(義州)의 피난길에서 돌아와 다음과 같은 교서를 내렸다고 나와 있다. "음식 담당자가 하루에 백미를 6되 올리는데, 나는 평소에 본디 하루 세 끼를 다 먹지는 않으니 3되의 쌀인들 어떻게 다 먹겠는가. 이제부터 마땅히 3되를 덜어 백성을 구휼하는 다섯 곳에 나누어 보내도록 하라." ○영조 9년(1733)에 이런 교서가 내려졌다. "오늘날 거듭된 기근이 이 지경에 이른 것은 내가 부덕한 소치가 아닐 수 없다. 임금에게 바치는 쌀(御供米)은 추수 때까지 5분의 1을 줄이고 관리들이 먹는 선반미(宣飯米) 이하 일체를 헤아려서 좁쌀(小米)로 대체하라." ○영조 36년(1760)에 흉년이 들었다. 임금이 흥화문(興化門)에 나와서 떠도는 거지 100여 명을 불러 죽을 먹였는데, 임금은 그 죽을 한 그릇 가져오게 하여 친히 맛보았다. 임금의 존귀한 처지로도 자책을 하며 음식을 줄이기(減膳)를 이와 같이 하였거늘, 하물며 감사나 수령들이 감히 스스로 편안을 누리고 즐기면서 자기 몫을 덜고 줄일 방도를 생각하지 않는단 말인가. 아침저녁으로 항시 먹는 음식은 잡곡밥에다 반찬은 두 접시에 그치고, 거기서 남는 것을 모아서 진휼 물자에 보태며, 제사에는 특돈(特豚, 돼지고기)을 쓰고 손님 접대도 풍성하게 하지 않으면 그런대로 예에 들어맞을 것이다.

구황의 정사는 미리 준비하는 것이 가장 중요하다. 예비해두지 않으면 일이 모두 구차하게 될 것이다.

『동국문헌비고』에 이런 내용이 있다. "영조 12년에 우의정 송인명(宋寅明)이 아뢰기를, '작년 농사가 꽤 잘되었는데 금년 역시 풍년이 들 듯합니다. 제가 얼마 전에 우연히 송나라 사마광(司馬光)의 문집을 보았더니, 흉년이 든 후에 진휼곡을 모으려면 일이 쉽지 않으니, 필히 풍년이 든 해에 각 고을에서 진휼곡을 미리 모아들이되 그 많고 적음에 따라서 진휼할 때처럼 등급을 나누고 상벌을 내리면 효과가 있을 것이라고 하였습니다. 이 말이 매우 좋습니다. 지금 풍작이 든 때에 각 도와 각 고을에서 진휼곡을 모으게 하고, 그중에서 곡식을 가장 많이 모은 고을에 포상하고 부족한 고을에는 벌을 내리면 흉년을 만나더라도 진휼 물자가 모자라는 근심이 없을 것입니다'라고 하여 임금이 윤허하였다." 맹자(孟子)는 "개돼지가 사람의 먹을 것을 먹는데도 단속할 줄 모르고, 길에 굶어 죽은 시체가 버려져 있는데도 창고를 열 줄을 모른다"라고 했다. 이는 풍년에 예비하지 않고 흉년에 진휼하지 않는 것은 그 죄가 사람을 칼로 찔러 죽이는 것과 다름이 없다고 말한 것이다. '예비'는 나라가 항상 힘써야 할 임무이다. '예비'가 없는 것은 정치가 없는 나라이다.

한 해 농사의 작황이 판명되면 빨리 감영에 가서 다른 고을의 곡식을 옮겨오는 것(移粟)과 조세 줄이는 것을 의논해야 한다.

영조 38년에 삼남에 큰 기근이 들자 교서를 내렸다. "호서안집사(湖西安集使)가 올린 서계(書啓)를 보니, 아! 저 굶주리는 백성들을 내 눈으로 보는 것 같구나. 강화의 쌀 2000석과 함경도의 교제창(交濟倉) 곡식 3만 석을 특별히 지급하도록 허락하니, 각 도의 감사들은 운송 방법을 검토해서 신음하고 있는 굶주린 백성들을 구제하도록 하고, 교제창 곡식을 호남에 4만 석 영남에 3만 석을 마찬가지로 지급하도록 허가한다." 또 교서를 내렸다. "지금 물에 빠진 사람을 건지듯 호남을 도와야 할 일이다. 남북의 교제창에 있는 포항 쌀이 호남에 가장 가까우니 거기 쌓여 있는 쌀 5만 석을 배로 호남에 운반하고 함경도에서 올 곡식으로 교제창을 채워놓도록 하라."

강이나 바다의 포구의 경우 모름지기 저점(邸店, 객주)을 살펴서 횡포하는 행위를 금해 상선(商船)이 모여들게 해야 한다.

흉년에 상선이 포구에 정박하면 선주(船主)와 말질하는 사람들이 조종하여 값을 후려치고, 관교(官校)와 읍리(邑吏)들이 침탈하고 부정을 저지른다. 상인들은 이런 말을 들으면 뱃머리를 돌려 달아나니, 이것이 쌀값이 날로 뛰는 이유이다. 수령은 마땅히 이를 알아서 상인들의 마음을 기쁘게 하는 데 힘써 그들이 모여들게 하여, 돈을 가진 자가 곡식을 사고팔 수 있게 해야 한다.

2. 기부를 권함勸分

중국에서 권분하는 법은 곡식을 팔도록 권하는 것이지 거저 나눠주도록 권하는 것이 아니었으며, 베풀도록 권하는 것이지 거저 바치도록 권하는 것이 아니었으며, 몸소 솔선하는 것이었지 입으로만 말하는 것이 아니었으며, 상을 주어 권장하는 것이었지 위협하는 것이 아니었다. 지금의 권분은 무례(非禮)의 극치이다.

송나라 증공(曾鞏)이 통판(通判)으로 있을 때의 일이다. 흉년이 들었는데 상평창(常平倉) 곡식을 헤아려보니 진휼하기에 부족하였다. 게다가 떨어진 지역에 사는 농민들이 모두 성시(城市)로 오기도 어렵거니와 만약 오는 사람들이 떼로 모이고 보면 전염병이 번질 우려가 있었다. 기일에 앞서 속현에 지시해서 부자들을 불러 가진 곡식을 신고하게 하여 모두 15만 석을 얻었다. 이를 상평가(常平價)보다 조금 더해 사들여서 백성들에게 나눠주니 백성들은 마을을 떠나지 않고도 편리하게 곡식을 얻을 수 있었으며, 먹고 남는 곡식이 있어 곡가도 안정되었다. 그리고 돈을 내어 곡식 5만 석을 사서 백성들에게 종자와 양식으로 대여하여, 이에 힘입어 다음 해 농사까지 곤란함이 없었다.

우리나라의 권분법은 모두 '거저 주는 것(白給)'이다. 거저 주는 것일 뿐만 아니고 백성에게 주지도 않고 관에 '거저 바치는 것(白納)'이다. 그러므로 명령이 있어도 시행되지 않고 그 용도도 명백하지 않다. 중국의 법에 부자에게 권분하는 법은 조미(糶米)와 사미(賖米) 두 가지이다. 조미란 값을 좀 헐하게 하여 굶주린 백성에게 팔도록 하는 것이요, 사미란 이자를 받기로 하고 굶주린 백성에게 꾸어주도록 하는 것이다. 관장의 권하는 바가 이 같음에도 백성이 따르지 않는 일이 있다면 독려하고 위엄으로 다스려도 잘못이 아니다. 우리나라의 법은 부자에게 거저 바치게 하고서 따르지 않는 자가 있으면 무서운 벌과 곤장이 마치 도둑을 다스리는 것같이 한다. 한번 흉년을 만나면 부자들이 먼저 곤욕을 치르게 된다. 그래서 남방의 백성들 사이에 "사는 것이 죽느니만 못하고 부자가 가난뱅이만 못하다"라는 말이 돌고 있다. 이는 학정 중에도 큰 것이니 수령 된 자는 마땅히 알아야 일이다.

권분의 영이 나오면 부자는 크게 놀라고 가난한 사람들은 탐욕스러워진다. 중요한 정사에 신중을 기하지 않으면 탐천지공(貪天之功)을 하려는 자들이 속출할 것이다.

『다산일초(茶山日鈔)』에서 말하였다. "가경 갑술년(1814) 겨울의 일이다. 한 유생이 군아에 들어가서 주고받은 말이 권분에 미쳐서, 그 유생이 '사또의 명이 아무리 엄하다 해도 백성이 버티면 어찌 하겠습니까?'라고 물었다. 수령은 '고을에서 제일가는 부자가 끝까지 버티면 불가불 곤장을 칠 것이다'라고 대답했다. '정말 그렇지요. 곤장이 아니면 바치지 않으리다' 하며 유생은 맞장구를 쳤다. 유생은 관문을 나오자 즉시 그 부잣집으로 가서 '당신에게 1000냥이 배당되었는데, 나에게 100냥을 주면 힘을 써서 300냥을 줄여줄 것이오. 그러면 200냥은 당신의 이득이오'라고 말했다. 부자는 '어허, 내가 바치지 않는 걸 누가 내 목을 뽑을 것이오?'라고 했다. '나의 말은 사또의 뜻을 알아서 하는 것이라오. 사또가 나의 굶주리는 처지를 생각해서 당신에게 베풀도록 한 뜻인데, 듣지 않다가는 반드시 후환이 있을 것이오'라고 했다. 부자는 그래도 믿지 않고 비웃어 넘겼다. 유생은 수령이 내일 창고로 나가서 그 부자를 부를 것임을 미리 알고, 밤중에 다시 가서 그 기밀을 알려주면서 '내일 수령이 당신을 부를 터이고 그러면 곤장을 칠 것이오. 내 말을 믿지 못하겠거든 두고 보시오'라고 했다. 부자는 그래도 믿지 않고 '나를 어찌 하겠소' 하고 버텼다. 그 이튿날 수령이 또 불러서 1000냥을 바치라고 강요하자, 부자는 '힘이 모자라 그렇게 할 수 없습니다'라고 대답했다. 수령은 곤장을 쳐서 부자의 승낙을 받아냈다. 부자는 관가에서 나오자 유생에게 달려가 100냥을 주고, 300냥을 감해달라고 사정했다. 유생은 '쉬운 일이오. 2차, 3차에 걸쳐서 500냥만 바치시오. 내 장차 도모하리다' 하고는 일부러 관아에 들어가 한담을 하다가 나왔다. 500냥을 바친 뒤 부자로 하여금 소지를 올리게 하였는데, 그 사연이 심히 슬프고 절실했다. 수령은 마음이 풀어져 300냥을 감해주었다. 유생이 '탐천지공'*을 했지만 그 내막을 알 사람이 누구이겠는가. 그 덕을 칭송할 따름이다. 수령의 말 한마디가 입 밖을 나가면 바람과 구름 같은 변화가 이 지경에 이르지만 군자가 능히 헤아릴 수 있는 일이 아니다. 객을 물리치고 사사로움을 끊는 일을 그만두지 않아서 되겠는가?"

---

* 하늘의 공을 탐한다는 뜻. 즉 자연스럽게 이루어진 일을 제 공으로 삼는 것. 남의 공을 훔치는 행위에도 쓴다.

흉년에 기민에게 돌아갈 데서 훔치면 소문이 멀리 변방에까지 나가고 재앙이 후손에까지 끼치니 이런 마음은 결단코 먹어서도 안 된다.

『한암쇄화(寒巖瑣話)』에서 이렇게 말하였다. "하늘이 부여한 성품은 원래 선량하지 않은 사람이 없거늘 막히고 잃어버려서 금수만도 못하게 되어, 군자가 헤아릴 수 있는 것이 아니게 되었다. 어사가 탐욕한 관장의 죄를 논하면서 '굶주리는 사람 수를 거짓으로 4800명으로 늘려서 진휼미를 훔쳤다'라고 하여, 나는 처음에는 믿지 않았다. 탐문해서 알아보니 과연 무고가 아니었다. 또 '권분미(勸分米) 150석을 돈으로 거두는데 매 석에 15냥으로 계산하면 합계 2250냥인데 자기 주머니로 들어갔다'라고 하여, 나는 처음에 역시 믿지 않았는데 탐문해서 알아보니 과연 무고가 아니었다. 그 훔친 돈으로 진기한 물건을 사들이되 옥천(玉泉)의 가는 베〔細布〕, 탐라의 큰 전복〔大鰒〕, 은쟁반, 은합(銀盒), 5척 달비〔髪〕, 오색 돗자리 등속을 싣고 지고 하여 권문세가에 갖다 바친다. 민망하게도 권문세가에서는 수령의 녹봉이 본디 많아서 이런 것들을 능히 마련할 수 있는 것으로 안다. 누가 권분을 위한 재물이 이런 물건들로 바뀐 것이라고 상상이나 하겠는가. 귀한 물건을 받아서 온 집안에 기쁨이 넘치는데, 천지간에 귀신들이 가득히 늘어서 내려다보아 그로 인해 재앙이 일어나면 재난과 패망을 다 함께 당할 것이다. 이 어찌 안타깝지 않으랴. 그래서 옛날 재상들은 싸다 바치는

꾸러미를 절대 받지 않았는데, 그 안에 큰 독이 있어 먹을 것이
못 되는 줄 알기 때문이었다."

3. 세부계획 規模

진휼에는 두 가지 요점이 있으니 첫째는 시기를 맞추는 것이
요, 둘째는 규모가 있어야 하는 것이다. 화재에서 구하는 일
과 물에 빠진 사람을 건지는 일에 어찌 시간을 한가히 할 수
있겠으며, 많은 사람들을 다루고 물자를 고루 나눠주는 데 어
찌 규정이 없을 수 있겠는가.

수재(水災)는 아무리 혹심해도 그 화는 물에 잠긴 지역에 그
치고, 바람·서리·병충·우박 등 또한 반드시 온 천하의 재해가
되는 것은 아니다. 오직 큰 가뭄이 들어 산이 탈 지경이면 나라
의 백성들이 온통 굶주려서 손을 쓸 방도가 없게 만든다. 마땅
히 입추 무렵부터 재빨리 대책을 세워 시각을 다투어 기회를
포착하고, 유리한 방향으로 나아가기를 날쌘 새와 사나운 짐승
이 출동하듯 해야 한다. 이렇게 한 후에라야 실시하고 조치하
는 일이 바야흐로 두서가 있게 된다. 소홀히 할 수 없다.
　명나라 임희원(林希元)이 가정 8년(1529)에 『황정총서(荒政
叢書)』를 올렸는데, 이런 내용이 있다. "구황의 일에는 두 가
지 어려움〔二難〕이 있으니, 적임자를 얻는 일과 기호(饑戶)의

조사가 그것이다. 또 세 가지 우선시할 일(三便)이 있으니, 최저 빈민에게는 쌀을 주는 일이 우선이요, 다음 빈민에게는 돈을 꿔주는 것이 우선이요, 좀 나은 빈민에게는 곡식을 빌려주는 것이 우선이다. 또 여섯 가지 급무(六急)가 있으니, 다 죽게 된 빈민에게 급히 죽을 먹이는 일, 병든 빈민에게 의약을 쓰는 일, 죽다가 살아난 빈민에게 급히 끓인 물을 주는 일, 이미 죽은 자를 급히 묻어주는 일, 버려진 어린아이를 급히 거두어 기르는 일, 옥에 갇힌 죄수를 너그럽게 보살피는 일이 그것이다. 또 세 가지 변통수를 써야 할 일(三權)이 있으니, 관의 돈을 빌려 곡식을 구입하는 일, 공사를 일으켜 진휼을 돕는 일, 소와 곡식 종자를 빌려주는 일이 그것이다. 또 여섯 가지 금해야 할 일(六禁)이 있으니, 침탈 금지, 훔치는 행위 금지, 곡식 매점(遏糶) 금지, 고리채 금지, 소 도살 금지, 중이 되는 것(度僧) 금지가 그것이다. 또 세 가지 경계할 일(三戒)이 있으니 지체하는 것, 형식적 문구에 구애되는 것, 사자(使者)의 파견이 그것이다." 이 여러 조목들은 요긴하고 절실하여 사정에 꼭 들어맞는다. 무릇 진휼할 일을 당하면 수령은 마땅히 이것을 벽에 써두고 아침저녁으로 보고 살필 것이다. 다만 사자를 파견하는 것을 경계하라는 한 조목은 우리나라에서는 타당하지 않다. 우리나라 법제에 큰 흉년이 들었을 때는 반드시 감진어사(監賑御使)를 보내게 되어 있고, 백성들은 그에 힘을 입었다. 순조 9년(1809)과 14년(1814)에 어사가 오지 않았기 때문에 수령들이 꺼리고 조심함이 없어서 진휼이 법대로 이행되지 못하였고, 해가 바뀐 후에 비로소 어사가 와 아전들을 조금 징계했으나 이

굶어죽은 시체가 길에 널려 있어
사람들이 다투어 살을 베어 먹으려 덤벼드는 모습.
시에자푸(謝家福) 그림, 『사성고재도계(四省告災圖啓)』 수록,

미 죽은 백성들을 되살릴 도리가 없었다.

어진 사람이 진휼을 하게 되면 마음이 오직 애처롭게 여기는
데 있다. 다른 지역에서 유랑해온 자는 받아들이고 이 지역에
서 떠돌이가 된 자는 머물도록 하여 내 땅, 네 땅의 경계를 두
지 말아야 할 것이다.

토정(土亭) 이지함(李之菡)이 현령으로 있을 때의 일이다. 유
민들이 떨어진 옷을 입고 걸식하는 것을 불쌍히 여겨 큰 집을
지어 수용하고 수공업 기술을 가르치되 일일이 직접 앞에 놓
고 가르치고 깨우치고 하여 각기 자력으로 의식을 해결하게
하였다. 그중에 가장 무능한 자에게는 볏짚을 주어 짚신을 삼
도록 해서 독려하였던바 하루에 능히 10켤레를 삼아서 팔았다.
누구나 하루에 자기가 한 일로 한 말 정도의 쌀을 마련할 수
있어서, 먹고 남은 것을 모아 옷까지 마련할 수 있었다. 몇 달
사이에 의식이 모두 갖춰지게 되었다. 이는 풍년이 든 해에 유
민이 발생한 경우이다.

이에 기구(飢口)를 가려내어 세 등급으로 나누고, 그 상등을
다시 세 등급으로 나누며, 중등과 하등은 각각 한 급으로 한다.

『다산필담』에 나와 있다. "기민을 뽑는 방법에 있어서 경계

해야 할 점은 분배(分排)에 있다. 이른바 분배라 하면 첫째는 면배(面排)요, 둘째는 이배(里排)요, 셋째는 족배(族排)요, 넷째는 호배(戶排)를 말하는데 그 숫자를 균등하게 분배하여 밖으로 공평함이 드러나게 하는 것이라고 알고 있다. 무릇 흉년의 진제는 마땅히 굶주린 사람들의 급하냐 덜 급하냐와 거짓이냐 사실이냐를 살피는 데 있을 뿐이다. 실로 모든 사람들이 다 급하다면 한 면 전체를 기민으로 등록한다 하더라도 한쪽에만 치우쳐 후하게 한 것이 아니요, 정말 모든 사람들이 양식이 넉넉하다면 한 개 마을을 빼버려도 치우쳐 박하지 않은 것이다. 족배나 호배도 그 이치는 마찬가지이다.

4. 시행방법 設施

진청(賑廳)을 설치하고 감리(監吏)를 두며, 가마솥과 염장과 미역·마른새우를 갖추어야 한다.

천하의 모든 일의 성패는 사람을 얻는 데 달려 있다. 적임자를 얻지 못하면 일을 능히 잘 해나갈 수 없다. 반드시 청렴하고 신중하고 일을 잘 아는 자를 골라 도감 1명, 감관 2명, 아전 2명을 그 자리에 두어야 한다.

촌감(村監)은 사람을 더욱 잘 골라야 한다. 늘 보면 촌감이 뇌물을 받아먹고 약간의 저축이 있는 자에게 식구 몇을 더 붙여서 쌀을 나눠주고, 의지할 데 없는 홀아비와 과부를 누락시켜 죽어가는데도 서서 보기만 하며, 아전과 어울려서 갖은 방법으로 농간질 한다. 이런 자에게 진휼할 대상을 가려내는 권한을 절대로 맡겨서는 안 된다. ○청렴하고 신중한 사람을 엄선하여 진장(賑場)의 장을 삼되, 면마다 1명씩을 두어 그 면을 관장하도록 한다. 굶주리는 사람이 늘어나기도 하고 줄어들기도 하며 사망자가 생기기도 하니, 가난한 집에는 한두 식구를 더 붙여주도록 한다. ○가마솥은 절에서 빌리기도 하고 무기고에서 가져오기도 하고 민간에서 사기도 하고 객점에서 징발하기도 하여, 아주 큰 것 5개는 필히 구해놓아야 한다. 창고 뜰에 여막(廬幕, 가건물)을 치고 가마솥 5개를 걸어두면, 가마솥 하나에 50명분의 죽을 쑬 수 있어 가마솥 5개면 250명이 먹을 수 있다. 하루 1000명의 기구 중에 구휼미를 받으러 오는 자가 250명이 되는 셈이다. 죽을 가마솥에서 바로 떠서 따끈한 상태로 먹도록 하면 좋지 않겠는가? 오늘날 보면 가마솥을 한두 개만 사용해 밤새도록 죽을 끓여서 큰 항아리에 부어놓아, 식고 묽어진 죽을 춥고 배고픈 자에게 먹이니 어질지 못함이 심하다.

소한 날이 되면 수령은 일찍 일어나 패전(牌殿)으로 나아가 배례하고 나서 진장에 가서 죽을 쑤어 먹이고 쌀을 지급한다.

이날 패전으로 나아가 향을 피운 다음 네 번 절하고 엎드려 얼마 동안 숙연히 마음속으로 이렇게 아뢴다. "이런 큰일을 당함에 재주가 부족한 소신은 오직 충성과 지혜를 다하여 우리 성상께서 맡겨주신 수많은 적자(赤子)들의 목숨을 보존하려고 합니다. 하늘이 굽어 살피시니 소신이 어찌 마음을 다하지 않으리까." ○이 의식을 마치고 나서 패전의 섬돌에 올라가 앉아서 문무(文武)의 군교와 아전들을 불러 모두 패전의 뜰에 엎드리게 하고 다음과 같이 타이른다. "만백성은 우리 성상의 적자요, 굶주리는 백성은 그 적자 중에 역경에 처한 이들이다. 모든 문무의 군교와 아전은 이 적자들의 형이니, 우리 아우들이 역경에 처해 죽어가는데 나와 너희들이 어찌 힘을 다해 구제하지 않겠는가. 너희들은 이런 뜻을 알고, 충성과 지혜를 다하여 깨끗하게 한마음으로 이 큰일을 이루어나가야 할 것이다. 만약 속이고 충성스럽지 못하면 성상의 위엄이 바로 눈앞에 있고 천지신명이 둘러서 보고 있으니 참으로 두려워할 일이다. 모두 삼가고 조심하라."

드디어 창청(倉廳)으로 가서 참알(參謁)을 받고 나면 곧바로 혼패를 나눠주고, 패가 없는 자는 모두 나가게 한다. ○다 나간 뒤에 좌수로 하여금 사방의 담장 안을 살펴보게 하여 으슥하고 어두운 곳에 패가 없는 자가 숨어 있으면 즉시 처벌한다. ○섬돌 앞에 영기(令旗) 한 쌍을 세운다. ○신호 포성이 울리면 곧바로 호적(號笛)을 불고 문졸 한 사람이 깃발을 가지고 나와서 창고 문으로 들어간다. 이에 패를 조사하여 도장을 찍고 나서, 죽을 먹이고 구휼미와 소금을 지급한다. ○가마솥마다 죽한 사발씩을 떠서 수령이 먼저 맛보고, 몇 모금 마셔본 뒤에 물

러나 좌우 사람들에게 준다. ○죽이 묽고 된 것과 간이 짜고 싱
거운 것과 미역이 많고 적은 것과 새우가 있고 없는 것을 솥마
다 살펴보아서 잘한 자는 칭찬하고 잘못한 자는 주의를 준다.

가난한 선비가 하인이 없어 직접 쌀을 받으러 온 경우에는
따로 섬돌 아래에 앉히고 예의를 차려 죽을 준다. 사족의 부녀
자는 사람을 고용하여 구휼미를 받도록 하고, 혹 직접 온 경우
따로 한구석에 앉히고 죽을 준다.

유리걸식하는 자는 천하의 궁한 백성으로 호소할 데 없는 사
람이다. 어진 수령으로서 마음을 다할 일이요 소홀히 여겨서
는 안 될 것이다.

중국의 진휼책은 유민을 위주로 하기 때문에 구제를 받아
온전히 살아난 사람이 많은데, 우리나라의 진휼책은 거주민을
위주로 하기 때문에 유민은 구휼을 받더라도 필경 다 죽게 되
니 이 어찌 슬프지 않은가. 「진휼사목」에 "무릇 유리걸식하는
자를 구제하는 데 드는 죽·쌀·소금·간장 모두를 수령 스스로
마련해야 하며, 남은 것을 셈하지는 않는다"라고 나와 있다. 수
령이라고 어찌 꼭 어진 사람만 있겠는가? 객관(客館) 앞의 한
곳에 한 척 남짓한 깊이로 둘레 몇 발 정도의 구덩이를 파고,
새끼로 몇 개의 서까래를 얽어 묶은 다음 풀로 겨우 한 겹 덮
은 움막을 치고 그 속에 유리걸식하는 자들이 살고 있는 것이
다. 위로 눈이 들고 옆으로 바람이 쳐서 살을 에는 추위를 견디

기 어려운데 물같이 멀건 죽에 겨와 흙이 반이나 섞여 있다. 옷이라고는 삽살개 꼬리 같아 음부도 못 가린 채 머리가 헝클어지고 얼어터진 피부, 그 꼴이 마치 '까마귀 귀신(烏鬼)' 모양이다. 나팔소리 한 번 나면 돼지새끼처럼 모여들어 얻어먹고 흩어지며, 구걸을 나가면 밥 한술 얻지 못한다. 저녁이 되면 한 구덩이에 모여 자는데, 몸을 꾸부리고 꿈틀거리는 것이 마치 똥구더기 같다. 서로 짓밟아 약한 자는 깔려 죽고 병을 서로 옮겨 전염병이 성행한다. 감독자는 이를 혐오하여 죽는 것을 다행으로 여긴다. 하루에 수십 명씩을 구렁에 갖다버리니, 까마귀와 솔개가 창자를 쪼아 먹고 여우와 이리가 피를 빨아먹는다. 천하에 원통하고 비참함이 이보다 심한 것은 없다. 또 거주민 가운데 진휼을 받는 자가 쇠약하거나 수척하면 원망과 비방이 일어나고 상급 관청이 그 잘못을 책망하는데, 유리걸식자가 죽는 것은 예삿일로 보고 문책하지도 않고 수령도 거리낌 없이 등한시하게 된다. 중국의 법과는 너무도 판이하다.

어떤 이는 어질지 못한 논리를 펴기도 한다. "무릇 유리걸식하는 자들은 모두 무용지물이고 하늘이 버린 자로 나라에 쓸모없는 존재이다. 게을러서 생업이 없고 도둑질을 타고난 일로 삼으니 거두어 길러도 곡식만 낭비할 뿐, 결국 다 죽고 말 터이니 수고만 하지 공이 있을 수 없다. 차라리 아주 곤궁하게 만들어 구휼미도 주지 말아서 죽음을 재촉하는 것만 같지 못하다. 그들에게도 슬플 것이 없고 나라에도 애석할 것이 없다." 아, 이 무슨 소리인가? 풍년에는 유리걸식하는 자를 볼 수 없고 마을에 양민만 있는데, 흉년이 되면 이런 무리를 보게 되니 이들도 본래는 양민이었고 버려진 자들이 아님을 알 것이다. 한갓 육친이 흩어져 없어지고 사방의 이웃들도 거절하여 홀아비·과부·고아·불구자로 의탁할 곳이 없어, 마름〔萍〕처럼 떠다니고 쑥대처럼 굴러다니다가 이 지경에 이른 것이다. 굶주림이 쌓이고 오랫동안 얼어서 그 어진 본성을 잃고 염치가 모두 없어지고, 총명과 식견도 드디어 어두워져 괴물이나 짐승처럼 되어 사람들로 하여금 염증이 나게 하는 것이지, 어찌 처음부터 달랐겠는가? 하늘이 그 게으름을 싫어하여 이런 고통을 받게 하는 것이라면, 탐관오리들은 하늘이 어찌 싫어하지 않고 저런 낙을 누리게 하는 것인가? 이는 모두 어질지 못하고 사리에 맞지 않는 말이니 논할 것이 못 된다. 부모가 게으른 자식이 미워 매질하면, 그 형 된 이는 아우를 거두어 어루만지며 죽과 미음을 권하는 것이 효도요 우애이다. 그렇지 않고 덩달아 꾸짖고 구박해 문 밖으로 내쫓는다면, 부모는 이 아이를 측은히 여기며 형을 미워하게 될 것이다. 이치가 이미 이와 같으니 수령은 마땅히 유리걸식하는 자를 거두고 어루만져주어 하늘의 노여움을 풀어야 한다. 장횡거(張橫渠)의 「서명(西銘)」에 "홀아비, 과부, 고아, 늙어 자식 없는 자, 곱사등이, 불치병자들도 모두 우리 형제 중에 역경에 처해 호소할 데가 없는 자들이다"라고 하였으니, 사람들이 참으로 장횡거처럼 마음먹는다면 유리걸식자를 구제하는 일이 반드시 지금과 같을 수는 없을 것이다.

참판 유의(柳誼)가 홍주목사로 있을 때 작은 흉년이 들어 떠도는 걸식자 5~6명이 읍내를 돌아다녔다. 그는 이들을 안타깝게 여겨서 마방(馬房)에 묵게 하며 죽을 먹이고 불을 때주었다. 좌수와 아전들이 "걸식자를 이처럼 편안하게 대해주면 장차 구름같이 모여들 것인데, 누가 이를 다 감당하겠습니까?"라고 말하였다. 며칠이 지나자 과연 수십 명의 떠도는 걸식자들이 소문을 듣고 모여들었다. 그는 이들을 모두 수용하고 좌우에서 극력 말려도 듣지 않았다. 모여든 자들이 이미 많아지고 나서는 더 모여들지 않았다. 내가 마침 홍주에 가본 적이 있었다. 해가 기우는데 마방에 있던 걸식자들이 밖에 나와서 햇볕을 쬐고 있었다. 유 목사는 좌수와 아전들이 한 말을 나에게 들려주고는 "떠도는 걸식자도 그 수에 한도가 있는데, 구름같이 모여든다는 말은 선행을 가로막는 것이다. 내 힘이 미치는 데까지는 우선 받아들이고, 힘이 정 되지 않으면 돌려보내도 되지 않겠나"라고 말하였다. 나는 지금까지 이 말에 마음으로 감복하고 있다.

5. 민생을 보충하는 방책 補力

봄날이 길어지면 공역(工役)을 일으킬 때이다. 관청이 허물어져 수리해야 할 일이 있거든 마땅히 이때에 시작해야 할 것이다.

『정요(政要)』에 나와 있다. "중국 송나라 법에는 재해가 발생한 지역에 가령 논에다 수리시설을 한다든가 성황(城隍)·도로·제방의 토목공사를 일으킨다든가 나무를 심는 따위로 공사를 일으켜 인부를 모집할 만한 일이 있는 경우에는 감사가 미리 거기에 소요되는 공사비나 전곡(錢穀)의 수량을 검토 계산하여 그 이해를 갖추어 황제에게 아뢰게 되어 있다."

백성의 식용에 보탬이 될 구황식물로서 좋은 것을 골라 향교 유생들에게 몇 가지를 채취하게 하여 두루 보급하도록 한다.

명종 9년(1554)에 진휼청에서 아뢰었다. "곡식을 저축하여 굶주리는 백성을 진휼하는 것이 황정(荒政)의 근본이지만, 곡식이 모자라 백성이 굶주리게 되면 앉아서 보고만 있을 수 없는 노릇입니다. 세종대왕께서는 『구황벽곡방(救荒辟穀方)』을 편찬하여 온 세상 백성의 목숨을 구제하였습니다. 가령 솔잎은 사람의 위장에 좋고 수명을 늘려주어 오곡에 못지않으니, 이는 실로 백성을 구휼하는 좋은 처방입니다. 서울 사람들은 풍습이 사치를 숭상하여 죽 먹기를 부끄럽게 여기니, 아침에 잘 차려 먹고 저녁에는 양식이 떨어지는 꼴이 됩니다. 지금 이 좋은 처방으로 엄히 신칙하지 않으면 또 폐기되어 행해지지 않을 것입니다. 서울은 한성부와 5부에서, 여러 지방은 관찰사와 수령들이 각기 나무에 새겨 인쇄해서 두루 알려 모르는 사람이 없도록 하고, 관찰사·경차관(敬差官)·도사(都事)가 사람을 만나는 대로 캐물어 잘 모르는 자가 있으면 그 담당 아전을 논죄하며, 그런 자가 많을 경우에는 아울러 수령의 고과에 반영하도록 해야 합니다. 지금 또한 이에 의해서 솔잎 먹는 방법을 목판에 새겨 널리 알리도록 하소서." 임금이 이에 따랐다.

순조 9년(1809)에 기근이 든 데다 전염병이 크게 번져 바다의 섬 사람들도 피하지 못하였다. 오직 보길도(甫吉島)의 백성들은 무사하였다. 이 섬에는 칡이 많아 백성들이 다 갈분을 만들어 겨울부터 봄까지 양식을 삼았기 때문이다. 갈분은 구황뿐만 아니라 전염병을 막는 데도 효과가 있었다. 보길도에 오직 한 집만 양식이 있어 갈분을 먹지 않았는데, 그 집 사람들은 전염병으로 죽었다.

흉년에는 도적을 제거하는 정사에 힘을 써 소홀히 해서는 안 되지만, 실정을 알고 보면 불쌍해서 죽일 수 없을 것이다.

『다산필담』에서 이렇게 기술했다. "기사년과 갑술년 기근 때에 양민이 강도로 변하여 도처에서 수십 명씩 작당하여 모두 종이 가면을 쓰고 밤에 남의 집을 털어갔다. 병영과 진영, 각 고을의 수령들이 이들 군도를 잡으면 곧 사형에 처하거나 옥에서 굶어 죽게 하였다. 백성들은 그래도 오히려 편하다고 하였다. 살펴건대 『대명률』에는 '재물을 빼앗은 강도는 주범과 공범을 구분하지 않고 다 목을 벤다'라고 하여, 절도보다 무겁게 하였다. 그러므로 율관(律官)이 형벌을 정할 때 강도는 죽음이 있을 뿐 살아나지를 못한다. 내가 생각해보니, 이 문제는 고정시켜 적용해서는 안 되는 것이다. 무릇 흉년에 그런 짓을

하는 자는 절도가 별 소득이 없어 이 같은 강도짓을 하는 것
이 아니다. 절도는 특별한 재주가 있어야 한다. 벽에 구멍을 뚫
거나, 담장을 넘고, 빗장을 부수거나 자물쇠를 열고, 개를 짓
지 못하게 하거나, 사람을 도깨비에 홀리듯 만드는 데는 모두
방법과 기술이 필요하다. 보통 사람들이 할 수 있는 일이 아니
다. 그러므로 양민들이 모여서 이런 백직(白直, 우직스러움)한 짓
을 저지르게 되는 것이다. 절도범은 풍년을 만나더라도 양민
이 되지 않으며, 감화를 주어 변화시키려 해도 어쩔 수가 없다.
그런데 흉년에 강도짓을 한 자는 그다음 해에는 양민으로 돌
아간다. 이로 보건대 그들을 죽이는 일은 애석하며, 사정을 알
고 보면 불쌍히 여겨야 할 자들이다. 맹자는 '흉년에 젊은이들
이 많이 사나워지고 풍년에 젊은이들이 많이 순량해지는 것은
마음이 흔들리기 때문이다'라고 말씀하였다. 어찌 이들을 당나
라 때 황소(黃巢)나 송나라 때 송강(宋江)의 무리에 견주어 같
다고 할 것인가. 그러면 어찌 할 것인가? 그들을 먼 섬으로 나
누어 귀양을 보냈다가 풍년을 기다려 풀어주는 것이 바람직할
것이다."

6. 마무리 竣事

진휼하는 일을 마칠 즈음에 처음부터 끝까지 스스로 점검하
여 저지른 죄과를 하나하나 살필 것이다.

사람이 두려워해야 할 것은 세 가지이다. 백성이요, 하늘이요, 자기 마음이다. 뜻은 성실하지 못함이 있고 마음은 바르지 못함이 있어, 상사(上司)를 속이고 국가를 속이고 구차하게 형벌을 피해 이록(利祿)을 도모하여 교묘하게 꾸미기로 천하제일이라고 스스로 생각한다. 그런데 털끝만 한 사기와 허위까지도 백성은 모르는 것이 없다. 자기의 죄를 알려고 하면 반드시 백성의 말을 들어야 할 것이다. 상사는 속일 수 있고 군부(君父)는 속일 수 있지만 백성은 속일 수 없다. 천지 귀신이 벌려서서 환히 비치고 있으니 하늘은 속일 수 없으며, 시치미를 떼고 죽은 듯이 있어도 위로 보면 두렵고 굽어보면 부끄러운 마음은 속일 수가 없다. 백성과 하늘과 마음 이 세 가지에 속이는 바가 없어야 나의 진휼한 일이 아마도 허물이 적다 할 것이다.

망종 날 진장을 파하고, 곧이어 수고한 사람들을 위해 위로잔치를 베풀되 기생을 부르거나 풍악을 쓰지 않는다.

파진연은 구휼이란 큰일을 끝내고 나서 수고한 사람들을 위로하는 자리이다. 경사와 기쁜 일이 있어서가 아니니, 술과 고기로 수고한 사람들을 대접할 따름이다. 죽은 자가 1만 명가량 되고 주검도 아직 매장하지 못하였고, 산 자도 병에 걸려 신음소리가 끊이지 않으며, 주린 창자에 보리밥이 들어가서 새로 죽는 자도 발생한다. 지금이 어떤 때인데 어울려 쿵쾅거리고 즐긴단 말인가. 큰 흉년 끝에 수령이 이런 잔치를 열면 뭇 백성이 북치고 노래 부르는 소리를 듣고 탄식하며 눈물을 흘리거나 성난 눈을 흘길 것이다. 가무와 악기를 동원해서는 절대로 안 된다. 목민관으로서 조금이라도 반성하고 깨달은 바가 있으면 어찌 이런 짓을 하겠는가?

큰 흉년 뒤에는 백성들의 기력이 없는 것이 큰 병을 치르고 나서 원기가 회복되지 않은 것과 마찬가지이다. 잘 보살펴서 편안히 모여 살게 하는 일을 소홀히 해서는 안 된다.

백성을 도와주고 편안히 모여 살게 하는 방도는 ① 양식 보조 ② 소를 도와주는 것 ③ 조세를 가볍게 하는 것 ④ 빚 독촉을 하지 않는 것 등이다. 수령은 때때로 마을과 들판을 돌아다니면서 질병과 고통을 살펴보고, 원하는 바를 물어서 정성껏 그 뜻을 이루게 해주되, 근본을 북돋우며 흔들지 말고 범하지 말아서 혹시라도 다칠까 두려워하는 것이 큰 병을 앓고 난 사람을 회복시키는 방법이다.

제12부 /

해관 解官

6조

길가에 세워져 있는
수령들의 송덕비

김홍도 「노방로파(路傍鑪婆)」,
1795년, 지본담채,
100.6×34.8cm,
국립중앙박물관 소장.

1. 수령 교체 遞代

수령직은 반드시 교체가 있게 마련이다. 교체되어도 놀라지 않고 벼슬을 잃어도 연연해하지 않으면 백성들이 존경할 것이다.

"벼슬살이는 머슴살이"라는 우리 속담이 있으니, 아침에 승진했다가도 저녁에 쫓겨날 수 있을 만큼 믿을 수 없음을 이른 말이다. 그런데 수령으로서 천박한 자는 관아를 자기 집으로 알아 오랫동안 누리려 생각하고 있다가, 하루아침에 위에서 공문이 오고 경저(京邸)에서 통보가 있으면 어쩔 줄 몰라 하기를 마치 큰 보물이라도 잃어버린 것같이 한다. 처자는 서로 쳐다보며 눈물 흘리는데 아전과 종들은 몰래 훔쳐보고 비웃는다. 관직을 잃는 것 말고도 잃는 것이 많으니, 어찌 한심하지 않은가? 그러므로 옛날의 현명한 수령은 관아를 여관으로 여겨 이른 아침에 떠나갈 것처럼 항시 문서와 장부를 깨끗이 해두고 행장을 꾸려놓아 마치 가을 새매가 가지에 앉아 있다 훌쩍 날아갈 듯이 하고, 벼슬자리에 애착하는 마음을 한 점도 품지 않았다. 교체한다는 공문이 오면 즉시 떠나고, 활달한 마음가짐으로 미련을 두지 않았으니, 이것이 맑은 선비의 행실이다.

양성재(楊誠齋)는 벼슬살이를 할 때 서울에서 본가까지 돌아갈 만한 노자를 계산해 상자에 넣어 침실에다 두고, 가족들에게는 물건을 하나도 사지 못하도록 경계시켰으니 돌아가는 짐에 누가 될까봐서였다. 날마다 짐 꾸리기를 재촉하는 사람처럼 지냈다.

벼슬을 버리기를 헌신짝처럼 하는 것이 옛사람들의 뜻이었다. 교체됨에 슬퍼하는 태도를 보이면 부끄럽지 않은가.

설위(薛緯)가 만경(萬頃)현령으로 있을 때의 일이다. 그는 사람됨이 청렴하고 조심스러웠는데, 감사의 잘못된 견책을 받자 홀(笏)을 던지고 떠나며 시를 남겼다. "두어 해 고을에서 홀로 거문고 탔거늘, 뜻은 높은 산 깊은 물에 있었다네. 세상에 종자기(鍾子期)를 만나기 어려우매 누가 백아(伯牙)의 마음을 누가 알아주랴."

평소에 장부를 정리해두어서 내일이라도 곧 떠날 수 있도록 하는 것이 맑은 선비의 기풍이다. 마감장부를 깨끗하고 분명하게 하여 후환이 없도록 함은 지혜로운 선비의 행실이다.

수령은 평소에 관아를 여관처럼 여겨야 한다. 월말마다 자신이 장부를 정리해보아서 채무나 결손이 없고, 또 혼란스런 것이 없으면 저보(邸報)가 닿더라도 그달의 장부만 닦으면 될 것이니 불과 몇 시각에 끝날 일이다. 마감장부는 아주 간단히 끝나게 된다.

2. 돌아가는 행장 歸裝

맑은 선비의 돌아갈 때의 행장은 모든 것을 벗어던진 듯 조촐하여 낡은 수레와 야윈 말인데도 그 산뜻한 바람이 사람들에게 스며든다.

고려 때 유석(庚碩)은 안동(安東)부사로 있을 때 선정이 많았다. 최이(崔怡)와 송국첨(宋國瞻)에게 미움을 받아 무함을 입어 암타도(巖墮島)로 유배를 가게 되었다. 떠나는 날 늙은이와 어린아이들까지 길을 막고 "하늘이여! 우리 사또 무슨 죄 있나요? 사또가 가버리면 우리는 어떻게 살아갑니까" 하고 울부짖으며 가지 못하게 붙들었다. 호송을 맡은 군졸들이 꾸짖고 고함을 쳐서야 길이 열렸다. 그의 부인이 자녀를 거느리고 돌아가는데 사사로이 준비한 말이 3필뿐이어서 걸어가는 사람까지 있었다. 고을 사람들이 하루 더 묵기를 간청했으나 듣지 않았고 마부와 하인을 내어서 호송하려 하자 부인이 사양하기를 "가장이 유배를 갔으니 그 처자도 모두 죄인이다. 어찌 사람과 말을 번거롭게 하겠는가"라고 했다. 고을 사람들이 굳이 청했으나 끝내 받아들이지 않았다. 사람들은 "참으로 우리 사또님의 배필이로다"라고 감탄하였다.

고려 때 최석(崔碩)이 일찍이 승평(昇平, 지금의 순천)부사가 되었다. 승평의 옛 습속이 매번 수령이 갈려 돌아갈 때 반드시 말 8필을 바치되 가장 좋은 놈을 골라가도록 하였다. 그가 돌아감에 미쳐서 고을 사람들이 관례를 따라 말을 바쳤다. 그는 웃으며 "말은 서울까지 갈 수 있으면 된다. 하필 고를 것이 있겠는가" 하고 서울 집에 도착하자 그 말들을 모두 돌려보냈다. 고을 사람들이 받으려 하지 않자 그는 또 "어찌 내가 물욕이 있으면서 안 받으려 한다고 생각하는 것이냐? 나의 암말이 너희 고을에 있을 때 마침 망아지를 낳았는데 그것을 올 때 가지고 왔다. 이는 나의 욕심이다. 지금 너희들이 말들을 돌려받지 않으려는 것은, 혹시 내가 물욕이 있음을 엿보고서 겉으로 사양하는 줄 생각하는 것이 아닌가" 하고 그 망아지까지 함께 돌려보냈다. 이로부터 그 습속이 드디어 없어졌다. 고을 백성들이 비석을 세우고 팔마비(八馬碑)라 불렀다.

상자와 농은 새로 만든 것이 없고, 옷감과 주옥(珠玉)은 그 지역 산물이 없어야 맑은 선비의 돌아가는 행장이다.

제주목사로 있던 이약동(李約東)이 돌아갈 때 가죽 채찍 하나만 가졌을 뿐이었는데, "이 역시 제주도의 물건이다"라 말하고 관아의 문루(門樓)에 걸어두었다. 제주도 사람들이 그 가죽 채찍을 보물처럼 보관하여, 목사가 새로 부임할 때마다 내다 걸었다. 세월이 흘러 채찍이 낡아버리자 고을 사람들이 처음 채찍을 걸었던 곳에 그 사적을 그림으로 그려 사모하는 뜻을 표현했다. ○이약동이 바다를 건너올 적에 넓은 바다 한가운데서 배가 갑자기 기울고 맴돌며 위태롭게 되자, 그는 "나의 행장에 떳떳치 못한 물건은 하나도 없거늘, 혹시 막객(幕客, 비장) 중에 누가 나를 속이고 욕되게 한 것일까? 신명이 이를 경고하는 것인가?"라고 말했다. 당초에 제주의 장사(將士)들이 유장(儒將)으로 천거된 그를 위해 갑옷 한 벌을 싸서 몰래 배행하는 사람에게 맡기고 바다를 건넌 다음에 아뢰려고 하였는데 이에 이르러 이 일을 사실대로 아뢰었다. 그가 갑옷을 물에 던지니 그제야 파도가 자고 배가 제대로 움직였다. 지금 그곳을 투갑연(投甲淵)이라고 부른다.

돌아올 때 떳떳치 못한 물건이 하나도 없이 맑고 소박함이 옛날과 같은 것이 으뜸이고, 방편(方便)을 마련하여 종족들을 넉넉하게 해주는 것은 그다음이다.

정선(鄭瑄)은 다음과 같이 말하였다. "자기의 포부를 들어서 천하의 백성에게 베푸는 것을 사업(事業)이라 하고, 일가 사람들에게 베푸는 것을 산업(産業)이라 하며, 천하의 사람들을 해쳐서 자기 일가 사람들을 이롭게 하는 것을 원업(寃業)이라 한다. '산업'으로 '사업'을 삼으면 사람들이 원망하고, '산업'으로 '원업'을 지으면 하늘이 벌을 내릴 것이다." ○정선은 또 말하였다. "의롭지 못한 재물을 많이 얻으면서 생긴 원한의 빚을 자손에게 갚도록 하는 것은 복이 아니다. 조상의 사당을 세우고, 종족들을 넉넉하게 해주며, 궁한 친척들을 구제하는 것은 실로 아름다운 일이다. 그러나 성급하게 다 좋게 하려는 마음이 있으면 법을 거스르는 일이 반드시 심해질 것이다. 덕을 쌓고 상서로운 기운이 서리도록 해서 벼슬이 오래감에 따라 스스로 윤택해져 오랫동안 누리게 되는 것과 어찌 같겠는가?"

3. 수령의 유임을 청원함 願留

수령이 떠나는 것을 매우 애석히 여겨 백성들이 길을 막고 유임을 원하는 일은 역사책에 그 광휘(光輝)가 전해져 후세에 빛나는 것이니, 이는 겉시늉만으로 되는 일이 아니다.

유철(兪撤)이 예천(醴泉)군수로 부임한 지 얼마 안되어 고을

이 잘 다스려지고, 보리 한 대에서 이삭 둘이 피는 상서로운 일이 생겼다. 그가 사임하고 돌아갈 뜻이 있어서 부모를 뵈러 가서 오랫동안 돌아오지 않자, 고을 사람들이 날마다 그의 집 앞에 가서 돌아오기를 간청하였다. 그가 "고을에 관아의 물건을 사사로이 쓴 사람이 많은데, 내가 채찍질하고 독촉하는 것을 좋아하지 않기 때문에 사임하려 한다"라고 말하자, 백성들이 서로 권고하여 한꺼번에 다 반환했다.

유정원(柳正源)이 자인(慈仁)현감으로 있을 때의 일이다. 휴가를 받아 돌아갈 채비를 하면서 벼슬을 버릴 뜻이 있었다. 그러자 고을 사람들이 사흘 밤낮 동안 관아의 문을 지키며 돌아가지 않았다. 그는 가족을 머물게 하여 다시 올 뜻을 보이고는 돌아가 세 번이나 사직장(辭職狀)을 올렸다. 감사가 "백성들의 마음이 황황하여 마치 어머니를 잃은 아이 같은데 사(私)를 따르고 공(公)을 버림은 옳지 않다"라고 하며 허락하지 않았다. 그가 할 수 없이 돌아오니 고을 사람들이 멀리까지 나와 환영하였다.

백성들이 사모하고 명성과 치적이 빼어나서 같은 고을에 다시 부임하게 된다면 이 역시 역사책에 이름이 빛날 것이다.

고려의 최척경(崔陟卿)이 탐라령(耽羅令)으로 있을 때 백성에게 이로운 일을 일으키고 폐단을 제거하여 백성들이 모두 편안히 여겼다. 그가 떠남에 탐라 사람들이 난을 일으켰다. 전

라도 안찰사가 "탐라 사람들이 '영(令)과 위(尉)가 탐학하고
포악하기 때문에 반란을 일으켰다' 하며, '만약에 최척경을 영
으로 맞게 되면 무기를 버리겠다'라고 합니다" 하고 급히 아뢰
었다. 임금이 재상에게 "이같이 어진 이가 있으면 어찌 기용하
지 않으랴" 하며 그를 불러 비단을 내리며 즉시 탐라령을 제수
했다. 탐라 사람들이 그가 온다는 말을 듣고 즉시 가벼운 배를
마련하여 영접했다. 그가 경계에 들어올 시각에 모두들 창을
버리고 늘어서서 절하며 "사또가 오시니 저희들은 다시 살아
났습니다"라고 하였다. 그리하여 전처럼 안도했다.

　고려의 이백겸(李伯謙)이 일찍이 제주목사가 되어 선정을
베풀었다. 충숙왕(忠肅王) 때 제주의 도적 괴수 사용(使用)과
금성(金成) 등이 도당을 모아 성주(星主)와 왕자(王子)를 쫓아
내고 반란을 일으켰다. 이를 토벌하려 했으나 적임자를 구하기
어려웠다. 도적 무리들이 모두 "이백겸·송영(宋英)이 다시 오
시면 우리들이 어찌 감히 배반하리오"라고 했다. 이에 이백겸
과 송영을 보내어 무마하니 얼마 안 가서 도적이 평정되었다.

4. 수령을 용서해달라는 청원 乞宥

수령이 형식적인 법규에 걸린 것을 백성들이 슬프게 여겨 임
금에게 호소하여 용서해주길 바라는 것은 옛날의 좋은 풍속
이었다.

천하에서 공(功)이니 능(能)이니 하는 것은 백성을 다스려서 편안하게 하는 것보다 좋은 것이 없다. 진정 백성이 수령을 사랑하고 받드는 정이 진실하고 거짓이 없어, 호소하는 소리가 슬퍼 감동할 만하면 수령이 지은 죄가 아무리 깊고 무겁더라도 그 죄를 용서해줌으로써 백성의 뜻을 따르는 것이 또한 바람직하지 않겠는가. 근세에는 당쟁이 일어나서 넘어뜨리고 모함하여 한번 배척을 당하고 나면 그의 죄를 용서해달라고 청원하는 백성 역시 법망에 걸려들어 그 죄가 예상할 수 없게 된다. 그런 탓에 백성들은 아무리 수령이 죄에 걸린 것을 안타깝게 여기고 탄식한 나머지 목숨을 바쳐서라도 그의 죄를 대신해주고 싶더라도 끝내 감히 자기 뜻을 나타내는 말을 한마디도 하지 못하니, 세태가 날로 더러워지고 비루해짐이 이와 같다. 이미 그 다스림을 받은 고을 백성은 그래도 수령을 용서해달라고 빌기가 쉬운 일이다. 혹 유배되어 간 곳에서 백성들이 그 이름을 듣고서 대궐에 나아가서 그곳의 지방관으로 임명해줄 것을 청원하는 사례가 때로 있다. 그러나 모두 다 죄에 걸려들까 두려워하여 아무도 감히 먼저 움직이지 못하는 실정이다. 이 어찌 슬프지 않은가. 마땅히 법을 만들어, 무릇 백성이 호소하는 경우에는 저촉된 일이 깊고 무겁더라도 감형을 허락함으로써 능력 있는 자를 권장해야 할 것이다. 만일 간사한 꾀를 부려 백성을 움직여 왕을 속이는 일이 있다면 그것은 판별하기 지극히 쉬우니, 이런 일은 걱정할 필요가 없다.

우리 조선 초에는 경소(京所)·향소(鄕所)라는 명칭이 있었는데, 모두 빈좌(賓佐)로서 정사를 보좌하는 임무였다. 경소에는 경상(卿相)이 많아서 이들이 서울에 있으면서 관장하기도 했지만, 향소는 유품(儒品)으로서 고을에 있는 자가 차지하였는데, 본래 빈좌이기 때문에 좌수라고 이름하였다. 지금은 천한 족속이나 간활한 백성이 좌수가 되어 아전과 더불어 농간하여 기만하고 은폐하기를 만 가지로 자행하고 있다. 마땅히 그 이름부터 바꿔서 주부(主簿)라는 명칭을 주고 따로 경관(京官)을 뽑아서 승좌로 차임함으로써 명나라의 옛 제도를 따라야 할 것이다.

이영휘(李永輝)가 안협(安峽)현감으로 있다가 부당한 죄목으로 파면되었다. 온 고을 사람들이 경악하여 서로 모여 도사(都事)에게 그의 억울함을 호소하며 말 머리를 막고 물러나지 않았다. 그가 고을을 떠남에 고을 어른들이 수레를 부여잡고 통곡하며 고을 경계를 벗어나서까지 송별을 나온 자가 수백 명에 이르렀다.

5. 수령의 재임 중 사망隱卒

수령이 재임 중에 사망했을 때 그의 인품에 감복하여 아전과 백성이 애도하며 상여에 매달려 울부짖고 오래도록 잊지 못하는 것은 어진 사람의 뜻있는 마침이다.

성종 때 사람 곽은(郭垠)이 담양(潭陽)부사가 되어 요역과
부세를 가볍게 하여 정사가 맑고 인자하였다. 그런데 재직 중
에 갑자기 죽으니 사람들이 모두 슬퍼하며 술과 고기를 끊고
조문하였으며, 상여가 떠나는 날 곡소리가 끊이지 않았다. 선
비와 백성들이 서로 의논하여 해마다 기일이 돌아오면 쌀을
모아 재(齋)를 올려서 명복을 빌었다. 또 곽씨 집안의 문집에
"어물장수가 '담양 백성들이 반드시 사먹지 않을 것이다'라고
하며 담양에 들어가지 않았다"라고 한다. ○곽공의 상여 행렬
이 귀환할 때에 집기들을 다 돌려보냈는데, 낡은 상자 하나가
눈에 뜨이지 않는 곳에 있었다. 그의 부인은 이것을 보고 놀라
"이것이 어찌 여기에 있는가? 빨리 돌려보내 그 어른의 깨끗한
덕에 누를 끼치지 마라"라고 하였다.

노대하(盧大河)는 고부(古阜)군수로 재직 중에 죽었다. 염을
하려고 할 때에 고을에서 수의용으로 비단을 보내왔다. 정읍현
감 박충생(朴忠生)이 와서 염하는 것을 보고 "노공은 평소 사
치를 않는 것으로 예를 삼았다"라고 하며 말렸다.

윤형래(尹亨來)가 회인(懷仁)현감으로 있을 때 정사를 함에
인자와 용서를 앞세우니 백성이 부모같이 우러러보았다. 그의
병이 위중했는데 어떤 이가 고을을 지나다가 묵게 되어 직접
본 일이다. 한 노파가 지팡이로 땅을 치며 "안타깝다. 어진 원
님을 잃게 되다니 우리 백성들은 어떻게 살아갈까" 하고 울었
다. 햇곡식이 처음 나오면 백성들이 서로 찾아와 "이건 햇곡식
인데 혹시 맛을 보실지요?" 하며 바쳤으나 그는 다 사양하고
돌려보냈다. 그래도 백성들은 머뭇거리며 얼른 떠나지 못했다.

병들어 누워 위독하게 되면 마땅히 곧 거처를 옮길 일이요,
정당(政堂, 동헌)에서 운명하여 다른 사람을 혐오스럽게 해서
는 안 된다.

정당은 공당(公堂)이다. 만약에 불행히 정당에서 죽게 되면
후임자가 싫어할 것이요, 요사스런 말이 분분히 일어날 것이
다. 수령은 병이 들어서 눕게 되거든 병의 상태를 스스로 헤아
려보아 깊이 우려할 정도면 마땅히 곧 책방(冊房)으로 옮겨 거
처할 것이다. 병을 참고 버티는 것을 미덕으로 삼아서는 안 된
다. 옛 어른들처럼 확고한 정신수양이 되어 있는 사람이라면
굳이 꺼려할 바 아니로되, 나의 도리로서는 정당에서 죽는 일
을 응당 조심해서 피해야 할 것이다.
이위국(李緯國)이 상원(祥原)군수로 있을 때의 일이다. 군
의 정당에 귀신이 붙어서 이전의 수령들이 많이 죽었기 때문
에 오래 비워둔 채 거처하지 않았다. 그는 부임하자 곧 수리하
도록 하고 거처하였다. 거처하기 시작한 첫날밤에 그가 타는
말이 까닭 없이 죽었다. 그는 의연히 마음을 쓰지 않았는데 결
국 무사하였다. 나중에는 이천(利川)부사가 되었는데, 이곳 전
임관이 관아에서 연이어 셋이나 죽었다. 고을 사람들이 이들을
위하여 위패를 모시고 고을의 정당에서 제사 지냈다. 후임 관
장이 부임하면 두려워 피하고 민가에서 기거하였다. 이렇게 한
수령이 여럿이었다. 이위국이 아전에게 "신관이 오면 구관은
물러가는 것이 당연하다. 신도(神道)라 해도 어찌 인사(人事)

와 다르겠느냐?" 하고 즉시 그 위패를 옮기고 정당에 거처하였다. 이는 보통사람이 해낼 수 있는 일이 아니다. 나 스스로 삼가고 피하여 요사스런 말의 빌미가 되지 않는 것이 또한 좋지 않겠는가?

6. 훌륭한 수령은 떠난 뒤에도 사모하는 뜻을 남김 遺愛

죽은 뒤에 백성들이 그리워하여 사당을 지어 제사 지내면, 그 수령에 대한 백성들의 사모의 뜻(遺愛)이 있음을 알 수 있다.

태종 때 김희(金熙)가 남원부사로 있었는데 백성을 자식같이 여기고 송사의 판결을 물 흐르듯이 하여 재직 몇년 동안에 온 고을이 편안하게 되었다. 얼마 지나지 않아 그가 병에 걸려 관아에서 죽었는데, 고을 사람들이 매번 기일에 제사 지내기를 그만두지 않았다.

세조 때 김계희(金係熙)가 나주목사로 있었는데 은혜로운 정사를 베풀고 학교 교육을 크게 진흥시켰다. 그가 떠난 뒤에는 백성들이 그를 사모하였고, 그가 죽으매 어버이처럼 장사 지냈다. 보(寶)*를 세워두고 매년 기일이 되면 고을 사람들이 모여 명륜당(明倫堂)에서 제사 지냈다.

---

* 신라 때부터 있던 제도로 공공사업을 위해 마련한 기금(基金)의 일종.

돌에 새겨 덕을 칭송하여 오래도록 보여주려는 것이 이른바 선정비(善政碑)이다. 스스로 반성해서 부끄러움이 없기가 어려운 일이다.

목옹(木翁) 송선(宋瑄)이 포천현감이 되었는데, 그곳은 농토의 정사가 잘 다스려지지 않아서 토호들의 겸병(兼倂)이 심해 가난한 백성들이 괴로움을 당했다. 그가 한결같이 법으로 다스리자 토호들이 좋아하지 않았다. 그는 3개월 만에 물러나게 되었는데, 백성들이 유애비(遺愛碑)를 세웠다.

정언황(丁彦璜)이 안동부사로 있다가 병 때문에 벼슬을 버리고 돌아가려 하였다. 그곳의 유생과 아전, 백성들이 유임을 청했지만 뜻대로 되지 않으므로 비를 세워 추모하였다. 그에게 문안하기를 수십 년 동안이나 그만두지 않았다. 그의 죽음을 듣고서 부의한 뒤 3년 동안 제수를 보냈다.

유정원이 통천군수로 있을 적에 은혜로운 정사가 많았다. 부교리(副校理)로 임명을 받고 한 필 말로 부름에 응했는데, 백성들이 어른 아이 할 것 없이 말 머리를 붙잡고 소리내어 울며 길바닥에 드러누워 일어나지 않았다. 그는 위로하고 타이르며 떠났다. 후에 고을 사람들이 동비(銅碑)를 세워 그의 덕을 칭송하였다.

당나라 백향산(白香山, 백거이)이 지은 「청석시(靑石詩)」에 "큰길가의 선정비는 되고 싶지는 않노라. 실제의 행적이 아니라 거짓말만 새겨지는걸"이라고 하였으니, 선정비를 믿기 어렵게 된 지 벌써 오래이다. 오늘날 사람들은 퇴임하여 떠날 적에 몰래 돈 수백 냥을 간사한 향임(鄕任)과 교활한 아전에게 맡겨서 유애비를 세우게 한다. 이 돈을 비채(碑債)라 하니, 이역시 제 손으로 자기 비를 세우는 짓이다.

목비(木碑)를 세워 선정을 기리는 경우 칭송도 있고 아첨도 있다. 세우는 대로 즉시 철거하며, 엄중히 금해서 치욕이 되지 않게 해야 할 것이다.

판서 이상황(李相璜)이 충청도 암행어사가 되었을 때의 일이다. 새벽에 괴산군에 닿았는데, 고을에서 5리쯤 미치지 못하여 하늘이 아직 어둑어둑한데 저 멀리 미나리 논에서 한 농부가 소매에서 판목을 꺼내 진흙 속에 거꾸로 집어넣었다가 길가에 세우더니, 또 수십 보를 걸어가서 다시 판목을 꺼내 진흙을 묻혀 세우는 것이었다. 이렇게 하기를 다섯 번이나 하였다. 암행어사가 "지금 무엇을 하시오?"라고 물으니, "이것이 바로 선정비인데, 나그네는 모르오? 이것이 선정비라오"라고 대답하였다. "왜 진흙을 묻히는 거요?"라고 묻자, "암행어사가 왔다고 널리 소문이 나서 이방이 나를 불러 이 목비 10개를 주면서 5개는 동쪽 길에 세우고 5개는 서쪽 길에 세우라 하였지요. 눈먼 어사가 송덕비를 진짜인 줄 알까 싶어 흙칠을 해서 세우는 것이라오"라고 말하는 것이었다. 암행어사는 사실을 조사하여먼저 진흙비를 따져 묻고 봉고파직을 시켰다.

사람들의 칭송이 오래도록 그치지 않으면 그의 정사가 어떠했는지 알 수 있다.

고려 하윤원(河允源)이 원주를 맡아 다스릴 때 어진 정치를 행했다. 임기가 되어 돌아가는데 치악산의 승려 운감(云鑑)이 시를 지어 보냈다. "아이가 어미의 곁에 있을 적에는 사랑 받는 줄 모르더니, 어미가 떠나자 아이는 우는구나. 춥고 배고픈 때문이 아닌가."

민생을 구제하는 목민관의 마음가짐

_김보름(다산 연구자, 대림대 강사)

1. 『목민심서』를 쓰기까지

『목민심서』는 다산 정약용의 대표작으로, 지방 수령이 백성을 다스리기 위해 꼭 알아야 할 원칙 및 지침과 세부 사항을 담은 책이다. 『사암선생연보(俟菴先生年譜)』에는 저술의 완성을 이렇게 기록하였다. "순조 18년(1818) 무인, 57세 봄에 『목민심서』가 이루어졌다. 목민이란 무엇인가? 지금의 법으로 우리 백성을 다스리며 보호하려는[牧] 것이다.(十八年戊寅, 公五十七歲春, 牧民心書成. 牧民者何也, 因今之法而牧吾民也)"

다산은 유배형에 처해져 남쪽 바닷가에 가 있을 때조차 저술을 이룰 여가를 얻었다고 여겼던 적극적 인물이다. 경학 저술에 이어서 국가개혁론을 담은 『경세유표』가 그 한 해 전에 대략 이루어졌는데, '털 끝 하나 병들지 않은 곳이 없는' 지경이라는 현실 인식 위에서 유교적 이상에 따른 근본적이고도 광범위한 변혁을 제시한 것이었다. 이는 고대의 이상적 제도에 입각하여 국가의 구조를 재편하려는 것이었던 만큼, 당시 정치 현실에서는 실현 가능성이 매우 낮은 기획이었다. 병폐로 고통받는 백성들에게 당장 필요한 도움은 생활에 밀착된 것들이다. 과도하게 부과된 조세와 부역을 줄여주고, 중간에서 부당하게 이익을 착복하는 비리를 척결하고, 억울한 형벌을 면하게 해주며, 재해를 입었을 때 구제해주는 등의 구제책이 시급했다. 그래서 다산은 이미 있는 법체계 위에서 민생을 개선하는 방안을 『목민심서』에 담았다.

『목민심서』를 저술하고 몇 달 지나지 않은 가을, 다산은 고향집으로 돌아온다. 유배에서 풀려 돌아왔지만 정국(政局)이 그를 용납할 상황이 아니어서 자신의 경륜(經綸)을 펼칠 수 있는 기회는 영영 돌아오지 않았다. 다산은 인격의 도야(陶冶)와 아울러 정치에의 참여로 민생을 돌보는 것을 학문의 목적으로 보았기에, 불러주지 않는다고 하여 두 손 놓고 있지 않았다.

『목민심서』를 보충하여 수정한 뒤 1821년에 「자서(自序)」를 썼다. '목민(牧民)'이란 백성을 부양함을 말한다. 그러나 공적 지위가 없이는 백성을 부양할 수 없다. 「자서」에서 그는 목민의 마음은 있지만, 몸소 실행할 수 없기에 '심서(心書)'라는 제목을 붙였다고 밝혔다. 이는 자신의 처지에 대한 안타까운 심경의 토로가 아니다. 여기에는 목민할 수 있는 위치에 있는 이들이 이 책에 제시된 내용에 의거해서 정사를 행하고 민생을 구제해주기를 바라는 간절함이 담겨 있다.

2.『목민심서』의 저술 정신

다산은 지방에서 백성들이 겪는 어려움의 실상을 속속들이 파악하고 있었다. 아버지의 부임지에 내려가 지내기도 했고, 스스로도 어사나 지방관을 역임하면서 직접 목도한 경험이 있으며, 유배되었을 때는 백성들과 가까운 거리에서 보고 들은 것이 많았다. 그는 인간은 본래 선하다고 여겼다. 본래 선하지만, 환경과 조건의 영향으로 그 본성을 해치게 된다는 것이다. 선량한 백성들이 떠돌아다니면서 먹을 것을 다투거나 흉포해지는 이유는 흉년이 들고 간악한 무리에게 침탈을 당하여 곤궁해진 탓이었다. 그렇다면 이렇게 된 책임은 누구에게 있는가. 당연히 그들을 보살피고 부양해야 하는 이들에게 있다. 지방 수령은 행정 및 사법 집행에 있어 두루 권한을 가지고 있었으므로 수령의 마음가짐과 역량에 따라 민생의 안위가 결정될 수 있었다. 이 때문에 다산은 지방관을 독자로 설정하고『목민심서』를 저술하였다.

지방관은 원론적으로 임금을 대행하여 백성을 다스리는 존재이다. 지방관이 자신의 탐욕을 채우고 안일한 생활을 추구한다면, 백성들은 피폐해질 뿐 아니라 나라의 미래도 기대할 수 없다. 다산의 관점에서 백성은 단순히 다스림의 수동적 대상이 아니라 하늘에 버금가는 두려운 존재이다. 백성은 하늘의 적자(赤子)이고 임금의 백성이고 나라의 근간이었다. 일찍이 다산은「원목(原牧)」이라는 다른 글에서 목민관은 백성을 위해 존

재한다고 했다. 처음 인류가 무리지어 살 때는 백성만이 있었
는데, 백성들 사이에서 문제 해결을 위해 무리의 대표를 뽑고
판결의 권한을 부여했던 데서 점점 단위가 확장된 결과, 황왕
(皇王)이 존립하게 되었다는 것이다. 백성은 통치의 대상이지
만, 그 통치를 가능하게 하는 권한이 근본적으로는 백성에게
서 부여되었다는 놀라운 사유이다. 이런 사유의 바탕에서는 무
능하고 학정(虐政)을 일삼는 통치자를 교체하는 것도 정당해
진다. 그러므로 목민하는 이들은 천명(天命)과 아울러 민심(民
心)을 두려워해야 한다. 백성들에 대한 수탈을 근절하고 비리
를 척결하여 그들이 생업을 꾸려나갈 수 있도록 돕는 것은 나
라를 구하는 일과 다르지 않다. 이러한 다산의 정치철학이 녹
아들어 있기에 조선의 명운이 다해갈 때 지식인들은 『목민심
서』에서 희망을 발견하기도 했다.

3.『목민심서』의 구성

조선시대의 과거시험에서 수령의 직무능력은 관리 선발의
기준이 되지 못했다. 시험의 당락은 경전에 대한 이해나 문학
적 표현력에 달려 있었지, 제반 행정이나 조세 제도, 형법의 세
목 등 실무에 대한 이해는 요구되지 않았다. 사정이 이렇다보
니, 실무 파악 및 처리 능력이 부족한 수령이 노회한 이속(吏
屬)들에게 속고 휘둘리기 십상이었다. 간혹 개인이 역량을 갖
춘다고 해도 지방관은 임기에 연한이 있었고 그나마도 지켜지

지 않는 한계도 있었다. 수령은 일정기간 파견되지만, 지방에서 실권을 가진 이속과 유력인사들은 대대로 지위를 세습하고 있었다. 이들을 제대로 통솔할 수 없다면, 유착과 비리를 척결할 수 없는 환경인 것이다. 그러므로 백성들의 고통을 덜어주려면 수령이 지방의 실상을 정확히 파악하고 대비할 필요가 있었다.

다산은 수령이 부임하면서부터 임기를 마치고 돌아올 때까지 알아두어야 할 모든 사무를 체계적으로 정리해두었다. 중국과 우리의 역사에서 참고할 수 있는 목민관의 행적을 두루 뽑고, 아전에 의한 폐단을 수집하여 유형별로 나누었으며, 자신의 의견도 덧붙였다. 그렇게 48권 16책에 이르는 방대한 규모의 저술이 완성되었다.

『목민심서』는 「부임(赴任)」「율기(律己)」「봉공(奉公)」「애민(愛民)」「이전(吏典)」「호전(戶典)」「예전(禮典)」「병전(兵典)」「형전(刑典)」「공전(工典)」「진황(賑荒)」「해관(解官)」의 12편으로 이루어져 있는데, 각 편에는 다시 6조목을 두어 모두 72조가 된다. 규모는 크지만 표에서 보이는 것처럼 짜임새 있는 체제와 개별 조목의 간결하고도 요령있는 설명으로 내용을 파악하는 데 어려움이 없도록 구성되어 있다.

편 명	조의 이름	비 고
1. 부임(赴任)	제배(除拜) 치장(治裝) 사조(辭朝) 계행(啓行) 상관(上官) 이사(莅事)	부임 과정
2. 율기(律己)	칙궁(飭躬) 청심(淸心) 제가(齊家) 병객(屛客) 절용(節用) 낙시(樂施)	3기(三紀)
3. 봉공(奉公)	선화(宣化) 수법(守法) 예제(禮際) 문보(文報) 공납(貢納) 왕역(往役)	
4. 애민(愛民)	양로(養老) 자유(慈幼) 진궁(振窮) 애상(哀喪) 관질(寬疾) 구재(救災)	

5. 이전(吏典)	속리(束吏) 어중(馭衆) 용인(用人) 거현(擧賢) 찰물(察物) 고공(考功)	
6. 호전(戶典)	전정(田政) 세법(稅法) 곡부(穀簿) 호적(戶籍) 평부(平賦) 권농(勸農)	
7. 예전(禮典)	제사(祭祀) 빈객(賓客) 교민(敎民) 흥학(興學) 변등(辨等) 과예(課藝)	6전六典
8. 병전(兵典)	첨정(簽丁) 연졸(練卒) 수병(修兵) 권무(勸武) 응변(應變) 어구(禦寇)	
9. 형전(刑典)	청송(聽訟) 단옥(斷獄) 신형(愼刑) 휼수(恤囚) 금폭(禁暴) 제해(除害)	
10. 공전(工典)	산림(山林) 천택(川澤) 선해(繕廨) 수성(修城) 도로(道路) 장작(匠作)	
11. 진황(賑荒)	비자(備資) 권분(勸分) 규모(規模) 설시(設施) 보력(補力) 준사(竣事)	흉년 구호 활동
12. 해관(解官)	체대(遞代) 귀장(歸裝) 원류(願留) 걸유(乞宥) 은졸(隱卒) 유애(遺愛)	이임 과정

표에서 보듯 지방관으로 나가는 「부임」에서 시작해서 임무를 마치고 돌아오는 「해관」에서 마무리되는 구조이다. 그 가운데에 3기와 6전이 들어가고, 「진황」이 추가로 편성되어 있다. 「율기」·「봉공」·「애민」으로 구성된 3기에서는 수령 자신부터 마음가짐과 태도를 정비하여 도덕적 긴장 상태를 유지할 수 있도록 하였다. 6전에서는 조정의 편제와 마찬가지로 이·호·예·병·형·공의 여섯 편으로 분류하여 행정과 사법의 제반 업무에 참고하도록 하였다. 그리고 따로 「진황」을 두어 흉년이나 화재, 수해 등을 대비한 구휼 방안을 담았다.

『목민심서』에는 목민관으로서 지녀야 할 마음가짐, 실무에 필요한 지침과 문서 양식, 제도의 목적과 현실적 한계, 경계해야 할 대상과 비리의 유형 등이 풍부한 사례와 함께 제시되었다. 그 지침이 얼마나 상세한지, 특정한 상황에서 수령이 취할 행위뿐 아니라 그가 띠어야 할 안색과 표정, 말투까지 마치 대본처럼 생생하게 묘사되어 있다. 누구라도 이 책을 충분히 숙지한다면 수령이 처리해야 할 온갖 일에 대처할 수 있도록 구성된 것이다. 이러한 실질적 필요로 인해 『목민심서』는 조선 후기 지방관들의 필독서처럼 인식되었다.

4. 지금 『목민심서』 읽기

『목민심서』는 조선 후기라는 특정한 시기, 지방관이라는 개별 직위에 필요한 실무서로 쓰인 것이다. 하지만 그 의도는 당초에도 여기에 그치지 않고 근본적인 대책이나 개혁을 염두에 두었기에 시대적 경계를 넘어서는 의미를 지니고 있다. 현대를 살아가는 우리에게 이 책은 어떤 의미가 있는가. 이 책은 조선 후기 사회상을 고스란히 담은 지식의 보고(寶庫)이자, 구체적 사례와 빼어난 필치로 그 시대 사람들의 삶을 생생하게 보여주는 문학 작품이며, 오늘의 문제를 환기하는 고전(古典)이다. 우리는 이를 통해 조선 후기 사회가 어떻게 운영되었는지 알수 있을 뿐 아니라, 비리가 자행되는 갖가지 방식 및 백성들이 겪었을 고통의 극심함 역시 알 수 있다. 흉년을 대비하여 민생의 안정을 위해 설치된 환곡제도는 수탈의 도구로 변질되었으며, 수령과 아전이 사용한 갖가지 비리와 부정은 결국 중앙의 부패와 이어져 있었다. 죽은 이와 갓난아이도 군적에 올려 군포를 징발하는 폐단은 「애절양(哀絶陽)」의 비극을 낳았다. 이런 장면에서는 분노와 슬픔을 이기기 어렵다.

부패와 비리, 적폐의 척결은 과거에만 필요한 일이 아니다. 현대에도 공적 영역의 도덕성 확보는 중요하다. 엄밀히 보자면, 현대사회의 직업인은 모두 공인(公人)이라고 할 수 있다.

어떤 형태든 공동체에서 사회적 역할을 맡은 이들은 사회적 시스템 안에서 큰 권한을 위임받아 행사하게 된다. 위로는 상관, 아래로는 이속, 외부의 여러 영향력으로부터 백성의 생명과 권익을 보호해야 했던 과거의 지방관과 마찬가지로, 이해가 충돌하는 타인과의 관계 속에서 자신의 직분을 다해야 하는 모든 이들에게는 높은 도덕성과 전문성이 요구된다.『목민심서』는 흥미진진한 옛이야기 속에서 이처럼 지속적으로 오늘의 질문을 던지게 한다. 우리는 매일 어떤 마음가짐으로 사회에서 부여받은 권한을 행사하고 있는가. 이 책을 읽으며 곱씹어볼 일이다.

조선시대의 지방행정조직

관찰사(觀察使)

전국 8도의 행정장관. 감사(監司)라고 약칭하는데, 왕권을 대행하였다.

수령(守令)

고을 크기와 품계는 차이가 있지만, 이들 모두는 관찰사의 직할을 받았으며, 왕권을 대행하였다.

부윤(府尹, 종2품) 대도호부사(大都護府使, 정3품) 목사(牧使, 정3품)
도호부사(都護府使, 종3품) 군수(郡守, 종4품) 현령(縣令, 종5품)
현감(縣監, 종6품)

향임(鄕任)

각 고을마다 유력한 인사들로 구성되어 수령을 보좌하기도 하고 견제하기도 하는 향청(鄕廳)의 임원. 좌수 1인 및 별감 2~3인이 있었다.

좌수(座首) 별감(別監)

이속(吏屬)

해당 고을의 행정실무를 담당하는 관속(官屬).

이방(吏房) 호방(戶房) 예방(禮房) 병방(兵房) 형방(刑房) 공방(工房)

군교(軍校)

해당 고을의 군사·경찰 업무를 맡은 관속.

군관(軍官) 포교(捕校)

사령(使令)

관아의 문을 지키거나 심부름하거나 죄인을 문초하는 등의 일을 하는 관속.

문졸(門卒) 일수(日守) 나장(羅將) 군노(軍奴)

조선시대의 형벌제도

  조선시대의 형벌은 태형, 장형, 도형, 유형, 사형의 다섯 가지가 기본이고, 형벌 기구는 규격과 사용방법, 절차 등을 문서로 규정하여 전국적으로 통일하였다. 또한 관리가 함부로 형률을 적용하는 것을 막기 위한 감독체제를 강화하여, 지방의 수령은 장형 이하, 관찰사는 유형 이하의 사건만을 처리하게 하고, 사형은 반드시 임금의 허락을 받아야만 집행할 수 있게 하였다.

  태형(笞刑) 도둑과 절도 등 비교적 가벼운 죄를 범한 사람들에게 내리는 벌로, 죄의 가볍고 무거운 정도에 따라 10대에서 50대까지 5등급으로 나눠진다. 죄수를 형틀에 묶은 다음 하의를 내리고 엉덩이를 노출시키고 회초리(굵은 쪽 지름 2분 7리, 가는 쪽 지름 1분 7리, 길이 3척 5촌)로 때렸다.

  장형(杖刑) 태형보다 무거운 벌로, 60대에서 100대까지 5등급이 있다. 장형은 따로 행해지기도 하지만 대개는 도형과

유형과 함께 부과되었다. 집행 방법은 태형과 같지만 매는
더 컸다(굵은 쪽 지름이 3분 2리, 가는 쪽 지름이 2분 2리, 길
이 3척 5촌).

도형(徒刑)   1년에서 3년까지의 형벌기간 동안 관아에 구금
하고 노역을 시키는 벌로 장형이 함께 집행되었다.

유형(流刑)   대체로 북쪽 변방이나 남쪽 바다 쪽으로 귀양 보
내는 벌로 장형이 함께 집행되었다. 그러나 도형과는 달리
노역이 부과되지 않고, 기간도 정해져 있지 않았다.

사형(死刑)   사형은 3차례의 재판(三覆制)을 거치고 반드시
임금의 재결을 받아서 결정하였다. 사형은 밧줄로 목매달아
죽이는 교형(絞刑)과 칼로 머리를 잘라 죽이는 참형(斬刑)의
두 종류로 나뉜다.

속전(贖錢)   형벌을 받는 대신 돈으로 납부하게 하는 제도.
비교적 가벼운 죄에만 적용하며, 속전할 수 있는 요건을 법
으로 정해놓았다.

정선 **목민심서**

초판 1쇄 발행 / 2005년 3월 30일
개정판 1쇄 발행 / 2019년 10월 15일
개정판 10쇄 발행 / 2023년 11월 3일

지은이 / 정약용
옮긴이 / 다산연구회
펴낸이 / 염종선
책임편집 / 박주용 이하늘
조판 / 박아경
펴낸곳 / (주)창비
등록 / 1986년 8월 5일 제85호
주소 / 10881 경기도 파주시 회동길 184
전화 / 031-955-3333
팩시밀리 / 영업 031-955-3399 편집 031-955-3400
홈페이지 / www.changbi.com
전자우편 / nonfic@changbi.com

ⓒ 다산연구회 2019
ISBN 978-89-364-7782-0 03300